मौन इतिहास : मुखर यादें

मौन इतिहास : मुखर यादें

डॉ. कन्हैयालाल राजपुरोहित
एसोशिएट प्रोफेसर (से.नि.) राजनीति विज्ञान
जयनारायण व्यास विश्वविद्यालय
जोधपुर

साईन्टिफिक
पब्लिशर्स

प्रकाशक

साईन्टिफिक पब्लिशर्स (इण्डिया)

5–ए, न्यू पाली रोड़, पो.बो. नं. 91
जोधपुर – 342 001 (राज.)
टेलिफोन: 0291–2433323
E-mai: info@scientificpub.com
Web: www.scientificpub.com

प्रथम संस्करण : 2021

ISBN: 978-93-89061-87-1
eISBN: 978-93-89061-88-8

भारत में मुद्रित

मौन इतिहास : मुखर यादें

समर्पण

श्रद्धेय गुरुवर प्रोफेसर एस.एल. औदीच्य साहिब
की पावन स्मृति में

मुझसे जर्रे में नूर भरने वाले अप्रतिम गुरुदेव के लिये
सिवाय इसके क्या कहूँ कि–

मेरी उम्र तो एक मियाद है ।
तेरा कर्ज़ है जो चुका नहीं।।

अपनी बात

इतिहास का सम्मोहन

"किसी राष्ट्र की प्रगति का आधार है उसका अपना इतिहास। जिस राष्ट्र का इतिहास नहीं है, उसे अनंतकाल तक कष्ट उठाना ही होगा। अपने अतीत से अनभिज्ञ राष्ट्र कभी महान् नहीं बन सकता।" —बंकिमचंद्र चट्टोपाध्याय

"जिस राष्ट्र का इतिहास नहीं होता और जिस व्यक्ति को इतिहास का ज्ञान नहीं होता, वे मृत हैं।" —नेपालियन बोनापार्ट

"इतिहास मनुष्य को प्रज्ञावान बनाता है।" —महामति फ्रांसिस बेकन

समाप्ति की ओर अग्रसर बीसवीं सदी। नव उदारवाद के नाम से एक नई विचारधारा के उदय का शंखनाद वातावरण में व्याप्त। देखते ही देखते यह विचारधारा स्थापित जीवन मूल्यों को लीलने वाली सुनामी का रूप धारण कर लेती है। उसकी कोख से जन्म लेती है बाज़ारवाद की संस्कृति। एक ऐसी हलचल जिसने व्यक्ति को 'नागरिक' होने की गरिमा से वंचित करके मात्र 'उपभोक्ता' बना दिया। उपभोक्तावादी नवाचार ने सब कुछ गड्ड-मड्ड कर दिया। समाज को पुष्टि प्रदान करने वाले संस्कारों के आगे ही प्रश्न चिन्ह खड़ा कर दिया। एक मृगतृष्णा को लक्ष्य का रूप दे दिया। फलतः हम अपनी विरासत को धता बताकर एक वीराने में भटक रहे हैं।

चूंकि अतीत की नींव पर ही वर्तमान खड़ा है, उसकी समीचीन व गहरी समझ ही एक राष्ट्र के रूप में हमें जीवन्तता प्रदान करती है। हजारों वर्षों तक अकथनीय विपदाएँ झेलने के बावजूद यहूदी राष्ट्र के रूप में इसराइल का पुनरुत्थान अपनी परम्पराओं के प्रति निष्ठा के सकारात्मक परिणाम का सशक्त उदाहरण है। जो लोग अपने पूर्वजों को भूल जाते हैं, वे मर जाते हैं। यहीं पर

इतिहास की सर्वकालिक, सर्वदेशीय महत्ता उभर कर सामने आती है। यह बात स्मरण रखी जानी चाहिये कि–

वो खुदकुशी के सलीब पे झूल जाती है ।
जो क़ौम अपनी रवायत को भूल जाती है ।।

जर्मन दार्शनिक हीगल का कहना है, "इतिहास बुद्धिमानों का मार्गदर्शन करता है।" अपनी विरासत की उपेक्षा कर दूसरों की नकल करना आत्मघात की दिशा में अग्रसर होना है।

इतिहास उस सबका लेखा-जोखा है जिसे हम अपना अतीत कहते हैं। हमारा वर्तमान इस अतीत से जुड़ा होता है। अपनी जड़ों को जानने और उससे अन्य लोगों को अवगत कराने के लिये वर्तमान के अतीत को जानना जरूरी है। आज हम जो कुछ हैं, वह अतीत का उत्पाद है। अतीत अक्सर अच्छा भी लगता है। अपने समाज व राष्ट्र के अतीत का साक्षात्कार कई मायनों में उपयोगी होता है। अतीत के अज्ञात को खोजना तभी सार्थक होगा जब वह पूर्वाग्रह से मुक्त हो। वास्तव में इतिहास को हमेशा उस कालखंड में जाकर देखना चाहिये और समझने की कोशिश करनी चाहिये कि कोई घटना उस समय क्यों घटी थी। इस सन्दर्भ में मशहूर दागिस्तानी कवि रसूल हमज़ातोव की चेतावनी ध्यान देने योग्य है। उन्होंने कहा है, "यदि तुम अतीत पर गोलियाँ दागोगे तो भविष्य तुम पर तोप के गोले बरसाएगा।" अतीत के महत्व को दर्शाते हुए पं. नेहरू अपनी कृति ``Glimpses of World History" में कहते हैं, अतीत के पास बहुत कुछ है, हमें देने के लिये। सच तो यह है कि संस्कृति, सभ्यता, विज्ञान, ज्ञान आदि सब कुछ सुदूर या निकट अतीत की देन हैं।

इतिहास ही वह प्रयोगशाला है, जिसमें मानव कृतियों का लेखा-जोखा सुरक्षित है और उसी आधार पर सामाजिक परिवर्तन के वस्तुगत नियम समझे जा सकते हैं। डॉ. राममनोहर लोहिया के अनुसार इतिहास हमारे जीवन का अभिन्न आयाम है जिससे हम पलायन नहीं कर सकते। यह हमें वर्तमान और भविष्य में जीवन जीने का मार्ग बतलाता है। इतिहास की उपयोगिता को लेकर प्रश्न खड़े करने वाले लोगों को बीसवीं सदी के ऋषिकल्प आचार्य Will Durant द्वारा इस विषय पर दी गई सम्मति पर थोड़ा सा ध्यान देने की आवश्यकता है। मनीषीवर्य Will Durant अपनी कृति ``The Lessons of

History" में कहते हैं, ''हम सभी के लिये जो इतिहास का अध्ययन केवल मनुष्य की गलतियाँ व अपराधों की याद दिलाने वाली चेतावनी के रूप में नहीं अपितु जनक आत्माओं की उत्साहवर्धक स्मृति के रूप में भी करते हैं, उनके लिये अतीत संत्रास का प्रकोष्ठ नहीं रह जाता। वह एक दिव्य नगर, मानस का विस्तृत प्रदेश बन जाता है।''

इतिहास के सुविस्तृत परिदृश्य की महत्ता को उजागर करते हुए वे आगे कहते हैं, ''इतिहास की प्रथम शिक्षा है विनय क्योंकि जिस धरती पर हमारा आवास है, वह स्वयं इस अनंत ब्रह्माण्ड में एक नगण्य बिन्दु है और हमारे जीवन के लिये तो क्षणभंगुर शब्द का प्रयोग भी एक अतिशयोक्ति है। मनुष्यों की अनेक पीढ़ियाँ पृथ्वी पर निरन्तर वृद्धिमान स्वामीत्व स्थापित करने की चेष्टा करती रहीं हैं किन्तु अंततः इसकी मिट्टी में जीवाश्म (fossil) बन जाना उनकी नियति है।''

इतिहास वह चिरन्तन प्रेक्षागृह है, जहाँ आचार्य प्रवर Will Durant के अनुसार हजारों संत, राजनेता, आविष्कारक, वैज्ञानिक, कवि, कलाकार, संगीतज्ञ, दार्शनिक एवं प्रेमी अभी भी निवास करते हैं। वे बतियाते हैं, कुछ निवेदन करते हैं, शिक्षा प्रदान करते हैं। यदि कोई व्यक्ति भाग्यशाली है तो वह अंतिम साँस लेने से पहले जितना संभव हो सके अपनी सुसंस्कृत परम्परा को समवेत कर अपनी संतानों को उत्तराधिकार के रूप में सौंपेगा। अपनी आखिरी श्वास तक वह इस अक्षय बपौती के प्रति यह जानते हुए कृतज्ञ रहेगा कि वह हमारी पालनकर्त्री माँ है।

इतिहास के बहुविध लाभों का तलस्पर्शी विवेचन करते हुए प्रसिद्ध क्रांतिकारी व चिंतक लाला हरदयाल अपनी कालजयी कृति 'Hints For Self Culture' में लिखते हैं कि अनुभवों का एक बड़ा खजाना ऐसा है जिस तक हमारी पहुँच केवल इतिहास के माध्यम से संभव है। इतिहास के अध्ययन से हम दूरदृष्टि से सम्पन्न हो जाते हैं क्योंकि विगत अनेक युगों की घटनाएँ हमारे समक्ष स्पष्ट हो जाती हैं। इतिहास हमारे ज्ञान की लघुकाय धारा को अनेक सहायक नदियों से समृद्ध हुई सदानीरा गंगा में बदल देता है। हमारे रीति-रिवाजों और संस्थाओं को भी हम इसी के माध्यम से भली भाँति समझ सकते

हैं। इतिहास के अभाव में हम उस राहगीर की भाँति होंगे जिसे यह भी मालूम नहीं हो कि वह कहाँ से आया है। मानवीय प्रकृति की विपुल संभावनाओं को जानने का साधन भी इतिहास ही है। मनुष्य के सारे गुण-अवगुण इतिहास के आईने में स्पष्ट रूप से उभरते हैं।

इतिहास के महत्व को दर्शाते हुए चीनी दार्शनिक कनफूशियस ने सदियों पूर्व कहा था, ''युद्धरत राष्ट्रों में शान्ति और व्यवस्था की स्थापना और भावी पीढ़ी के विकास के लिये नैतिकता की स्थापना आवश्यक है और इतिहास ही नैतिकता की स्थापना का एकमात्र साधन है। चीनी चिंतन में Lee की अवधारणा, जो हमारी 'ऋक' की अवधारणा से मिलती-जुलती है, एक उत्तम सामाजिक व्यवस्था की स्थापना हेतु नैतिक चेतना पर विशेष जोर देती है। इतिहास की उपयोगिता के विषय में विख्यात इतिहासवेत्ता प्रोफेसर ई.एच. कार का अभिमत है कि ''अतीत के उद्धरणों से वर्तमान और भविष्य को संरक्षित किया जा सकता है।''

इस सन्दर्भ में यह भी दृष्टव्य है कि कार्ल मार्क्स और कार्ल पॉपर जैसे विचारकों ने इतिहास की निरर्थकता को सिद्ध करने का प्रयास किया है। इतिहास की अवहेलना करते हुए मार्क्स ने तो यहाँ तक कह दिया कि अतीत मनुष्य के कंधों पर पड़ी लाश की भाँति है, जिसका कोई उपयोग नहीं है। पॉपर अपनी पुस्तक ``Poverty of Historicism" में लिखते हैं कि इतिहास अकिंचन है, उसके पास देने के लिये कुछ नहीं है।

इतिहास शासकों की कहानी मात्र नहीं होता। सिर्फ शासक ही इतिहास नहीं रचते। शासित भी इतिहास का अभिन्न अंग हैं। जितना महत्वपूर्ण इतिहास लेखन है, उतना ही महत्वपूर्ण है 'इतिहास बोध'। इतिहास बोध व्यक्ति, समाज, राष्ट्र और मानवजाति को मानव विकास यात्रा के उत्कर्ष-अपकर्ष से अवगत कराता है। इसलिये इतिहास के विद्वानों का अभिमत है कि सच्चा इतिहास 'तथ्यों का संकलन' मात्र नहीं होना चाहिये। इसे व्याख्यात्मक, विश्लेषणात्मक और जनपरक भी होना चाहिये। यदि मार्क्स के युग में जन इतिहास लेखन का चलन होता तो वे ऐसी नकारात्मक सोच से परहेज करते। अक्सर इतिहासकार शासकों व प्रभुत्ववादी वर्गों-जातियों की भूमिका का तो

व्यापक वर्णन विश्लेषण करते हैं लेकिन इतिहास निर्माण की प्रक्रिया में सामान्यजन की क्या भूमिका रही या होती है, यह पक्ष इतिहास में गौण रहता आया है। जैसे भारत के इतिहास लेखन में 'हाशिये के समाजों' (सबाल्टर्न सोसाइटी) की भूमिका को वांछित स्थान नहीं मिला। पिछले कुछ वर्षों में 'सबाल्टर्न हिस्टरि' की ओर इतिहासकारों का ध्यान गया है। अन्यथा इतिहास प्रभुवर्ग के इर्द-गिर्द ही चक्कर लगाता रहा है। ई.एच. कार का मत है कि जब तक इतिहासकार उन लोगों के मानस के साथ तादात्म्य स्थापित नहीं कर लेता जिन लोगों के विषय में वह लिख रहा है, तब तक इतिहास नहीं लिखा जा सकता। इतिहासकार को चाहिये कि वह तथ्यों को सामने रखने में 'कल्पनाशील समझदारी' का प्रयोग करे।

सत्ताधारियों की परिक्रमा से परे जन इतिहास के लेखन की शुरुआत प्राचीन यूनान में हुई। वहाँ इतिहास लेखकों के एक वर्ग ने स्थानीय योद्धाओं की वीरता का यशोगान किया। आधुनिक युग में फ्रांस की राज्यक्रांति के बाद जन इतिहास लेखन की परम्परा शुरू हुई। सन् 1930 ई. के लगभग फ्रैंकफर्ट स्कूल ने फ्रांसीसी क्रांति के सन्दर्भ में 'जन' को इतिहास लेखन में केन्द्रीय स्थान प्रदान किया।

सतत गतिशीलता मानव जीवन का सनातन सत्य। धूप-छाँव का खेल। निरन्तर बदलते दृश्य। कहीं कोई ठहराव या विराम नहीं क्योंकि गति ही जीवन का पर्याय। प्रवाह कभी ऊर्मिल तो कभी शान्त। अनगिनत घटनाओं के ताने-बाने से बुना गया है इतिहास का विस्तृत वितान। बहुवर्णी घटनाओं का रंग पटल। उनकी प्रकृति जटिल। इतिहास के रंग मंच पर घटित घटनाओं के स्वरूप के निर्धारक दो तत्व। एक तो देशकाल गत परिस्थितियाँ व दूसरे कर्मक्षेत्र के पात्रों के मनोभाव।

इतिहास के विस्तृत फलक पर नज़र दौड़ाने पर परस्पर विरोधी बातें उलझन में डाल देती हैं। एक छोर पर तो महत् उद्देश्यों से प्रेरित महनीय कार्य-व्यापारों की मनोहारी छटा तो दूसरी ओर अहंकार व विविध लिप्साओं से लिपटे कार्यों की तूलिका से उकेरे गये इतिहास के धूसर रंग। हर कालखण्ड में सत्ताधारियों का दंभ और अपनी परमेष्ठता सिद्ध करने की उनकी बलवती

इच्छा युगधर्म रहा। इसलिये प्रायः सभी शासकों ने अपने युग का इतिहास लेखन इस ढ़ंग से करवाया कि भावी पीढ़ी के मन में उनके लिये अहोभाव उभरे। लिखित इतिहास में उनकी उन कार गुजारियों का भूले-भटके ही उल्लेख हुआ जिनके फलस्वरूप आम लोगों की हालत तो ऐसी थी कि–

जोर ही क्या था जफ़ा-ए-बागवाँ देखा किये ।
आशियाँ उजड़ा किया हम नातवाँ देखा किये।।

–सफ़ी लखनवी

फलतः लिखित इतिहास के नाम पर हमें प्रायः वही पढ़ने को मिलता है, जो राज्याश्रित इतिहासकारों ने अपने आश्रयदाताओं का यशोगान करते हुए लिखा। उन बातों को प्रायः इतिहास में स्थान नहीं मिला, जो उस युग की सच्चाई को उजागर कर सकें। कितने विश्वासघात, कितने षड्यंत्र, कितने छल-कपट, न जाने कितने अपकृत्य। वे सारी बातें भले ही इतिहास के पृष्ठों पर अंकित नहीं हुईं किन्तु लोकस्मृति में वे सुरक्षित हैं। लिखित इतिहास में सम्बद्ध युग की बहुत सी बातें भले ही अनकही रह गईं हैं लेकिन जनस्मृति में सुरक्षित वह विरसा मौखिक परंपरा के माध्यम से हर पीढ़ी को विरासत में मिलता रहा है। इतिहास के अन्धेरे कोनों को रोशन करने वाली वे घटनाएँ साक्षी हैं सच्चाई की। एक ऐसी हक़ीक़त जिसे इतिहासकार की लेखनी का स्पर्श नहीं मिला।

ऐसा भी नहीं है कि विगत युगों में शासकों की राज्यलिप्सा, क्षुद्र अहंकार व मनमानी से उत्पन्न हृदयवेधी घटनाएँ ही घटीं। अनेक प्रसंग ऐसे भी हैं, जो काले बादलों में बिजली की चमक की तरह रंगमंच को आलोकित कर देते हैं। वे ऊँचे आदर्शों के लिये सर्वस्व अर्पण व त्याग की भावना को उजागर करते हैं।

राजस्थान के विभिन्न रजवाड़ों से सम्बद्ध इतिहास ग्रंथ तो प्रचुर मात्रा में उपलब्ध हैं पर उनमें सामान्यतया उन बातों को स्थान नहीं मिला है जो इतिहास को रक्त व मज्जा प्रदान करती हैं। सत्तामद, राज्यलिप्सा व अहंकार से उद्भूत अनर्थकारी लड़ाईयों व मार-काट से परे इतिहास में बहुत कुछ है, जो विगत युगों व उन लोगों के अनछुए पक्ष को उजागर करता है जो उस समय रंगमंच पर

सक्रिय थे। उस अन्धेरगर्दी में भी मानवता को श्री व सौरभ प्रदान करने वाले, परिणाम की परवाह किये बिना सत्तामद में चूर शासकों को आईना दिखाने वाले अनेक प्रसंग भी जनस्मृति में सुरक्षित हैं। ऐसी अनेक घटनाएँ हैं, जो उस युग के सामाजिक, राजनीतिक ताने-बाने को उजागर करती हैं पर जो इतिहास ग्रन्थों के कलेवर से परे हैं। इतिहास के नाम पर सत्ता के लिये होने वाली उठा-पटक के रक्तरंजित विवरण की घेराबंदी में रहना न तो उचित है और न फलदायक।

पारम्परिक इतिहास लेखन में जन सदैव उपेक्षित रहा। सत्ता सुंदरी को रिझाने के राजवंशियों के तमाम प्रयत्नों का खमियाजा जिस जन को भुगतना पड़ा, उसकी अनदेखी करके इतिहास को जनाभिमुखता से परे रखा गया। घटनाओं के शुष्क विवरण से परे इतिहास को आकृति व दिशा प्रदान करने वाले मानवीय पक्ष को उजागर करने का यह विनम्र प्रयास है। सत्ता चौसर की शतरंजी चालों के हृदयवेधी आख्यान से परे हटकर अब यह अभिमत सशक्त हो रहा है कि इतिहास को दिशा देने वाली धाराएँ बहुआयामी रही हैं किन्तु इस बात की ओर कदाचित ही ध्यान दिया गया कि उस हलचल से सर्वाधिक प्रभावित होने वाली जनता उसे किस रूप में देखती समझती रही। उसकी प्रतिक्रिया क्या थी? फलतः इतिहास एकांगी होकर रह गया। प्रायः आधा-अधूरा।

हर युग में जमीन से जुड़े प्रबुद्धजनों ने अपने समय की महत्वपूर्ण घटनाओं का विवरण जनभावनाओं के संदर्भ में प्रस्तुत किया। घटनाओं के बारे में समकालीन कवियों द्वारा रचित दूहे तत्कालीन जनप्रतिक्रिया का मुँह बोलते प्रमाण हैं। वे सभी बातें लोकस्मृति में रची-बसी हैं। उदाहरण के तौर पर दुर्गादास के 'देशनिकाले' की बात हो या मारवाड़ के शासक अजीतसिंह की उसके पुत्र द्वारा की गई हत्या सम्बन्धी दूहे या आऊवा के ब्रिटिश विरोधी संघर्ष का आँखों देखा विवरण प्रस्तुत करने वाले जेतराम दमामी द्वारा रचित दूहे। ये दूहे इन घटनाओं से सम्बद्ध वास्तविकता व जनभावना को हमारे सम्मुख स्पष्ट करते हैं। उन बातों को इतिहास की मुख्य धारा से जोड़ना इस कृति का प्रेरणा स्रोत है।

राजस्थान के प्रमुख क्षेत्रों मारवाड़, मेवाड़, जांगल (बीकानेर)

शेखावाटी, ढूँढ़ाड़, माड (जैसलमेर), अजमेर-मेरवाड़ा, सिरोही, हाड़ौती, वागड़ आदि में घटित वे घटनाएँ इस कृति में समाविष्ट हैं, जो भले ही इतिहास लेखन से बाहर रह गईं हों किन्तु उनके माध्यम से इस प्रदेश की वे झाँकियाँ प्रस्तुत की गईं हैं, जो राजस्थानी जीवन के आधारभूत मूल्यों के साथ ही उसकी त्रासदी का भी लेखा-जोखा है। यह काफी श्रमसाध्य कार्य था। इसे हाथ में लेने का हौसला मुझे जिन पुण्यात्माओं के सहयोग से प्राप्त हुआ, उनमें कैलाशवासी श्रद्धेय कैलाशदानजी उज्ज्वल (I.A.S.) एवं सोमकरणजी वणसूर (मोतीसरी) को सर्वप्रथम श्रद्धा सुमन अर्पित करता हूँ। उनकी बहुविज्ञता से मैं बहुत लाभान्वित हुआ।

इस सारस्वत यज्ञ में समिधा डालने में डॉ. भँवरसिंहजी सामोर (प्रिंसीपल, लोहिया कॉलेज चुरु); सारस्वत साधना के पुरोधा डॉ. भगवतीलालजी शर्मा; चौपासनी शोध संस्थान के पूर्व निदेशक डॉ. हुकुमसिंह भाटी; प्रो. जहूरखाँ जी मेहर, डॉ. रामप्रसादजी दाधीच; डॉ. गजादानजी; श्री डूंगरदानजी बारहठ; श्री गिरधारीदानजी रतनू एवं बगड़ी ठाकुर श्री भवानीसिंहजी द्वारा निभायी गयी भूमिका के लिये इन सभी दरियादिल सज्जनों के प्रति कृतज्ञता ज्ञापित करना मेरा बुनियादी कर्त्तव्य है।

अनेक घटनाओं की ऐतिहासिकता व उनसे सम्बद्ध ठोस जानकारी सुलभ कराने में राजस्थानी के यशस्वी कवि डॉ. आईदानसिंह भाटी एवं श्री शुभकरणजी देवल का विशेष अनुग्रह रहा। उनके प्रति मैं तहेदिल से शुक्रगुजार हूँ। महिला महाविद्यालय (जोधपुर) की प्राचार्या इतिहास की विदुषी अध्येता डॉ. मनोरमा उपाध्याय के बहुमूल्य सुझावों से मैं उपकृत हुआ हूँ। पुस्तक की संरचना के लिये दिये गये मूल्यवान सुझावों के लिये सिटिजन्स सोसाइटी फॉर एज्यूकेशन के आधार स्तम्भ डॉ. अशोकजी बोहरा का आभारी हूँ। भूमिका लेखन में हिन्दी की प्रतिष्ठित मासिक पत्रिका 'नवनीत' के जनवरी 2019 के नववर्षाङ्क 'इतिहास बोलता है' में प्रकाशित आलेख मेरे लिये बहुत उपयोगी रहे हैं। पुस्तक लेखन में मेरी दीर्घसूत्रता के फैलाव को रोकने में अनुज राजेन्द्र एवं पुत्रवत विद्यार्थी डॉ. ओमप्रकाश टाक मेरे साधुवाद के पात्र हैं।

साईन्टिफिक पब्लिशर्स के रूहे-रवाँ श्री पवनकुमार शर्मा की सदाशयता व तत्परता मेरे संकल्प की पूर्ति में बहुत महत्वपूर्ण रही है। पुस्तक के कलेवर को तैयार करने में अनुजवत श्री राजकुमार शर्मा की लगन व मेहनत के लिये उनका शुक्रिया अदा करना मेरा सुखद कर्त्तव्य है।

हमारी यशोज्ज्वल विरासत के प्रति पाठकों की रुचि व आस्था जागृत हो, इसी मनोकामना सहित यह कृति आपकी नज़र है।

विनीत

जोधपुर : 1.5.2019

—कन्हैयालाल राजपुरोहित
(खाँडप)
सी–2, 'रतन स्मृति'
पंचवटी कॉलोनी, रातानाडा
जोधपुर–342001
दूरभाष : 0291–2437782

मारवाड़

1.

बात काफी पुरानी है। जोधपुर नगर की स्थापना से करीब चार सौ वर्ष पहले की। तब मारवाड़ पर प्रतिहार वंश का शासन था और मंडौर था उनकी राजधानी। उस ज़माने में शासकों द्वारा किसी नामी कवि को अपना 'पोळपात' बनाने की आम रवायत थी। पोळपात रखना शासक के लिये सम्मानजनक बात होती थी। उसका राजा पर एक प्रकार से नैतिक अंकुश रहता था। उसके पद की महत्ता का अनुमान इसी से लगाया जा सकता है कि राजा की अनुपस्थिति में रनिवास की देखभाल का दायित्व पोळपात पर होता था।

मंडौर के तत्कालीन प्रतिहार शासक के चारणों की आशिया गौत्र के पोळपात का बेटा राजा के पुत्र का समवयसी था। दोनों बालमित्र थे। एक दिन चौपड़ खेलते-खेलते दोनों में आपस में तकरार हो गयी। बात इतनी बढ़ गयी कि पोळपात के बेटे ने गुस्से में आकर राजपुत्र मूळराज के नाक पर चौपड़ के पासे दे मारे। संयोग से चोट ऐसी लगी कि राजा के बेटे की इहलीला समाप्त हो गयी। फलस्वरूप पोळपात को अपना पद गँवा कर मंडौर छोड़ना पड़ा। इस घटना का साक्षी यह दूहा :

मूळ कँवर नै मारियौ रमतां चौपड़ रोळ ।
उण दिन छूटी आशियाँ पड़िहारां री पोळ ।।

2.

मंडौर का प्रतिहार वंशी शासक हम्मीर सत्तामद में विवेकहीन होकर कुमार्गी हो चला था। उसकी लोलुपता का शिकार हो जाना बहू-बेटियों के लिये सबसे बड़ा खतरा था। संयोग से एक दिन एक ब्राह्मण युवक अपनी नव परिणीता पत्नी के साथ हम्मीर की राज्य सीमा से गुजर रहा था कि इस पापिष्ठ राजा की नज़र उस नववधू पर पड़ गयी। उसने उस युवक से उसकी पत्नी छीन

ली। राजा के इस सरीहन दुष्कृत्य के विरोध में वह ब्राह्मण नौजवान अपनी माँ व दो गायों के साथ जल मरा।

उन्हीं दिनों हाड़ौती क्षेत्र का कवि लोहठ सामोर घूमता-फिरता मंडौर आ पहुँचा। प्रतिहार राजा के कुकृत्य की बात फैल चुकी थी। कवि ने राजा की तीव्र भर्त्सना की लेकिन वह निर्लज्ज तो चिकना घड़ा निकला। उलटे उसने लोहठ सामोर को अपमानित कर उसे चुनौती दी। स्वाभिमानी कवि ने तुरंत ही कमर में बँधी अपनी तीक्ष्ण कटार निकाली और प्राणोत्सर्ग को तत्पर हो गया। राजा ने उसे जान देने से रोका और कहा, यह हाल हाडाओं से जाकर कहो।

अपमान से आहत लोहठ ने उसी दिन से अन्न त्याग कर हाड़ौती की ओर प्रस्थान किया। इसकी जानकारी अजमेर के शासक नाहरराज चौहान को मिली तो वह लोहठ की अगवानी करने पहुँचा और उसे अजमेर में रुकने व अन्न ग्रहण करने आग्रह किया पर उसने अस्वीकार कर दिया। लोहठ मंडौर से अपने स्थान बंवावदा लौट आया। वह कई दिनों से निराहार है, यह बात जब वहाँ के राजा हल्लू को ज्ञात हुई तो कवि के निवास पर जाकर उसे अन्न त्याग का कारण पूछा। लोहठ ने बताय कि मंडौर का दुराचारी प्रतिहार राजा हम्मीर गौ-ब्राह्मण के वध के पाप से कलंकित है। उसने बहुत बुरा काम किया है। पूरी बात सुनकर राजा हल्लू ने कवि को वचन दिया कि मंडौर के इस अत्याचारी राजा को मैं सबक सिखाऊँगा। आप अनशन तोड़ दीजिये।

तत्पश्चात् हल्लू ने अपने पुत्र चन्द्र को राजगद्दी सौंपकर मरण के वरण की तैयारी की। वह अपने चुनिंदा एक सौ चालीस वीरों व लोहठ सामोर सहित मंडौर पहुँचा। आसन्न संकट देखकर हम्मीर प्रतिहार की माँ ने उसे लोहठ के चरणों में ला पटका और अपनी ओर से अपने बेटे की प्राण रक्षा की विनती की। हम्मीर ने करबद्ध क्षमाप्रार्थना की और प्रायश्चित स्वरूप एक सौ चालीस प्रतिहार कन्याएँ हल्लू के एक सौ चालीस योद्धाओं को ब्याहीं और लोहठ सामोर के पुत्र हरिदास को मंडौर के पोळपात नांधू नगराज की पुत्री ब्याही।

3.

किसी क्षत्रियाणी के यहाँ कुमार को पढ़ाने के लिये शिक्षक की नियुक्ति हुई। शिक्षक महोदय एक बार कुमार को निम्नलिखित पंक्ति पढ़ा रहे थे,

"मृगनयनी के नैन में मयन अयन मन होय"। क्षत्रियाणी माँ के कानों में ज्यों ही ये शब्द पड़े, उसने तुरन्त शिक्षक को अपने पास बुलाया और कहा, "स्त्रैण बना देने वाली इस प्रकार की शिक्षा को दूर से ही नमस्कार। यदि आप कायदे की शिक्षा देना चाहते हैं तो मेरे कुमार को इस तरह के दोहे सिखाईये–

सोढ़ै ऊमरकोट रै यों वाही अवयट्ट ।
जाणै बेहू भाईयां आथ करी बे बट्ट ॥

अर्थात्–ऊमर कोट के सोढ़े ने जब तलवार चलायी तो शत्रु के इस प्रकार दो बराबर टुकड़े हो गये मानो दो भाईयों ने दो बराबर हिस्सों में अपनी सपंत्ति का बँटवारा कर लिया हो।

4.

मोहम्म्द गौरी और परवर्ती आक्रान्ता मुस्लिम सुल्तानों की सैन्य शक्ति के सम्मुख सर्वथा निष्प्रभ व पराभूत हो चुकी क्षत्रियों की एक शाखा उत्तर प्रदेश से मरुभूमि मारवाड़ की ओर पलायन करने को विवश हो गयी। इस शाखा के पूर्वज कहे जाने वाले राव सीहा व उसके साथियों ने कूटनीति व छल छद्म से मारवाड़ में अपने पैर जमाने की कोशिश की। इस प्रक्रिया में कदीमी राजस्थानी राजवंशों का इस नवआगन्तुक शरणार्थी वर्ग से लम्बा संघर्ष चला। इस वर्ग की राज्य लिप्सा ने इसे राजनीतिक औचित्य व नैतिकता को तिलाँजलि देकर येन-केन-प्रकारेण स्वार्थसिद्धि के लिये प्रेरित किया। इस बाहरी वर्ग की राज्य प्राप्ति की लालसा की ज्वाला में पहले पाली के पालीवाल ब्राह्मण और तदनन्तर मरुभूमि के विभिन्न राजवंशों यथा गोहिल, मोहिल, डाभी, साँखला, भाटी, डहालिया, मांगळिया, आसायत, इंदा (परिहार) सभी को झुलसना पड़ा।

राव सीहा ने राज्य विस्तार की लिप्सा के चलते जाडेचा रावळ लाखा पर आक्रमण कर दिया। जनश्रुति के अनुसार लाखा को देवी भगवती (जगदम्बा) का इष्ट था और सीहा के इष्ट भगवान शंकर। रणभूमि में जब सीहा व लाखा दो दो हाथ करने लगे तो देवी लाखा की मदद करने लगी और शिव सीहा की मदद में उतर गये। स्थिति ऐसी बनी कि–

डगमग डेहरू बज्जिया झगड़ौ पीछम देश ।
लाखै संग देवी लड़े सीहा पीठ महेश ।।

अर्थात्–डमडम डमरू बज रहा है। पश्चिम देश में युद्ध हो रहा है। लाखा के संग तो देवी लड़ रही है और सीहा की पीठ पर (समर्थन) में महेश खड़े हैं।

युद्ध में लाखा की फौज जब पीछे हटने लगी तो उसने हार का कारण जानने के लिये पीछे मुड़ कर देवी की ओर देखा। उसके आश्चर्य की सीमा नहीं रही, जब उसने देखा कि देवी तो लाज के मारे घूँघट निकाले खड़ी है। उसने देवी से पूछा–

डगमग डेहरू बज्जिया गहकां हुई न गज्ज ।
लाखौ पूछै मात नै थूँ क्यूँ ऊभी लज्ज ।।

अर्थात्–डमडम डमरू बज रहा है और अब तक आगे बढ़कर गर्जना नहीं हो रही है। लाखा माता से पूछ रहा है, आप लजा के क्यों खड़ी हैं।

देवी ने लाखा के प्रश्न का यूँ उत्तर दिया–

डगमग डेहरू बज्जिया गे'री बाजै गज्ज ।
सीहा आगळ शिव खड़ौ क्यूँ कर खोलूँ लज्ज ।।

अर्थात्–डमडम डमरू बज रहा है। घनघोर नाद हो रहा है पर सीहा के आगे शिव खड़े है, ऐसे में लज्जा को कैसे दूर रखूँ?

5.

मारवाड़ के शासक राव चूंडा को बचपन में काफी तकलीफें झेलनी पड़ी थीं। उस विपदा काल में कळाऊ गाँव के चारण आलौजी के यहाँ उसे अपनी माँ के साथ आश्रय मिला था। इस तरह चूंडा पर आलौजी का बहुत एहसान था। समय अनुकूल आने पर चूंडा को मारवाड़ का राज-पाट मिल गया पर सत्ता सुख में गोते लगाते समय उसने आलौजी की सेवाओं को भुला दिया। उनकी ओर से मुँह फेर लिया। उनका चूंडा से मिलना तक दूभर हो गया। उसके ऐसे बेगानेपन से क्षुब्ध आलौजी एक दिन रात के समय उसके महल के नीचे खड़े होकर उसे जोर से आवाज़ देते हुए बोले–

चूंडा न आवै चीत काचर कळाऊ तणा ।
भूप भयौ भै भीत मंडोर रै माळिये ।।

अर्थात्–चूंडा कळाऊ गाँव के काचर तुम्हें जरा भी याद नहीं हैं। (वर्षा ऋतु में खेतों में बहुतायत से होने वाले काचर-मतीरे, जो उसने वहाँ बचपन में खूब खाए थे।) तू अब मंडौर के महल में मुँह छुपा कर क्यों बैठा है?

आवाज़ कानों में पड़ते ही चूंडा दौड़ा आया ओर आलौजी को ससम्मान महल में ले गया।

6.

राव चूंडा-और आलौजी चारण का प्रसंग

चूंडा ने आलौजी को ससम्मान मंडोर के किले में आमंत्रित किया। दूसरे दिन हाथ जोड़कर अर्ज़ किया कि आप घुड़साल में जाकर नामचीन घोड़ा चुन लें। उस पर आरूढ़ होकर जितनी जमीन पर आप फिरेंगे, वह सारी जमीन आपकी होगी। आलौजी सामान्य गृहस्थ थे। उन्हें भला क्या घोड़ों की पहचान ? उनके दिमाग में एक धारणा बैठी हुई थी कि घनी (झाबर) पूँछ वाला घोड़ा उत्तम होता है। इसलिये उन्होंने झाबर पूँछ वाला घोड़ा चुन लिया। किन्तु वह वस्तुतः साधारण किस्म का घोड़ा था। फलतः वे थोड़ी सी जमीन पर ही काबिज हो सके। उस दिन से मारवाड़ में व्यंग्य के रूप में यह कहावत प्रचलित हो गयी कि ''घोड़ां रा पारखू आलौजी''। जो बाद में बिगड़ कर 'इलोजी' हो गया।

7.

राव चूंडा ने नागौर फतह करने के बाद अपने राज्य का बन्दोबस्त अपनी नई रानी पर छोड़ दिया। राज्य के खर्चे में किफ़ायतशारी करने के लिये रानी ने घोड़ों को दिया जाने वाला घी बन्द करवा दिया। इस पर राव ने गाढ़े समय में घोड़ों के संकटमोचन रूप को उजागर करते हुए रानी से कहा–

कळह करै मत कांमणी घोड़ां घी देतांह ।
आडा कदैक आवसी वाढ़ाळी वहतांह ।।

अर्थात्–घोड़ों को घी की खुराक देने के मामले में कामिनी तुम कलह मत करो। विपदा की विकट वेला में ये ही सहारा बनेंगे।

इस पर रानी ने हाज़िर जवाबी का नमूना यह प्रत्युत्तर दिया–

आक बटूकै पवन भखै तुरियाँ आगळ जाय।
म्हैं थांनै पूछूँ सायबा हिरण किसा घी खाय।।

अर्थात्–रानी ने कुलांचें भरते हिरनों का हवाला देते हुए कहा, आक के पत्तों से उदरपूर्ति करने वाले, पवन का आहार कर घोड़ों से भी आगे जाने वाले हिरन, साहबजी बताईये कौनसा घी खाते हैं।

8.

राव चूंडा के समय मंडोर पर मांडू के सूबेदार का अधिकार था। एक बार इस अधिकारी ने आस-पास के इंदा (प्रतिहार) राजपूतों से घोड़ों के लिये घास माँगा। इंदों ने इसे अपमान माना। इसलिये परस्पर सलाह मशविरा करके घास की सौ गाड़ियाँ तैयार कीं, जो ऊपर से तो घास भरी हुई थीं पर भीतर हर एक गाड़ी में शस्त्रों से सज्जित चार-चार योद्धा छिपे हुए थे। हर गाड़ीवान भी एक योद्धा था। शस्त्र घास के भीतर छिपाये हुए थे। घास से भरी गाड़ियाँ किले में घुसीं तो सूबेदार के एक सैनिक ने यह मालूम करने के लिये कि घास अच्छी तरह से भरी हुई या नहीं, अपना बरछा घास में घुसेड़ा। बरछा भीतर छिपे सैनिक की जाँघ में घुस गया पर उसने खून पोंछ दिया। बरछा बाहर निकालने में हुई देरी से सिपाही ने समझा कि गाड़ी में घास अच्छी तरह से भरी हुई है।

इस काम में चूंडा ने इंदों की मदद की थी। गाड़ियों में छिपकर बैठे पाँच सौ सैनिकों ने किले में पहुँच कर उस पर कब्जा कर लिया। इंदों ने सोचा कि यहाँ से हार कर भागे हुए मुसलमान नागौर व अजमेर से सहायता प्राप्त कर वापस आएँगे तो किले की रक्षा करना कठिन हो जाएगा। इसलिये एक युक्ति सोची और राव चूंडा से मिलकर तय किया कि यदि चूंडाजी हमारे चौरासी गाँवों में हस्तक्षेप नहीं करें तो किला उन्हें सौंप दिया जाएगा। इस प्रकार दुर्ग की रक्षा और इस पर अधिकार जमाने में चूंडाजी से प्राप्त सहायता के ऋण से मुक्ति मिल जाएगी।

सारी बातें तय करके इंदों के मुखिया राजा उगमसी की पोती (गंगदेव की पुत्री), चूंडाजी को ब्याह दी और मंडोर का किला दहेज में दे दिया। इसकी साक्षी भरता यह दूहा–

इंदां रौ उपकार कमधज कदै न बीसरै ।
चूंडौ चंवरी चाढ़ दियौ मंडोवर दायजै ।।

9.

मारवाड़ के शासक राव सलखा के पुत्र राव मल्लिनाथ महेवा क्षेत्र (जिला-बाड़मेर) के शासक थे। उन्होंने अपने शासन क्षेत्र का काफी विस्तार कर लिया था। उनसे हैरान-परेशान मंडौर के मुसलमानों ने दिल्ली के सुल्तान को अपनी व्यथा कथा सुनायी तो सुल्तान ने मल्लिनाथ को सबक सिखाने के लिये सेना भेजी। सेनापति ने तेरह तुंगे (दल) बाँधकर आक्रमण किया किन्तु सभी परास्त हुए। कविराजा बाँकीदास ने इस घटना के बारे में कहा है–

भिड़ियौ मालौ अऊब भत रौदां सगत रही न ।
किळ तेरे तूंगा किया त्रजड़ां तेरै तीन।।

अर्थात्–मल्लिनाथ इस अद्‌भुत रीति से लड़े कि मुसलमानों की सारी शक्ति निरर्थक हो गयी। निश्चय ही उन्होंने उनके तेरह दलों को तीन तेरह यानी तितर-बितर कर दिया।

10.

राव मल्लीनाथ के अधिकार क्षेत्र का प्रदेश आगे चलकर मालाणी के नाम से जाना गया। उनके अनुज जैतमाल ने नखा व अखा पंवार को पराभूत कर राड़धड़ा पर अधिकार कर लिया और इसका समाचार बधाई के रूप में मल्लिनाथजी को भेजा। बादर ढ़ाढ़ी ने इस घटना को इस प्रकार वर्णित किया–

राड़धड़ौ कायम कियौ नर नामी नखतैत ।
मेल्ही रावळ माल नै जबर बधाई जैत।।

11.

राजस्थान के कई हिस्सों को अल्लाऊद्दीन खलजी की साम्राज्यवादी लिप्सा का शिकार होना पड़ा था। चित्तौड़ और रणथंभौर के अभियान तो विख्यात हैं ही, जालोर और सिवाना भी उसकी लिप्सा की लपट से नहीं बचे।

खलजी ने जब जालोर पर आक्रमण किया, उस दुर्जेय गढ़ के अधिपति थे कान्हड़देव सोनगरा। उनके पुत्र वीरमदेव के अद्भुत पराक्रम ने खलजी के इरादों पर पानी फेर दिया। वीरमदेव के शौर्य की ख्याति से सुल्तान की बेटी फिरोजा इतनी प्रभावित हुई कि वह मन ही मन उसका वरण कर बैठी। बेटी की इच्छा के आगे सुल्तान विवश हो गया और कान्हड़देव से समझौता करके वीरमदेव को अपने साथ दिल्ली ले गया। तब जालोर के एक सामंत बनवीर का पुत्र राणकदेव उसके साथ था। वीरमदेव इस विवाह बंधन से बचना चाहता था। फलतः वह यह बहाना करके जालोर लौट आया कि मैं बरात सजा कर आऊँगा।

उधर सुल्तान ने इस अवधि में राणकदेव को तघलखाँ की हवेली में नजरबंद कर रखा था। वीरमदेव की वापसी न होते देखकर उसने राणकदेव के पैरों में बेड़ी डालने का आदेश जारी कर दिया। तघलखाँ व मघलखाँ इस काम को अंजाम देने के लिये हवेली पहुँचे। ऐसे अपमानपूर्ण बर्ताव को देख कर वहाँ उपस्थित कवि आसा चारण उद्वेलित हो गये और बोले–

रणका सुण जुगेह राय आंगण रमो नहीं ।
(तो) पहिरिस किम पगेह वड नेवरी बणवीर उत ।।

अर्थात्–धनुष की टंकार सुनकर जो अपने आँगन में खड़ा नहीं रहता था, शत्रुओं से दो-दो हाथ करने को उद्यत हो जाता था। बणवीर का वह पुत्र पैर में नेवरी (बेड़ी) कैसे पहिनेगा।

यह सुनकर राणकदेव अपने झींथड़ नामक घोड़े पर सवार होकर आगे बढ़ने लगा। दोनों मुसलमान सिपाहियों ने उसके लिये तुच्छातासूचक ''रेकारै'' का प्रयोग किया, तब आसा बोल उठा–

तगा तगाई मत करै बोले मुँह संभाळ ।
नाहर नै रजपूत नै रैकारै री गाळ ।।

अर्थात्–तघलखाँ तुम धृष्टता मत करो। मुँह संभाल कर बात करो। सिंह और राजपूत के लिये 'रैकारा' (तुच्छता बोधक सम्बोधन) भी गाली होता है।

इतन सुनते ही राणकदेव ने कटार निकाली। उन दोनों सिपाहियों को यमलोक पहुँचा अश्वारूढ़ होकर आगे बढ़ गया। रक्त स्नात कटार और रक्तिम

नेत्रों से राणकदेव जब बाज़ार के बीच होकर निकला तब बड़ा कोलाहल मच गया। इस पर सुल्तान की प्रतिक्रिया के विषय में एक कवि ने कहा–

कहो क्यूं कोलाहल कटक सुध पूछै सुलताण ।
(कै) मंयगळ थंभ मरोड़ियौ के रीसाणो राण ।।

अर्थात्–सुल्तान पूछ रहा है, सैन्य दल में हलचल क्यों हो रही है? क्या किसी हाथी ने स्तंभ गिरा दिया है या राणा क्रुद्ध हो गया है।

12.

मेवाड़ के महाराणा कुंभा के स्वर्गवास के पश्चात् मालवा के सुल्तान ने राजस्थान में अपने अधिकार क्षेत्र का विस्तार करते हुए अजमेर और सांभर पर भी अधिकार कर लिया था। उसकी ओर से मल्लू खाँ अजमेर का हाकिम था। उसने विक्रम संवत् 1548 में मेड़ता पर हमला किया। उसी दौरान वह पीपाड़ के पास कोसाणा गाँव में गौरीपूजन के लिये आयी 141 कन्याओं व महिलाओं का अपहरण कर ले भागा। इसकी सूचना जब जोधपुर के राव सातलजी को लगी तो उन्होंने तत्काल मल्लू खाँ का पीछा किया। वे तीजणियों को छुड़ा लाये। इस युद्ध में उनके साथ उनके भाई सूजाजी व मेड़ता के राव दूदाजी भी थे। मल्लू खाँ की सेना का प्रधान सेनापति 'मीर घुड़ला' जिसका वास्तविक नाम सिरिया खाँ था, रावजी के एक वीर सिपाही सारंगजी खींची के तीरों से बिंध कर मारा गया। मल्लू खाँ ने भाग कर प्राण बचाये। तीजणियों को तो छुड़ा लिया गया पर युद्ध में लगे घावों से सातलजी इतने आहत हो गये कि चैत्र शुक्ला तृतीया 1548 को उनका स्वर्गवास हो गया।

घुड़ले खाँ का तीरों से छिन्न मस्तक काटकर तीजणियों को दे दिया गया जिसे थाली में रखकर वे कन्याएँ घर घर घूमीं और आततायी के कटे हुए सिर का प्रदर्शन कर गाँववासियों में इस भावना का संचार किया कि मारवाड़ में बहन-बेटियों का अपहरण करने वालों को ऐसा दंड मिलता है। इसके बाद इस घटना की याद को तरोताजा बनाये रखने के लिये हर वर्ष गणगौर के अवसर पर गौरीपूजन करने वाली कन्याएँ कुम्हार के यहाँ से चारों तरफ छिद्रयुक्त एक छोटी मटकी लाती हैं। उसमें दीपक रखकर सिर पर उठाये हुए घर घर 'घुड़ले' का गीत गाती हुईं तेल संचय करतीं हैं। विगत पाँच सदियों से इस घटना की स्मृति इस भाँति ताज़ा बनी हुई है।

13.

ओसियाँ तहसील के गाँव पळी (जिला-जोधपुर) के सामान्य गृहस्थ भैरजी भाटी अपनी दानशीलता के लिये दूर-दूर तक विख्यात थे। गुणीजनों को खुले हाथों से ईनाम-उपहार आदि देना उनकी जीवनचर्या का अंग था। एक बार भैरजी ऊँट पर सवार होकर कहीं जा रहे थे। मार्ग में देखा कि एक आदमी खेजड़ी पर चढ़ कर लूंग तोड़ रहा था, जबकि उसके पास ऊँट नहीं था। भैरजी को यह बात विचित्र लगी। उन्होंने उस व्यक्ति से पूछा, "तुम्हारे पास ऊँट तो नहीं है फिर "लूंग" क्यों इकट्ठा कर रहे हो?" (खेजड़ी के पत्तों को लूंग कहते हैं। यह ऊँट का पंसदीदा चारा होता है।) भैरजी से अपरिचित वह व्यक्ति बोला, "मैं यहाँ से लूंग इकट्ठा करके बाद में ऊँट भैरजी से माँग लूँगा" इस पर भैरजी ने कहा, "जो वहाँ से ऊँट नहीं मिला तो फिर यह लूंग किस काम आएगा?" यह सुनकर वह आदमी बोला–

छीर समंदर न घटै गोरख घटै न ग्यांन ।
जे भैरो भाटी नटै टूट पड़ै असमांन ।।

अर्थात्–क्षीरसागर कभी घट नहीं सकता, न गोरखनाथ का ज्ञान कभी घट सकता है। यदि भैरजी भाटी नट जाए तो आसमान गिर पड़ेगा।

14.

राज मारवाड़ में मुसद्दी कहलाने वाले वर्ग में तीन गुट थे–सिंघी, भंडारी और पुष्करणा। सत्ता के गलियारों में इन्हीं की तूती बोलती थी। यूँ तो सिंघी और भंडारी दोनों ओसवाल जैन थे, मगर उनमें आपस में रस्सा-कशी चलती रहती थी। एक-दूसरे को गच्चा देने का मौका हाथ से नहीं जाने देते थे। एक दिन भीमराज सिंघी और भवानीराम भंडारी जोधपुर के किले में दरबार में बैठे थे। भवानीराम की ओर मुखातिब होते हुए भीमराज बोले, "भवानीरामजी ! सिंघी-भंडारी नाम राजसमाज में साथ-साथ बोले जाते हैं, मगर पहले सिंघी और फिर भंडारी ऐसा क्यों?" भवानीराम भला क्यों चूकते, तुरंत बोले, "आप ठीक फरमा रहे हैं। सिंघी-भंडारी जोड़ा खासा पुराना है–जैसे राधा कृष्ण, सीताराम, लक्ष्मी नारायण। औरतों को अपन लोग सदैव इज़्ज़त देते

आए हैं। इस वजह से सिंघी नाम भंडारी से पहले।'' दरबार लोगों के ठहाकों से गूँज उठा।

15.

अपनी काव्यकला के बूते पर जालोर के नवाब कमालखाँ से 'रंगरेला' खिताब पाने वाले कवि वीरदास की हाजिर जवाबी लासानी थी। कवियों और कलाकारों के कद्रदाँ के रूप में कमाल खाँ की ख्याति सुनकर वीरदास उससे मिलने जालोर गये। रास्ते में गर्द-ओ-गुबार से कपड़े मैले हो जाने के कारण शहर पनाह में दाखिल होने से पहिले वे शहर के बाहर एक कुंएँ पर कपड़े धोने के लिये बैठ गये। संयोग से घूमता-फिरता कमाल खाँ वहाँ आ पहुँचा और अपने घोड़े को पानी पिलाने लगा। वीरदास मुट्ठियों की मार से कपड़े धो रहे थे, लिहाजा पानी के छींटें उछल कर कमाल खाँ को लग रहे थे। वह बोला, ''ऐ! कुट्टण कपड़े कूटना बंद कर।''

वीरदास ने मुड़ कर देखा तो वे समझ गये कि यह कमालखाँ है और फिर जोर-जोर से कपड़ों पर थाप लगाने लगे। इस पर आग-बबूला होकर कमालखाँ बोला, ''ऐ कुट्टण उठ यहाँ से।'' वीरदास ने कविता में पलट जवाब दिया, जिसकी पहिली पंक्ति थी, ''कुट्टण थारौ बाप''। यह सुनते ही कमालखाँ का हाथ तलवार की मूठ पर चला गया। इतने में तो वीरदास आगे बोले–

कुट्टण थारौ बाप जिकौ लाहौरी लुट्टी ।
कुट्टण थारौ बाप जिकौ सिरोही कुट्टी ॥

इस तरह कविता पूरी करते हुए वीरदास बोले, ''कमालखाँ तुम मुझे कुट्टण मत कहो। असली कुट्टण तो तुम हो, जिसने अपनी तलवार से अनगिनत शत्रुओं को कूटा है। जिसकी कूट से धरती आज तक काँप रही है, भयभीत है।'' यह सुनकर कमालखाँ की बाछें खिल गईं। घोड़े से उतर कर वीरदास को गले लगाते हुए बोला, ''कौन कहता है कि तू कुट्टण है। तुमने तो रंग का रेला बहा दिया। मेरे भाई, तू तो रंगरेला है।'' उस दिन से वीरदास ''रंगरेलौ'' के नाम से लोक विश्रुत हो गये।

16.

बात उस समय की है, जब मारवाड़ को फतह करने शेरशाह सूरी चढ़

आया था। उधर मारवाड़ का शासक राव मालदेव भी हमलावर का सामना करने के लिये पूरी तरह तैयार था। शेरशाह को खुफिया सूचना मिल गई थी कि मालदेव से लड़ाई में पार पाना मुश्किल है। अतः उसने छल से काम लिया। उसने एक जाली चिट्ठी मालदेव के सामन्तों की तरफ से अपने नाम लिखवायी कि हम मालदेव से नाखुश हैं। आप हमें अच्छी जागीरें बख्शें तो हम आप का साथ देने को तैयार हैं। चिट्ठी के पीछे शेरशाह की ओर से जवाब लिखा गया कि आप लोग इस बारे में इतमीनान रखें। जीत हासिल होते ही मैं आपको निहाल कर दूँगा।

यह चिट्ठी जब मालदेव के हाथ लगी तो उसके मन में अपने साथियों की वफ़ादारी के प्रति शंका पैदा हो गयी। खिन्न मन से उसने फौज को कूच का हुक्म दे दिया। उसकी फौज में जेता और कूंपा नामक दो बहादुर सरदार थे। मालदेव के आदेश के बावजूद उन्होंने गिररी के मैदान में शेरशाह से भिड़ने का निश्चय किया और उसके सैन्य दल के दाँत खट्टे कर दिये। उन्होंने स्वर्ग निकट, घर दूर की दुहाई देते हुए दुश्मन से लोहा लिया। इस बारे में एक समकालीन कवि ने कहा–

गिररी थारी गार में लाँबी वधै खजूर ।
जैते-कूंपै आखियौ सुरग नेड़ौ घर दूर ॥

अर्थात्–गिररी तेरी घाटी में खजूर ऊँचे बढ़ रही है। जेता और कूंपा ने कहा अब स्वर्ग निकट और घर दूर है।

17.

शेरशाह सूरी के साथ हुए गिररी सुमेल के युद्ध में वीरवर जैता-कूंपा के साथ मारवाड़ का प्रधान अखेराज सोनगरा भी काम आया था। इस घटना के करीब चार साल बाद 'सरगिया' नामक गाँव का एक चारण अखेराज के गाँव आया। अखेराज के बेटे ने उससे पूछा, "बारहठजी ! आप तो 'सरगिये' (स्वर्ग) से आए हैं। तो वहाँ के हालचाल बताईये।"

वहाँ जैता-कूंपा के वंशज भी बैठे थे। उन्होंने बारहठजी की अच्छी आवभागत की। बारहठजी यात्रा की थकान के बाद कुछ देर विश्राम करना चाहते थे पर अखेराज का बेटा स्वर्ग के समाचार बताने का आग्रह करने लगा। तब बारहठजी बोले–

जैतो तो कूंपा रे जी में पाळै गोत पखो ।
सती बिना दोरो सोनीगर हाथां पीस खाय अखो ।।

कूंपा के पीछे तो उसकी रानियों सती हो गई थीं पर जैता और अखेराज के साथ कोई सती नहीं हुई थी। उसी के संदर्भ में बारहठजी ने कहा, जैता तो कूंपा का भाई है, स्वर्ग में अपने भाई कूंपा के यहाँ भोजन कर लेता है। कूंपा की रानियों उसके लिये भी भोजन बना देती हैं पर अखेराज के मुश्किल है। वह हाथ से ही पीसता है और भोजन बना कर खाता है।

बारहठजी के मुख से यह बात सुनकर अखेराज की पत्नी सती होने का प्रतीक नारियल हाथ में लेकर बाहर आ गयी और पति की मृत्यु के चार वर्ष बाद सती हो गई।

18.

जैसलमेर के रावळ लूणकरण की पुत्री उमादे इतिहास में 'रूठी रानी' के अभिधान से विख्यात है। उमादे का विवाह राव मालदेव से हुआ था। विलासी प्रवृत्ति का मालदेव विवाह के पश्चात् सुहाग सेज की सामग्री लेकर आने वाली उमादे की डावड़ी (दासी) भारमली की सुंदरता पर लट्टू हो गया और उसे सुहाग सेज पर बिठा दिया। पीछे आ रही उमादे के नारी सुलभ स्वाभिमान पर मालदेव की यह अनुचित हरकत एक करारी चोट थी। इस बेशर्मी से वह इतनी आहत हो गयी कि उसने जोधपुर की ओर रुख करने से ही मना कर दिया।

अपने अपराध को स्वीकार कर क्षमा माँगने के बजाय मालदेव भारमली को ही लेकर जोधपुर आ गया। उमादे को मनाने के उसके सारे प्रयास जब विफल हो गये तो उसने अपने समय के जाने-माने कवि और विद्वान् भादरेस (जिला-बाड़मेर) के आशानंदजी बारहठ को यह काम सौंपा। बारहठजी का मारवाड़ में बड़ा मान-सम्मान था। वे इस मिशन पर जैसलमेर पहुँचे। उनके समझाने-बुझाने पर उमादे जोधपुर आने को तैयार हो गयी। फिर भी उसका मन दुविधाग्रस्त बना रहा। फलतः जोधपुर के निकटस्थ ओसियाँ गाँव तक उसका काफिला पहुँचा तो उसने अपने संशयग्रस्त मन की बात आशानंदजी को कही और उनसे मार्गदर्शन करने का आग्रह किया। इस पर कविवर ने कहा—

मान रखै तो पीव तज पीव रखै तजमान ।
दो दो गयंद न बँधसी हेके खंबू ठाण ॥

अर्थात्–मान रखो तो पीव (पति) का त्याग करो और पति का संग चाहो तो मान का त्याग करो। एक ही खूंटे पर दो-दो हाथी नहीं बँध सकते।

उमादे ने अपने मान को तरजीह दी और जोधपुर आना स्वीकार नहीं किया। इधर भारमली को भी मालदेव का संग रास नहीं आया। नारी मनोविज्ञान से अनभिज्ञ विलासी राजा को इस बात का भान नहीं था कि महिला संयमी व्यक्ति का ही सम्मान करती है। राजा से आजिज आ चुकी भारमली को सच्चे पुरुष की तलाश थी। मालदेव के सामन्त कोटड़े के बाघजी में उसे मनचाहे पुरुष की छवि दिखाई दी और वह मालदेव से पल्ला छुड़ाकर कोटड़े चली गयी। भारमली के चले जाने से राजा छटपटाने लगा और उसे मनाने के लिये कवि आशानंद का सहारा लिया।

आशानंद बाघजी के ठिकाने कोटड़े (जिला-बाड़मेर) पहुँचे। बाघजी बहुत सुसंस्कृत गुणग्राहक सामन्त थे। उन्होंने कवि की आवभगत में पलक-पाँवड़े बिछा दिये। उधर भारमली बाघजी को पाकर अपना नारीत्व धन्य समझ रही थी। वे दोनों दो देह एक प्राण हो चुके थे। उनके प्रगाढ़ प्रेम को देखकर आशानंद भी अत्यधिक प्रभावित हुए। अपना मिशन उन्हें निरर्थक प्रतीत हुआ। बाघजी के निर्मल प्रेमपाश में वे ऐसे बँध गये कि कोटड़ा में ही रहने के बाघजी के आग्रह को वे टाल नहीं सके। कोटड़े के प्रवास में बाघजी की निश्छल आत्मीयता के सौरभ से उनका जीवन महमह करने लगा।

उनके इस आनंदपूर्ण जीवन पर दैवयोग से अचानक वज्रपात हो गया। दुर्भाग्यवश विधाता को उनका यह उल्लासमय जीवन मंजूर नहीं था। बाघजी के अचानक निधन से आशानंद दुःख के पारावार में डूब गये। अपने परम स्नेही मित्र का चिर वियोग उनके लिये असह्य था। उन्हें इतना गहरा सदमा लगा कि वे सुध-बुध खोकर निशि-दिन बाघजी का नाम स्मरण करने लगे। अपने आस-पास की दुनिया उनके लिये अर्थ खो चुकी थी। एक तरह से वे विक्षिप्तता के कगार पर पहुँच गये। एक प्रतिभाशाली तेजस्वी कवि की ऐसी अवदशा सभी के लिये गहन चिंता व मनस्ताप की बात हो गयी। उन्हें इस हालत से उबरने में समर्थ बनाने के लिये उमरकोट (सिन्ध) के राणा ने उनके पुत्र

आदित्य को संदेश भेजा कि वह अपने पिताश्री को लेकर उमरकोट चला आए। स्थान व माहौल परिवर्तन से वे कदाचित् स्वस्थचित्त हो जाएँ।

आदित्य उन्हें लेकर उमरकोट पहुँचा। किन्तु कवि की मनोदशा यथावत बनी रही। हर साँस के संग बाघजी का स्मरण। इस हालत से उन्हें बाहर निकालने के लिये राणा ने उन्हें एक बड़ा प्रलोभन दिया कि एक रात्रि के चार प्रहरों में वे बाघजी को स्मरण नहीं करें तो उन्हें चार लाख रुपये भेंट स्वरूप दिये जायेंगे। आशानंदजी ने हाँ नहीं भरी। बेटे के जोरे देने पर बोले, ''वादा नहीं करता, कोशिश करूँगा।''

शाम के बाद रात ने अपने पैर पसारे। कवि अपने कक्ष में बाघजी के स्मरण में लीन। काफी देर तक वे जब्त किये रहे किन्तु एक प्रहर रात बीतते न बीतते उनके हृदय में बाघजी की याद की हिलोर उठी और बोल उठे–

चाल मना रै कोटड़ै पग दे पावड़ियाँह ।
बाघा सूं बातां करां दे गळ बाँहड़ियांह ।।

अर्थात्–हे मन! बाघजी के निवास की सीढ़ियों पर पग धरते हुए तू कोटड़े की ओर चल। वहाँ बाघजी से गले मिलकर जी भर के बातें करेंगे।

कवि के बेटे ने राणा की शर्त याद दिलाते हुए कहा, एक रात तो जब्त रखिये। चार लाख रुपयों का सवाल है। एक लाख तो गँवा ही चुके हैं। अब तो शांत रहिये। कवि ने फिर कहा, कोशिश करूँगा। रात धीरे-धीरे आगे सरकती रही पर चिर विछोह से दग्ध हृदय को चैन कहाँ? बाघजी की याद ने ऐसा जोर मारा कि भाव प्रवण कवि दूसरे प्रहर में फिर बोल उठे–

वाघा आव वळैह धर कोटड़े थूँ धणी ।
जासी फूल झड़ैह वास न जासी वाघजी ।।

अर्थात्–हे वाघजी! आप फिर से कोटड़े में आओ। फूल झड़ जायेंगे पर उनकी सुगंध सदैव बनी रहेगी।

शर्त के अनुसार आशानंद दो लाख रुपये गंवा चुके थे पर उस प्रेमविद्ध हृदय को धन-द्रव्य की कहाँ परवाह? वह तो अपनी धुन में मग्न। रात के तीसरे प्रहर के बीतते न बीतते फिर याद का ज्वार उमड़ा और बारहठजी ने अपने परम सखा को यूँ याद किया–

हाटां पड़ी हड़ताल वैपारी विलखा फिरै ।
कूकै घणा कलाळ विकरौ खोयगौ वाघजी ।।

अर्थात्–हाट-बाज़ार में सन्नाटा छा गया है। व्यापारी उदास चेहरा लिये डोल रहे हैं। कलाल (मदिरा उत्पादक) आर्तनाद कर रहे हैं। उनका धन्धा चौपट हो गया है।

कविपुत्र इस स्थिति से मन ही मन कसमसा रहा था पर मित्र की स्मृति के मानसरोवर में गोते लगाते आशानंदजी प्रभात निकटस्थ होने की सूचना देने वाले मुर्गे की बाँग सुनकर बोल उठे–

क्यूं कुरलायौ कूंकड़ा ढ़ळती माँझळ जोग ।
विहंग थनैं कीं वींठियौ वाघ तणौ विजोग ।।

अर्थात्–हे कुक्कुट! तुम ढ़लती हुई आधी रात को क्यों दीन स्वर में बोल रहे हो। क्या तुम्हें भी बाघजी का वियोग सता रहा है?

इस तरह रात के चारों प्रहर में कवि किसी न किसी रूप में बाघजी को स्मरण करते रहे। चार लाख रु. का प्रलोभन भी उनकी परम सखा स्मरण की एकनिष्ठ साधना को भंग नहीं कर सका।

सारे घटनाक्रम से सोढ़ा राणा को अत्यधिक आश्चर्य हुआ। एक दिवंगत मित्र के लिये ऐसी अडिग आस्था राणा के लिये सर्वथा अकल्पनीय थी। इस सारे वाकये से विस्मित राणा से रहा न गया और वह बारहठजी से पूछ ही बैठा–''बाघजी में ऐसी क्या खासियत थी कि आप उन्हें किसी हालत में विस्मृत नहीं कर पा रहे हैं? वे तो जैसे आपकी हर साँस में बसे हुए हैं।'' आशानंद का उत्तर था कि उचित अवसर आने पर इसका रहस्य बताऊँगा। संयोग से एक दिन दोनों बावळी पर स्नानार्थ गये। कविराज स्नान कर पहले बाहर निकल आए। बाघजी की याद में निमग्न उन्होंने सामने पड़े वस्त्र धारण कर लिये।

अपनी उस मनोदशा में उन्हें यह ध्यान नहीं रहा कि ये वस्त्र उनके नहीं, राणा के हैं। थोड़ी देर बाद राणा भी बाहर निकला। आशानंद को अपने वस्त्र धारण किये हुए देखकर बोला, ''अरे बाजीसा! येतो मेरी पोशाक है, गलती से

आपने पहिन ली है।'' इस पर बाघजी की विशिष्टता विषयक राणा की जिज्ञासा का समाधान करते हुए बारहठजी ने कहा–

की कह, की कह, की कह करूँ वखाण।
थारौ म्हारौ नह जाणियौ अे वाघ तणा अेहनाण।।

अर्थात्–राणा! क्या कह, क्या कह कर बाघजी की प्रशंसा करूँ। उनके मन में तेरे-मेरे का भाव कभी नहीं आया।

अपने स्वर्गवासी मित्र के प्रति अविश्वसनीय प्रतीत होने वाले आशानंद के अगाध मैत्री भाव से विस्मय विमुग्ध राणा द्वारा यह पूछे जाने पर कि आप किसी तरह बाघजी को भूल सकते हैं, कवि ने जो उत्तर दिया वह सखाभाव की पराकाष्ठा का अनन्य उदाहरण है। यह कहना अत्युक्ति नहीं होगी कि वह उत्तर अनुपम ही नहीं, इस बात का भारतखंड में तो क्या सारे संसार में एकमात्र उदाहरण है कि निश्छल प्रेम किन ऊँचाईयों को छू सकता है, जिसे समझ पाना तथाकथित सांसारिक चतुराई के बूते से बाहर है। कवि ने उन स्थितियों का खुलासा करते हुए कि जिनमें वे बाघजी को भूल पायेंगे, कहा–

जड़सी जेवड़ियाँह कमळ घिसीजै काठ सूं।
च्यारुं खंध चढ़्यांह बाघा नै जद वीसरुँ।।

अर्थात्–जब मुझे अर्थी पर मूंज से बाँध दिया जाएगा, मेरा सिर अर्थी के काठ से रगड़ खाएगा; चार कंधों पर जब मेरी सवारी निकलेगी तब मैं बाघजी को भूल पाऊँगा।

चींघण चळवळियांह ठूंठां में ठंठेरियां।
राणा राख थयाहं बाघा नै जद वीसरुं।।

अर्थात्–श्मशन में जलती चिता में रखे मेरे मृत शरीर के भलीभाँति दाह संस्कार के लिये बाँस से इधर-उधर धकेला जाएगा, मुझे चिता के काठ के हवाले कर दिया जाएगा, जब मैं राख में परिवर्तित हो जाऊँगा तभी बाघजी को भूल पाऊँगा।

थड़ै मसांण थयांह आतम पद पूगां अलख।
गंगा हाड गयांह वीसरसां जद बाघ नैं।।

अर्थात्–श्मशान भूमि में मेरी राख के ढ़ेर के पास जब बारह दिनों तक चूंकलिया (पानी रखने के लिये मिट्टी का छोटा पात्र) रखा जाएगा, ईश्वर के साथ एकाकार होने व गंगा नदी में मेरा अस्थि प्रवाह होने के बाद ही मैं बाघजी को भूल पाऊँगा।

बाघजी से हुए चिर वियोग से उद्भूत कवि की मर्मभेदी व्यथा इन दूहों में भी गहनता से व्यक्त हुई है–

भड़ वंका तीखा तुरी दीसै नहीं द्वार ।
वाघ विहूणौ कोटड़ौ जांण दुहागण नार ॥

वाघजी बिन कोटड़ौ लागे मो अेड़ोह ।
जांनी घरै सिधावियां जांणै मांडवड़ौह ॥

अर्थात्–शूरवीर योद्धा व तेज अश्व द्वार पर दिखाई नहीं दे रहे हैं। बाघजी के बिना कोटड़ा विधवा स्त्री की भाँति हो गया है।

बाघजी के बिना मुझे कोटड़ा ऐसा लग रहा है, जैसे बारात चले के बाद दुल्हन का मायका हो।

बाघजी के निधन के पश्चात् आशानंद को संसार सूना लगने लग गया था। यद्यपि योगक्षेम के लिये उन्हें इतस्ततः जाना पड़ता था पर उनके मन-मंदिर में बाघजी की स्मृति की दीपशिखा कभी निस्तेज नहीं हुई। अपनी उस व्यथापूर्ण मनःस्थिति को उन्होंने इस प्रकार स्वर दिया–

ठौड़-ठौड़ पग दौड़ करसां पेट'ज कारणै ।
(पण) रात दिवस राठौड़ वीसरसां नीं बाघजी ॥

कऊ कळेजै मांय दाटी पण नहीं दटै ।
मांझड़िया घड़ मांय बरळां उठै बाघजी ॥

अर्थात्–भले ही पेट की खातिर मुझे जगह-जगह जाना पड़ेगा पर हे बाघजी! आपको निशि-दिन विस्मृत नहीं कर पाऊँगा।

मेरे कलेजे में निरन्तर प्रज्ज्वलित दुःख का अलाव बुझाने का प्रयत्न करने पर भी बुझ नहीं पा रहा है। वह किसी तरह शान्त नहीं हो रहा है। मेरे अन्तर्मन में निरन्तर दाहकता बनी हुई है।

इस अतीव विषादमय मनःस्थिति में वे यह प्रतिज्ञा करते हुए ऊमरकोट से प्रस्थान कर गये कि अब मैं एक रात्रि से अधिक कहीं नहीं रुकूँगा। एक दोहे से अधिक नहीं कहूँगा। ऊमरकोट से वे फळौदी के दानवीर जखरा भाटी के पास जाने के लिये रवाना हो गये। जखरा ने आगे आकर फळौदी की सीमा पर ही उनकी अगवानी की। जखरा की दानवीरता का बखान करते हुए बारहठजी ने कहा–

खूटी उण खांनैह जिणरौ घड़ियौ जंखरौ ।
बीजी बीजा नह मिळी न माटी माढ़वा ।।

अर्थात्–विधाता ने जिस मिट्टी से जंखरा को बनाया है, उस खान की मिट्टी ही खत्म हो गयी है। वैसी मिट्टी और कहीं मिल ही नहीं सकी है।

जंखरा भाटी से सम्मानित होकर उन्होंने बीकानेर की ओर रुख किया। बीकानेर के शासक लूणकरण ने अपने राजकुमार कर्मसी को उनकी अगवानी के लिये भेजा। कर्मसी ने सश्रद्ध उनका स्वागत किया और साथ ही विनीत भाव से जिज्ञासा भी सामने रखी कि कविवर आपने तो उस खान की मिट्टी ही समाप्त होना बता दिया तो अब आप क्या कह कर मेरी प्रशस्ति करेंगे? इस पर बारहठजी का कहना था, सुनोगे तब समझ में आ जाएगा। बीकानेर पहुँच कर उन्होंने कहा–

सोय दूजौ संसार माटी हूं घड़ियौ महण ।
तो घड़ियौ करतार काया हूंत करमसी ।।

अर्थात्–अन्य सारा संसार तो परमात्मा ने मिट्टी से बनाया है पर हे करमसी! तुझे तो उस करतार ने अपने ही शरीर से बनाया है।

19.

सोलहवीं सदी ई. की बात है। मारवाड़ पर राव गांगा शासन कर रहे थे। वे नम्र स्वभाव के विनयशील व निर्लोभी शख्स थे। अतः उन्होंने राज्यवृद्धि के लिये प्रयास नहीं किया। इसके विपरीत उनका पुत्र मालदेव उग्र स्वभाव का महत्वकांक्षी व्यक्ति था। राज्याधिकार प्राप्त करने के लिये बेचैन मालदेव ने एक घोर पातक किया। राव गांगा अफीम सेवन के आदी थे। एक दिन वे नशे की पीनक में महल की ऊपरी मंजिल के झरोखे में बैठे थे। मालदेव ने पीछे से

आकर उन्हें उठाकर नीचे फेंक दिया। उनका प्राणान्त हो गया। उस समय उनके पास तिंवरी का स्वामीभांण, पुरोहित मूळा और जोशी सुखनाथ उपस्थित थे। अपने अपकृत्य के प्रत्यक्षदर्शियों को मिटाने के लिये मालदेव ने पहले भांण पर वार किया और फिर मूळा पर हाथ चलाया। इस बीच मौका पाकर जोशी सुखनाथ जान बचाकर वहाँ से छूमंतर हो गया। 9 मई 1532 ई. को घटित इस दुखांतिका सम्बन्धी यह दूहा प्रचलित है–

भांण पेलां भरड़ियौ पड़्यौ मूळै पर हाथ ।
गोखां गांग गुड़ावियौ भाज गयौ सुखनाथ ।।

अर्थात्–पहले भांण को मार दिया गया फिर मूळै का काम तमाम हुआ। गवाक्ष (झरोखे) से गांगा को गुड़का दिया। सुखनाथ भाग छूटा।

20.

वीरमदेव के बाद मेड़ता का शासन सूत्र जयमल के हाथों में आया। राज्यलिप्सा के वशीभूत जोधपुर का राव मालदेव मेड़ता हथियाने के लिये प्रयत्नशील था। दशहरे के बाद मालदेव ने मेड़ते पर चढ़ाई कर दी। ऐसी स्थिति में जयमल ने बीकानेर अपना दूत भेजकर राव कल्याणमल से मदद माँगी। बीकानेर से मिली मदद के सहारे जयमल ने आक्रान्ता का डटकर मुकाबला किया। लड़ाई में मालदेव के पैर उखड़ गये। उसका नक्कारा छीन लिया गया। जिसे बाद में जयमल ने एक बलाई के हाथों भिजवा दिया। गाँव लांबिया में पहुँचने पर बळाई ने नक्कारा बजाया; जिसे सुनकर मालदेव जोधपुर की ओर भागा।

लोक धारणा है कि मालदेव के आक्रमण के समय जयमल अपने आराध्य चतुर्भुज की पूजा-अर्चना में लीन थे। चतुर्भुज ने अपने भक्त की रक्षा के लिये स्वयं जयमल का रूप धारण कर मालदेव से युद्ध किया, जिसमें मेड़तियों की विजय हुई। इस सम्बन्ध में यह दूहा प्रसिद्ध है–

जयमल जी जपियौ जयमालो ।
भागौ राव मंडोवर वाळौ ।।

21.

मालदेव के शासनकाल में शेरशाह सूरी ने मारवाड़ पर आक्रमण कर

दिया था। जैतारण के पास हुए युद्ध में मालदेव की सेना ने शेरशाह के छक्के छुड़ा दिये। मारवाड़ के सैनिकों के अनुपम शौर्य से हतप्रभ शेरशाह को कहना पड़ा कि "मुट्ठी भर बाजरे के लिये मैं हिन्दुस्तान का साम्राज्य खो देता।" इस युद्ध में राव कूंपा की वीरता ने शेरशाह को स्तंभित कर दिया था। भले ही कूंपा युद्ध में वीरगति को प्राप्त हो गये पर उनके शस्त्र संचालन के लाघव से अभिभूत शेरशाह ने उनकी पार्थिव देह को भली भाँति देखने के लिये उसे हाथी के सहारे खड़ा करवा दिया। पार्थिव शरीर की तेजस्विता से चकित शेरशाह बोला, "इस मृत वीर के चेहरे पर जब इतना तेज है तो जीते जी यह न जाने कितना तेजस्वी रहा होगा।"

राव कूंपा की वीरता के सम्बन्ध में ये सोरठे राजस्थान में प्रसिद्ध हैं–

कूंपा किरच्च किरच्च तन तरवार्‌यां तरछियौ
पिंड सो पिरच पिरच्च मिरच मिरच महराजवत
कूंपा सूं कसियाह सो हुरमां हँसिया नहीं
बिच कबरां बसियाह मुगल बचा महराजवत

अर्थात् महराज का पुत्र कूंपा रणांगण में तलवारों से कटकर टुकड़े-टुकड़े हो गया। उसके शरीर के अंग ऐसे दिखाई देते थे, मानो खेत में लाल मिर्चें पड़ी हों। महराज के पुत्र कूंपा से जो लड़े, वे हुरमों (हूरों) के संग हँस नहीं पाये अपितु कब्रों में जाकर बस गये।

22.

बात उस समय की है, जब दिल्ली के तख़्त पर शेरशाह सूरी आसीन था। मारवाड़ का शासन सूत्र मालदेव के हाथों में था । वह अत्यन्त महत्वाकांक्षी व्यक्ति था । अतः उसे लेकर शेरशाह के मन में भी खटका बना रहता था । राजस्थान में सर्वत्र मालदेव की धाक थी । अन्य रियासतों के राजा उसकी प्रबलता से आशंकित थे । इसी के चलते अपने राज्य की सुरक्षा के लिये बीकानेर को मंत्री नगराज ने शेरशाह की सेवा में उपस्थित होकर मालदेव के विरुद्ध प्रयाण का अनुरोध किया । मेड़ते के स्वामी वीरमदेव ने भी सूरी से सहायता की याचना की । तब शेरशाह ने मालदेव के खिलाफ प्रयाण किया। बीकानेर के राव कल्याणमल ने भी उसका साथ दिया ।

इधर मालदेव भी एक बड़ी सेना लेकर मुकाबले में आ डटा। एक महीने तक दोनों सेनाएँ आमने-सामने डटी रहीं पर युद्ध नहीं हुआ। शेरशाह ने लौट जाना ही उचित समझा पर सुरक्षित स्थान को छोड़ना भी कठिन था। अतः उसने एक चाल चली। मालदेव के अनेक सरदार उससे खफ़ा थे सो उसने राजस्थानी भाषा में उनकी ओर से एक पत्र लिखवाया कि गुप्तरूप से हमारा मालदेव से वैरभाव है। यदि आप हमें हमारा अधिकार दिलवा दें तो हम आपकी अधीनता स्वीकार करने को तत्पर हैं।

मालदेव की नज़र इस पत्र पर पड़ी। उसे साथी सरदारों पर शंका हुई और उधर सरदार युद्ध का आग्रह करने लगे। इस कारण उसका शक और भी पुख्ता हो गया। इस घटना के चौथे दिन मालदेव ने अपनी सेना को पीछे हटने की आज्ञा दे दी। मारवाड़ की सेना के प्रमुख सेनापति कूंपा को शेरशाह की चाल का पता चल गया। उसने मालदेव को समझाया पर उसके संदेह का निवारण नहीं हुआ। पर वीरवर कूंपा का कहना था सच्चे राजपूतों को ऐसा विश्वासघात करते कभी नहीं सुना गया। मैं राजपूतों की प्रतिष्ठा पर लगे इस कलंक को अपने रक्त से धोऊँगा या शेरशाह को अपने थोड़े से सैनिकों के बलबूते पर पराजित करूँगा।

कूंपा दस-बारह हजार सैनिकों को लेकर शेरशाह पर आक्रमण करने बढ़ चला। शेरशाह की अस्सी हजार की सेना से मुठभेड़ हुई। मारवाड़ की सेना के प्रबल आक्रमण से सूरी की सेना में घबराहट फैल गई और उसके पाँव उखड़ने लगे। उसी समय जलाल खाँ जलवानी सहायक सेना लेकर आ पहुँचा। किसी तरह सूरी की सेना की लाज बच गई। युद्ध की प्रबलता से हतप्रभ शेरशाह को कहना पड़ा–"मुट्ठी भर बाजरे के लिये मैं हिंदुस्तान की बादशाहत खो देता।"

23.

मारवाड़ के शासक राव मालदेव के चार पुत्रों में राव चन्द्रसेन सबसे यशस्वी हुए। विपरीत परिस्थितियों में भी वे लम्बे समय तक अकबर की सेना से लोहा लेते रहे। उनका भाई उदयसिंह सत्ता की लालसा में बादशाह का अनुगत बन गया था। बदले में वह जोधपुर का राज्य और राजा का खिताब पान में सफल हुआ। चन्द्रसेन के एक अन्य भाई रायमल को अपनी तरफ करके उसकी शक्ति को क्षीण करने के लिये अकबर ने विक्रम संवत् 1627 में

सिवाणा का किला, जो जोधपुर राज्य का ही हिस्सा था, रायमल को इनायत कर दिया। इन्हीं रायमल का पुत्र था वीर पुंगव कल्ला रायमलोत।

भले ही अपने पिता के कारण उसे मुगल सेवा में रहना पड़ा पर उसके स्वाभिमान ने उसे अंततः इस बंधन को तोड़ फेंकने के लिये प्रेरित किया। लाहौर में विद्रोह करके उसने मारवाड़ की ओर प्रस्थान किया। इस प्रयाण में वह पहले बीकानेर पहुँचा। कविश्रेष्ठ पृथ्वीराज उस समय आगरा से बीकानेर आए हुए थे। कल्ला उनसे मिला और अपने हृदयगत भावों से उन्हें अवगत कराया और उनसे निवेदन किया कि "आप नामी कवि हैं, वीरों को काव्य द्वारा अमर बनाने में सक्षम हैं। मैं सिवाणा (जिला-बाड़मेर) के किले में बैठकर शाही सेना से लोहा लूँगा। और अन्त तक वीरता से लड़ता हुआ प्राणोत्सर्ग कर दूँगा। मैं चाहता हूँ कि अपना मृत्यु गीत मैं जीवित ही सुन पाऊँ।"

इस पर पृथ्वीराज का कहना था, "कल्ला! मैं कोई भविष्यवक्ता तो हूँ नहीं। मुझे क्या मालूम कि तुम किस प्रकार लड़ते हुए वीरगति प्राप्त करोगे? हाँ तुम्हारी मृत्यु के बाद तुम्हारे पराक्रम की कथा सुनकर मैं तुम्हें अमर बनाने का प्रयत्न करूँगा।" किन्तु कल्ला आग्रहशील बना रहा। उसने निवेदन किया, मुझे अपना वीरयश सुनने की प्रबल इच्छा है। आप जैसा वर्णन करेंगे, वैसा ही घोर युद्ध मैं करूँगा। सर्वोत्तम वीरगति प्राप्त करने के लिये मैं तलवार के जौहर दिखाऊँगा। आप निस्संकोच अभी मुझे मेरा मृत्युगीत सुनाने की कृपा करें। इस पर पृथ्वीराज ने वह इतिहास प्रसिद्ध गीत पढ़ा, जिसमें पूर्ववर्ती समस्त वीरों की वीरता और वीरगतिं प्राप्त करने की तुलना कल्ला के मरण त्यौहार से की गयी थी।

छब्बीस पंक्तियों के इस लम्बे गीत की निम्न पंक्तियाँ दृष्टव्य हैं। कल्ला ने इस गीत में उल्लखित शूरवीरों की परंपरा का खूब निर्वाह किया–

गढ़ गागरण तळैटी थाणौ राव अग्राज[1] करै रीसाणौ[2]
करड़ा[3] वचन कहै कलियाणौ सिर पड़ियां पलटै सिवाणौ

1. गर्जना; 2. क्रुद्ध हुआ; 3. कठोर

तूं समच्छर बरस तिंयाळै[4] बेध पड़्यौ धर खोद बिचाळ[5]।
ऊदौ राव दुरंग रुद्राळै रायमलोत दुरंग रखवाळै।।

4. संवत 1643; 5. मध्य

जिम रावळ दूदौ जैसाणे सातल सोम मुवौ सुमियाणै ।
पाटण अर जण जैम प्रमाणै कीधौ मरण तिसौ कलियाणै ।।

(बड) घायल भोज मुवौ बीकाणै नहचै राव चूंडौ नागांणै ।
बरसलपुर रविमाल बखाणै कीधौ मरण तिसौ कलियाणै ।।

24.

कल्ला रायमलोत को जीते जी पकड़ने के लिये अकबर ने सिवाणै (जिला-बाड़मेर) सेना भेजी। कल्लाजी बड़ी वीरता से शाही सेना के विरुद्ध लड़ते हुए काम आए। राव कल्ला ने ही सिवाणा के किले को किला होने का गौरव अपना खून छिड़क कर दिलाया। इस सम्बन्ध में कहा गया है–

किलौ अणकलौ यूँ कहे लड़ कल्ला राठौड़
मो सिर ऊतरे महरणौ तो सिर बँधे मोड़
कलो किला तैं कढ्ढियौ लाख दळां घट ले'र
पहर अेक लग पाछटी सीस पड्यां शमशेर

25.

सिरोही के पराक्रमी महाराव मानसिंह की शाही सेना से कई बार भिड़न्त हुई। विरोधी पक्ष की शक्ति से अप्रतिहत रहकर उन्होंने जिस तरह संघर्ष किया, उसकी साख भरता यह दूहा–

अकेला सो ना भला भला सो माना राव
दीधा दूजणसाल रै सर दिल्ली रै पाव

अर्थात्–अकेले व्यक्ति की कोई हस्ती नहीं किन्तु महाराव मानसिंह ने अकेले ही जो किया, वह कोई दूसरा क्या करेगा? इसलिये वह तो अभिनंदन के योग्य हैं ही। इस दुर्जनशाल सुत ने अकेले ही दिल्ली के सिर पर पैर रखा।

26.

राड़धड़े (मारवाड़ का एक क्षेत्र विशेष) की राजकुमारी का विवाह सिरोही के राव सुरताण के साथ हुआ था। अपने राज्य क्षेत्र में अवस्थित आबू पर्वत की रमणीयता का बखान करते हुए राव ने अपनी पत्नी से कहा–

टूंके टूंके केतकी झरने झरने जाय
अर्बुद की छवि देखतां और न आवै दाय

अर्थात्–पर्वत के शिखर शिखर पर तो केतकी और झरने झरने पर चमेली फूली हुयी है। आबू पर्वत की सुषमा के सामने और कोई वस्तु अच्छी नहीं लगती।

पर रानी को बात कुछ जची नहीं। राव से असहमति जताते हुए वह बोली–

जव खावणौ भखणौ पाळौ चलणौ पंथ
आबू ऊपर बेसणौ भलो सरायौ कंथ

अर्थात्–जहाँ जौ (यव) खाने पड़ते हैं, अफीम का सेवन होता है और पैदल चलना पड़ता है। हे कंथ! उस आबू पर्वत पर विचरण की आपने भली प्रशंसा की। रहने योग्य स्थान तो राड़धड़ा ही है, जहाँ का निवास तो देवताओं के लिये भी दुर्लभ है। अपनी जन्मस्थली का बखान करते हुए रानी ने कहा–

धर ढ़ांगी आलम धणी परबल लूणी पास
लिखियौ जिणनै लाभसी राड़धड़ै रौ वास

अर्थात्–जहाँ ढाँगी नामक धोरे की जमीन है, आलमजी नामक इष्टदेव रक्षक हैं और प्रबल लूणी नदी पास ही बहती है, ऐसे राड़धड़े का निवास तो जिसके भाग्य में लिखा है उसी को मिलेगा।

27.

सिरोही के पराक्रमी राव सुरताण (संवत् 1616-1667) ने इक्यावन वर्ष के जीवनकाल में बावन शत्रुओं को पराजित किया था। खेमराज दधवाड़िया रचित इन पंक्तियों में इस बात को रेखांकित किया गया है–

अेकावन बरस जीव्यौ अनाड़
जीत्यौ निज बावन महाराड़
पाळिया लाड कवियां अपार
सांसण चौरासी दिया सार

राव सुरताण ने भी महाराणा प्रताप की भाँति अकबर का आधिपत्य कभी स्वीकार नहीं किया।

अवर त्रप पतसाह आगे हो भ्रत जोड़े हाथ
नाथ उदैपुर न नम्यौ नम्यो न अरबुद नाथ

इस वीरपुंगव ने महाराणा प्रताप को भी एक बार शरण दी थी। साक्षी स्वरूप एक डिंगल गीत की ये पंक्तियाँ–

राखियौ शरण राणौ जतन
चँद सूरज कर साखियौ
प्रथीपति बहादर पता
जोधाण जस दाखियौ

अर्थात्–राव सुरताण ने सूर्य और चंद्रमा की साक्षी देकर महाराजा प्रताप को बड़े यत्न से अपनी शरण में रखा। प्रताप जैसे वीर को शरण देने के कारण उसे दिल्ली-दरबार के सब योद्धाओं से अधिक यश मिला।

उसके निधन पर प्रसिद्ध कवि दुरसा आढ़ा ने इस प्रकार शोक व्यक्त किया–

आज पड़ै असमान आज धर कंकण भागौ
आज महा उतपात नीर ध्रुव तारे लागौ
आज कळू ऊथल्ल आज कव आदर छूटा
आज टळै आसंग आज सनमंध विछूटा

अर्थात्–आज आसमना टूट पड़ा। आज पृथ्वी का कंकण भंग हो गया अर्थात् आज पृथ्वी विधवा हो गयी। आज नीर ध्रुव तारे से लग गया। आज महा उत्पात सामने आ गया। आज कलियुग में उथल-पुथल मच गयी। आज कवियों का आश्रय चला गया। आज सब सम्बन्ध छूट गया।

28.

राजस्थान के लोकदेवताओं में पाबूजी अग्रपंक्ति में हैं। उनके समय में माँ देवल चारणी की केसर कालमी घोड़ी अपने विशिष्ट गुणों के लिये विख्यात थी। अपने विवाह के समय पाबूजी दूल्हे के रूप में इस घोड़ी पर आरूढ़ होकर जाना चाहते थे। देवलजी से उन्होंने वह घोड़ी कुछ दिनों के लिये देने का आग्रह किया। देवलजी का कहना था कि यह घोड़ी तो उसी को दी जा सकती है जो

पशुचोरों द्वारा मेरी गायें घिरने पर उनकी रक्षा के लिये जान की बाजी लगाने को तैयार हो। इस पर पाबूजी ने कवि के शब्दों में दृढ़ प्रतिज्ञा की–

पाणी पवन प्रमाण धर अंबर हिंदू धरम
अब मोय धांधळ आण सिर देस्यां गायां सटे

अर्थात्–पानी, पवन, पृथ्वी, आकाश और हिन्दू धर्म को साक्षी स्वरूप सम्मुख रखकर मैं अपने पिता धांधळ की शपथ खाकर कहता हूँ कि जिस दिन तुम्हारी गायें घिरेंगी, उस दिन उनकी रक्षा के लिये मैं अपना मस्तक दे दूँगा।

वीर पाबू ने इस प्रतिज्ञा को अक्षरशः निभाया। उमरकोट (सिंध) में जब वे भाँवर फिर रहे थे, उन्हें संदेश मिला कि देवलजी की गायें जायल के खीची ने घेर ली हैं। सन्देश मिलते ही पाबूजी दुल्हन का हाथ और चँवरी छोड़कर गायों की रक्षार्थ निकल पड़े।

नेह निज री रीझ री बात चित ना धरी
प्रेम गवरी तणौ नहि पायौ
राजकँवरी जिका चढ़ी चँवरी रही
आप भँवरी तणी पीठ आयौ

इस अवसर पर पाबूजी की दुल्हन व सालियों ने जो दर्द भरी विनय की, वह तो आज भी मर्मभेदी है–

जे हूँत कर जीण तसवीरां लिखल्यां तुरत
वळै न इसड़ौ बींद ऊमरकोट आवसी

अर्थात्–हे वीर! जरा देर से घोड़ी पर जीन कसो ताकि आपकी तस्वीर उतार लें। हमारे ऊमरकोट में ऐसा वर फिर कभी नहीं आएगा।

जायल के खीचियों और पाबूजी के बीच घमासान युद्ध हुआ। पाबूजी ने सारा गौधन छुड़ाकर देवलजी को सौंप दिया पर इस संग्राम वे वीरगति को प्राप्त हुए।

29.

सिरोही के राव सुरताण की जोधपुर के रायमल व सिसोदिया जगमाल से हुई लड़ाई में दुरसा आढ़ा भी रायमल की ओर से सम्मिलित हुए। युद्ध में

घायल होकर दुरसा जब रणभूमि में पड़े थे, तब राव सुरताण के एक सरदार ने कहा कि इसे दूध पिला देना (मार देना) चाहिये। इस पर दुरसा बोले, "मैं राजपूत नहीं चारण हूँ और चारण अवध्य होते हैं।" इस पर उनसे कहा गया कि यदि वास्तव में तुम चारण हो तो युद्ध में हाल ही में वीरगति को प्राप्त हुए समर देवड़ा की प्रशंसा में कोई दोहा कहो। दुरसा ने तत्काल यह दोहा सुनाया–

धर रावां जस डूंगरां व्रद पोतां शत्र हाण
समरै मरण सुधारियौ चहु थोकां चहुआण

अर्थात्–चौहान समरा ने चार तरह अपनी मृत्यु को सार्थक किया। राव सुरताण की भूमि की रक्षा की, पहाड़ों की प्रशंसा करवायी, अपने वंशजों के लिये सम्मान छोड़ गया और शत्रुओं को हानि पहुँचायी।

30.

मारवाड़ के शासक राव चन्द्रसेन ने अनेक कठिनाइयों और विपदाओं से त्रस्त होने पर भी अकबर का वशवर्ती होना स्वीकार नहीं किया। काफी लम्बे अर्से तक वे संघर्ष करते रहे। बाद में महाराणा प्रताप ने भी इस टेक को निभाया और घोर कष्ट उठाये। स्वाधीनता प्रेमी इन दोनों वीर पुंगवों के बारे में एक कवि ने कहा–

अणदागल तुरी ऊजळा असमर चाकर रहण न डिगियौ चीत
सारै हिंदुस्तान तणै सिर पातल नै चंद्रसेन प्रवीत

अर्थात्–उस समय सारे हिन्दुस्तान में राव चन्द्रसेन और महाराणा प्रताप ही दो ऐसे वीर थे, जिन्होंने न तो अकबर की अधीनता स्वीकार की और न ही अपने घोड़ों पर शाही दाग़ लगने दिया तथा जिनके शस्त्र हमेशा यवन सम्राट के विरुद्ध चमकते रहे।

31.

गुजरात के सुल्तान का बेटा एक बार महेवा (जिला-बाड़मेर) की कुछ कन्याओं को ले भागा। उसके इस दुष्कृत्य का बदला लेने के लिये रावळ जगमालजी व्यापारी के वेश में उसके राज्य में पहुँचे और ईद के दिन अवसर

पाकर उन कन्याओं को सुल्तान की बेटी सहित महेवे ले आए। फलतः सुल्तान ने महेवे पर आक्रमण कर दिया पर युद्ध में वीरवर जगमालजी के प्रहारों से स्तब्ध सुल्तान अपने शिविर की ओर लौटने को विवश हो गया। इस सम्बन्ध में यह दूहा प्रचलित है–

पग पग नेजा पाड़िया पग पग पाड़ी ढाळ ।
बीवी पूछै खान नै जग केता जगमाल ।।

अर्थात्–जगमाल द्वारा पग-पग पर शत्रुओं के भाले तोड़कर गिराने और कदम-कदम पर उनकी ढ़ालें गिराने का हाल सुनकर बीवी खान से पूछती है, यह तो बताओ आखिर दुनिया में कितने जगमाल हैं?

32.

मेड़तिया जयमल के नेतृत्व में चित्तौड़गढ़ की रक्षा के लिये जो विकट युद्ध हुआ, उसमें उसके भाई ईसरदास ने भी अद्‌भुत पराक्रम दिखाया था। अकबर किसी भी तरह युद्ध जीतना चाहता था। अतः उसने हाथियों को मदिरा पिला कर उनकी सूंडों में तलवारें बाँधकर मेवाड़ी सेना को नेस्तनाबूद करने के लिये उन्हें आगे बढ़ाया। पर मेवाड़ी योद्धा पीछे नहीं हटे। उन्होंने सहर्ष मृत्यु का वरण किया। ईसरदास भी इस युद्ध में वीरतापूर्वक लड़ता हुआ काम आया। एक गीत में उसके शौर्य का इस ढ़ंग से बखान हुआ है–

देवासुर दीठ रमाइण दीठौ वांचै नारद सूर विवेक ।
बिहुँ बांहां दाखतौ बलाक्रम ईसर जिसौ न दीठौ अेक ।।

अर्थात्–नारद और सूर्य विवेक (की बात) बाँचते (कहते हैं)–देवताओं और असुरों का युद्ध देखा, रामायण का भी युद्ध देखा पर दोनों भुजाओं से पराक्रम दिखाता हुआ ईसरदास जैसा योद्धा एक भी नहीं देखा।

ईसरदास के वीरत्व को देखकर अकबर ने भी धन्य, धन्य कहा।

33.

सन् 1619 ई. में महाराजा गजसिंह मारवाड़ में गद्दीनशीन हुए। वे तत्कालीन मुगल बादशाह जहाँगीर के कृपापात्रों में थे। उन्होंने अपने पराक्रम

का परिचय युवराज के रूप में दे दिया था, जब उन्होंने जालोर का किला बिहारी पठानों से जीत लिया था। मारवाड़ के शासक सूरसिंह के देहान्त के बाद उन्हें दक्षिण के महकर थाने पर नियुक्त किया गया। उनका स्थान शाही सेना की हरावल (अग्र पंक्ति) में रहता था। उस समय अहमदनगर राज्य का दीवान था अमर चम्पू। उसकी वीरता से मुगल सेना भी घबराती थी। महाराजा गजसिंह के पराक्रम के सामने अमर चम्पू को भी पराजय का मुख देखना पड़ा। हर स्थिति में शत्रु सेना को रोकने की उनकी अद्भुत सामर्थ्य के कारण बादशाह ने उन्हें 'दलथंभन' का खिताब दिया।

शाहजादा खुर्रम (भावी शाहजहाँ) के विद्रोही हो जाने पर उसके विरुद्ध शाहजादा परवेज के नेतृत्व में भेजी गयी सेना में गजसिंह भी सम्मिलित थे। बादशाह के विरुद्ध संघर्ष में खुर्रम की ओर से सिसोदिया भीम ने पच्चीस हजार की सेना के साथ शाही सेना पर प्रबल आक्रमण कर दिया। शाही सेना के वाम पार्श्व (बायें भाग) में गजसिंह खड़े थे। भीम की सेना के प्रबल प्रहार को शाही सेना नहीं झेल सकी। उसके पैर उखड़ गये। तब गजसिंह भीम की सेना के मुकाबले में उतरे। भयंकर युद्ध में भीम खेत रहा और शाहजादा खुर्रम भाग गया। इस प्रकार गजसिंह के युद्ध कौशल से पासा ही पलट गया। उस समय उनके लिये कहा गया दूहा अब भी बहुधा सुना जाता है–

गजबंधी आलोचियौ करि भेळा वरियाम ।
पतसाही राखूं पगै तो दळथंभण नाम ।।

अर्थात्–गजसिंह ने अपने योद्धाओं को इकट्ठा करके संबोधित किया कि यदि मैं बादशाही सेना के पैर नहीं उखड़ने दूँ तभी मेरा नाम 'दळथंभण' है। अर्थात् इस उपाधि की सार्थकता है।

34.

मुगल सम्राट जहाँगीर द्वारा समादृत इन्हीं गजसिंह के स्वभाव की बड़ी कमजोरी थी कि उन्हें किसी और की तारीफ सुनना नागवार गुजरता था। एक बार मोतीसर चतरै ने उनके सामने मेवाड़ महाराणा भीमसिंह की तारीफ क्या कर दी, महाराजा का पारा सातवें आसमान पर चढ़ गया। उन्होंने चतरै का काम तमाम करने के लिये हथियार उठा लिया। महाराजा को उनके इस

हल्केपन का एहसास कवि महेशदास सामोर ने कराया। शाही दरबार की ओर जाते समय महेशदास के वार्तालाप से अत्यन्त प्रभावित गजसिंह ने उन्हें अपने साथ मारवाड़ चलने का आग्रह किया तो महेशदास ने बेधड़क उत्तर दिया–

थूँ राजा तन रौ तपी ले जस जीवण लाह ।
म्हूँ राजा मन रौ हठी चालूँ चित री चाह ।।

यह सुनकर महाराजा अवाक् रह गये। महेशदास का भतीजा हेम सामोर भी साथ चल रहा था। उस प्रतिभावान किशोर ने भी राजा को संबोधित करते हुए कहा–

इन्द्र नहीं क्यूं आगलौ सूर क्यूं नहीं घाट ।
आ लघुता घर इन्दरै पूत न एहो पाट ।।

उपर्युक्त दूहे में हेम सामोर ने गजसिंह का बखान करते हुए अद्भुत कवित्व शक्ति का परिचय दिया था। उसका कहना था कि जब मैं इस बात पर विचार करता हूँ कि इन्द्र आगीवाण क्यों नहीं है और सूरसिंह (गजसिंह के पिता) कमतर क्यों नहीं है तो समझ में आता है कि इन्द्र की इस लघुता का कारण यह है कि उसके यहाँ तुम्हारे जैसा बड़ा बेटा नहीं है।

दूहे से अभिभूत महाराजा ने महेशदास से कहा कि यदि आप मारवाड़ नहीं चल सकते तो अपने इस भतीजे को भेज दीजिये। इस पर महेशदास ने पूछा, ''हेम को साथ ले जाकर आप क्या राजा बना देंगे?'' प्रश्न सुनकर गजसिंह को फिर अपनी लघुता का भान हुआ और कहा, ''हम तो खुद राजा बनने को तरसते हैं परन्तु हेम को मैं अपने जीवनकाल में राजा बना दूँगा और वह बनेगा मेरे दरबार का कविराजा।'' इस प्रकार मारवाड़ में कविराजा पद की स्थापना हुई। हेम सामोर चारणों में पहला कविराजा बना।

संस्कृत, प्राकृत, फारसी, डिंगल और पिंगल भाषाओं के विद्वान् हेम सामोर को महाराजा गजसिंह ने प्रभूत मान-सम्मान दिया। कवि को गजारूढ़ करवा के महाराजा स्वयं 'जळेब' में चलते थे। जनकंठों में बसा यह दूहा इस बात की साख भरता है–

जोधाणै रुतबै जबर रह्यौ हेम कविराज ।
उठी कवियां आशियां पदवी लीनी पाय ।।

35.

मुगल बादशाह शाहजहाँ के मामा मारवाड़ के महाराजा गजसिंह की चतरा मोतीसर ने अपने एक गीत में किसी बात को लेकर मलामत कर दी थी। इस पर आग बबूला हुए महाराजा ने चतरे का बुला भेजा और म्यान से तलवार निकाल कर उसे मारने को उद्यत हो गये। बिना हतप्रभ हुए चतरा ने उसी वक़्त यह गीत सुनाया—

चख लागां धर वै चहुं दस चोळै
हीलोहळ सातूं हीलोळै
असपत सको ताहरै ओळै
तूं खग आज कणी सिर तोलै ।।1।।

पूरब पछम धरा दध पारू
दिखण तणा खूटो थळ दारू
सक उतराद धरा तो सारू
मछर धरै किण ऊपर मारू ।।2।।

खंड देवड़ा भरै डंढ़ खंधी
सगपण भाटी समबंधी
साटां मिळै तूझ सूं संधी
बळ दाखै किण सर गजबंधी ।।3।।

अर्थात्—हे महाराज ! आपके नेत्र जब क्रोध से लाल हो जाते हैं तो चारों दिशाएँ और सातों समुद्र काँपने लगते हैं। बादशाह भी आपकी शरण में है फिर आप आज यह तलवार किस पर उठा रहे हैं।

पूर्व से पश्चिम समुद्र तक आपका प्रताप फैला हुआ है। दक्षिण और उत्तर में भी आपकी ही दुहाई फिरती है। फिर हे गजसिंह ! आप किस पर कोप कर रहे हैं ?

देवड़ा आदि सब आपका प्रभुत्व स्वीकार कर आपको कर देते हैं और भाटियों ने भी आपसे सम्बन्ध जोड़ लिया है। सब क्षत्रियों ने आपसे संधि कर रखी है। फिर हे महाराज ! आप किस पर अपना शक्ति प्रदर्शन कर रहे हैं।

गीत से प्रभावित महाराजा ने तलवार म्यान में डाल दी।

36.

गुण ग्राहक मुगल बादशाह अकबर के दरबार में कई राजस्थानी कवियों को मान-सम्मान प्राप्त था। दुरसा आढ़ा उनमें अग्रणी थे। बादशाह की ओर से उन्हें तीन गाँवों की जागीर और पैर में सोना पहिनने की ताजीम भी प्रदान की गयी थी। बादशाह की नजरों में चढ़ने से पहिले दुरसाजी के परिवार की माली बहुत पतली थी। जागीर मिलने से समृद्धि आ गई।

अपने जागीरी गाँवों के किसानों से पैदावार का हिस्सा लेने के सिलसिले में दुरसाजी एक किसान के खलिहान में पहुँचे। खलिहान में ताज़ा निकाले अनाज (पूंबड़ै) की 'ताली' (ढ़ेरी) लगी हुयी थी। चूंकि हमारी परंपरा में अन्न को देवता माना जाता है, अतः उसे जूतों से स्पर्श करना वर्जित है। पर दुरसाजी राजमान्य होने के जोम में इस मर्यादा को भूल गये और जूते पहिने हुए ही 'पूंबड़ै' पर पैर रख दिये। अन्नदेवता के इस अपमान को देखकर वहाँ उपस्थित लोगों में से एक सजग व्यक्ति ने उन्हें अपने अभावग्रस्त अतीत की याद दिलाते हुए विवेकसम्मत आचरण की हिदायत इस प्रकार दी–

मा चरावती टोगड़ा बाप फड़ाया कन्न ।
पाछी राखौ पगरखी अन्न है दुरसा अन्न ।।

अर्थात्–पहिले दुरसाजी के परिवार में तंगदस्ती का तो यह आलम था कि उनकी माँ तो गाँव का 'वाछोड़' (गायों के बछड़ों-बछड़ियों का झुंड) चराती थी और पिता इतने गये-गुजरे थे कि गृहस्थी का बोझ उठाने में अक्षम होने के कारण कनफटे जोगी हो गये थे। उस अवस्था की याद दिलाते हुए उसने कहा कि यह अन्न देवता की ढ़ेरी है, इसलिये पगरखी उतार कर आगे बढ़ें।

37.

अपने काव्यकौशल से अकबर के दरबार में प्रवेश पाने से पूर्व दुरसाजी आढ़ा को बहुत पापड़ बेलने पड़े थे। उन दिनों अकबर के संरक्षक बैरम खाँ का पड़ाव अजमेर में था। बादशाह तक पहुँचने का माध्यम खोजने को प्रयासरत दुरसाजी को लगा कि बैरमखाँ से बढ़कर इस काम में और कोई मददगार नहीं हो सकता। चुनांचे वे अजमेर पहुँचे और खाँ के शिविर के बाहर ही खड़े रहकर दो बार यह दूहा पढ़ा–

आफ़ताब अंधेर पर अगनी ऊपर नीर ।
दुरसा कवि रै दुक्ख पर बहरम खान वजीर ।।

अर्थात्—सूर्य अंधकार का निवारण करता है, जल अग्नि की ज्वाला को शांत करता है। दुरसा कवि के दुःख का हरण बहरमखान वजीर ही कर सकता है।

बैरम खाँ ने दुरसाजी को अपने शिविर में बुलाया और फिर से यह दूहा सुना। मुलाकात के बाद कवि ने निम्नलिखित दूहे और सुनाये—

तूं बंदा अल्लाह का मैं बंदा तेरा ।
तेरा है मालिक खुदा तू मालिक मेरा ।।

पीर परायी मेटणा एह पीर का काम ।
मेरी पीड़ा मेट दे बड़ा पीर बहराम ।।

विभीषण वारिधि तटै भेंटे अेकै राम ।
अब मिलग्या अजमेर में, दुरसा को बे'राम ।।

अंतिम दोहे का अर्थ समझकर बेरम खाँ अत्यन्त प्रसन्न हुआ और कवि को एक लाख रु. बख्शीश में दिये। इस भेंट के बाद शाही दरबार में दुरसाजी के प्रवेश सुगम हो गया।

38.

काव्य सृजन के क्षेत्र में मध्यकाल में चारण कवियों का भले ही प्राधान्य रहा किंतु भाट कवियों ने भी अपनी काव्यकला के जौहर दिखाये। ब्रजलाल नामक एक भाट कवि ने 'कुल मंडन' शीर्षक से लिखित अपनी एक व्यंग्यात्मक कविता में चारणों को हेय ठहराने का प्रयास किया था। एक बार अकबर के आगरा दरबार में भाटों ने चारणों की उत्पत्ति को लेकर कटाक्ष किया। उस समय चारणों का गुरु लाखा अकबर के कृपापात्रों में था। कटाक्ष का माकूल जवाब देने के लिये उसने जैसलमेर के जाजिया गाँव निवासी गंगाराम को आगरा आने का अनुरोध किया।

गंगाराम ने वहाँ पहुँचकर पंडितों की सभा में बादशाह की उपस्थिति (मौजूदगी) में तंत्र शास्त्र के ग्रंथ 'शिव रहस्यम्' का हवाला देकर चारणों की दैवी उत्पत्ति का विवेचन किया। गंगाराम का वैदुष्यपूर्ण विवेचन सभी को

स्वीकार्य हुआ और भाट लोग जमीन कुचरने लगे। सभी चारणों ने लाखा के प्रति कृतज्ञता का भाव दर्शाया। इस सम्बन्ध में दुरसा आढ़ा रचित दूहा जनस्मृति में आज भी सुरक्षित है–

दिल्ली दरगा अंब फळ ऊँचा घणा अपार।
चारण लाखौ चारणां डाळ नमावण हार ॥

अर्थात्–मुगल दरबार का संरक्षण उस आमफल के समान है जो बहुत ऊँचाई पर लगता है। जो साधारण मनुष्यों की पहुँच के बाहर है। उस आमफल की शाखा झुकाकर चारणों के लिये सुलभ कराने वाला लाखा चारण है।

39.

शाही दरबार में विशिष्ट स्थान प्राप्त कवि दुरसाजी आढ़ा का बाल्यकाल पिता का साया उठ जाने से अत्यन्त कष्टपूर्ण रहा। बगड़ी ठाकुर ने उन्हें आश्रय दिया, पालन पोषण में भरपूर मदद की और उनकी समुचित शिक्षा-दीक्षा की भी व्यवस्था की। ठाकुर की इस सदाशयता की साख भरता हुआ दुरसाजी कृत यह दूहा–

माथै मावीतांह जनम तणौ क्यावर जितौ।
सोहड़ सुध पातांह पालण हार प्रताप सी ॥

अर्थात!–सुभटों और सुकवियों के पालनहार हे प्रतापसिंह ! जन्म देने वाले 'मायतों' (माता-पिता) के समान, तेरा मुझ पर एहसान है।

40.

मारवाड़ के राव चन्द्रसेन मुगल सम्राट अकबर से जीवनभर जूझते रहे किन्तु उनके एक पौत्र कर्मसेन ने जहाँगीर की अधीनता स्वीकार कर ली। अपने अधीनस्थ कर्मसेन को बादशाह ने एक दिन हाथी के हौदे पर अपने पीछे बिठाकर चँवर डुलाने का काम सौंपा। इस घटना का समाचार जब कर्मसेन की माता को मिला तो उसे बड़ी ग्लानि हुई और बेटे का पौरुष जागृत करने के लिये एक चारण के साथ संदेश भिजवाया। चारण ने कहा–

कम्मा उगरसेन रा तो जननी बलिहार
चमर न झल्लै शाह रा तू झल्लै तलवार

कीधा कर करतार किरमर कारण करमसी
सह देखे संसार चमर हलावण मुच्चवी

अर्थात्–हे उग्रसेन के पुत्र कर्मसेन! बलिहारी है तेरी माता की। जिस शाह के सिर पर तुझे तलवार डुलानी थी, वहाँ तू चँवर डुला रहा है। क्षत्रियों के हाथ तो विधाता ने तलवार धारण के लिये बनाये हैं। तुम्हारा चँवर डुलाने का काम तो सारा संसार बड़े कौतूहल से देख रहा है।

इन दोहों को सुनकर कर्मसेन हाथी पर से कूद पड़ा और तलवार हाथ में लेकर अश्वारूढ़ हो गया। उसे इतना उद्वेलित देखकर बादशाह ने किसी तरह उसे शान्त करते हुए कहा, "तुम्हारे जैसे वीर को चँवर डुलाने का काम सौंपना मेरी भूल थी। तुम्हारे हाथ में तो तलवार ही शोभा पाती है।

41.

विक्रम संवत् 1630 में अजमेर क्षेत्र के भिनाय नामक गाँव के प्रजाजनों ने मादालिया नामक भील के उपद्रवों से तंग आकर राव चंद्रसेन से मदद की गुहार की। चंद्रसेन ने एक उपयुक्त अवसर देखकर भील सरदार पर चढ़ाई कर दी। हमले के समय मादालिया के घर पर उत्सव होने के कारण आस-पास के बहुत से भील भी वहाँ एकत्र थे। उन्होंने शस्त्र सम्हाल कर चंद्रसेन का सामना किया किंतु मादालिया के मारे जाने पर सभी वहाँ से भाग खड़े हुए। उस दिन से मारवाड़ में यह कहावत प्रचलित हो गई–

'मादालियो मारियौ ने गोठ बीखरी'।

42.

राव चन्द्रसेन विषयक–दूहा

अणदागिया तुरी ऊजळा असमर
चाकर रहण न डिगियौ चीत
सारै हिन्दुस्थान तणै सिर
पातल नै चन्द्रसैण प्रवीत

उस समय महाराण प्रताप और राव चन्द्रसेन, दोनों ने न तो शाही (अकबर की) अधीनता स्वीकार नहीं की और न अपने अश्वों पर शाही

निशान का दाग़ लगवाया। उनके शस्त्र सदैव ही बादशाह के विरुद्ध चमकते रहे।

43.

बाड़मेर जिले के गाँव खाँडप के निकटस्थ गाँव सरवड़ी चारणान की बात है। बोगसा खाँप के चारणों का यह गाँव अतीत काल में अपने विद्वान कवियों के कारण 'छोटी काशी' के नाम से विख्यात था। इसी गाँव के एक नामी कवि थे-गंगाराम बोगसा। एक बार उनके गाँव की गायें खाँडप के राजपूतों ने घेर लीं। यह काम उस युग की मान्यताओं के अनुसार चारणों के शासन की मर्यादा का उल्लंघन माना गया। गंगाराम बोगसा के नेतृत्व में इसके खिलाफ धरना दिया गया।

इस धर्म विरुद्ध कार्य के लिये उन्होंने खाँडप के राजपूतों को फटकारते हुए कहा–

कर बागो गरकाब म्हां दादौ गोविंद मुवौ।
उण कुळ चाढ़ूं आब मोटो धरणौ कर मरूँ।।

अर्थात्–मोटे राजा उदयसिंह के अत्याचार के विरुद्ध मेरे पूर्वज गोविंद बोगसा (चारणों रौ वाड़ौ-जिला बाड़मेर) ने आत्म बलिदान दिया था। उसी गोविन्द बोगसा का वंशज मैं (गंगाराम) उनकी कीर्ति को और प्रतिष्ठा प्रदान कर बड़े धरने का आयोजन कर मरण का वरण करूँगा।

इससे घबरा कर खाँडप के राजपूतों ने सरवड़ी की गायें लौटा दी।

44.

मुगल बादशाह शाहजहाँ गंभीर रूप से बीमार था। उत्तराधिकार का कोई स्पष्ट नियम न होने के कारण सभी शाहजादों की महत्वाकांक्षा उफान की ओर थी। शाहजहाँ का चहेता बेटा दाराशिकोह था पर औरंगजेब की कुटिलता ने उत्तराधिकार युद्ध को अनिवार्य कर दिया। दक्खन का सूबेदार औरंगजेब आगरा की ओर प्रयाण कर रहा था। उसे रोकने के लिये बादशाह ने शाही सेना भेजी। उज्जैन के पास धरमत नामक स्थान पर यह ऐतिहासिक युद्ध लड़ा गया। बादशाही सेना में जोधपुर के शासक जसवंतसिंह शामिल थे। युद्ध की

भीषणता से विचलित होकर वे समरांगण छोड़कर जोधपुर चले आये। इससे राज मारवाड़ की शान में बट्टा लग गया।

महारानी महामाया ने गढ़ के दरवाजे बंद करवा दिये। युद्धभूमि से जसवंतसिंह के पलायन को लेकर उनके राजकवि ने उन्हें उपालंभ देते हुए अपने गीत में कहा–

महा मांडियौ जाग ऊजैण खागां मधै,
रुदन बिलखावती रही रोती ।
हेळवी अमर री हीय करती हरख,
जसा अपछर रही बाट जोती ॥

किया काचा उवर सूरहर कळोधर,
डरत गत न पीधौ फूल दारु ।
बड़ां री भोळवी हूर आवी वरण
मेलती गई निसास मारू ॥

पाटवी हेळवी बेगमै पैल कै
ते समै अेलकै कीध टाळा
पाग थी दलौ नै रतन परणीजते
बाट जोती रही गजण बाला ॥

अर्थात्–उज्जैन में तलवारों के बीच जब युद्ध रूपी यज्ञ हुआ तो अप्सरा रुदन करती बिलखती रह गयी। अमरसिंह ने जिसे हिला रखा था और जो हृदय में हर्षित थी, हे जसवंतसिंह ऐसी अप्सरा बाट देखती रह गयी।

हे सूरसिह के वंशज! तूने अपना हृदय कच्चा कर लिया। कायर की तरह भयभीत हो गया और आसव पान नहीं किया। तुम्हारे पूर्वजों की तरह तुम्हें भी वीर समझ कर अप्सरा तुम्हारा वरण करने के लिये आयी थी किन्तु तुम्हारे युद्ध से भाग आने के कारण हे मारु! वह निःश्वास छोड़ती हुई चली गयी। पाटवी (तुम्हारे बड़े भाई) ने जिसके साथ पहिले मनोविनोद किया था, तुमने उससे इस बार किनारा कर लिया। तुम गच्चा दे गये। दलपतसिंह और रतनसिंह ने अप्सराओं का वरण किया किंतु हे गजसिंह के पुत्र! वे तुम्हारी प्रतीक्षा करती रहीं।

45.

शाहजहाँ के बेटों में सिंहासन के उत्तराधिकार को लेकर हुए धरमत के युद्ध में शाही सेना का नेतृत्व करने वाले मारवाड़ के शासक जसवंतसिंह ने अपने सरदारों से पूछा कि दोनों शहजादों (औरंगजेब और मुराद) की संयुक्त सेनाओं से लोहा लेना चाहिये या नहीं? सरदारों का उत्तर था कि हमारे लिये तो आपका आदेश सिर आँखों पर किन्तु इस सम्बन्ध में आप यदि परामर्श लेना चाहते हैं तो रतनसिंह से लीजिये। महाराजा ने रतनसिंह का मनोभाव जानने के लिये कहा—

रिण रामाइण जिसौ रचावां
लड़ै मरां चंद नाम लिखावां

अर्थात्—रामायण मेंजैसे राम-रावण का युद्ध हुआ, वैसा ही भीषण संग्राम हम भी करें और वीरतापूर्वक लड़ते हुए अपने प्राण दे दें, जिससे हमारा नाम अमर हो जाए।

इस पर रतनसिंह का कहना था—

जोधां धणी घणा दिन जीवौ
दळ सिणगार वंश चौ दीवौ
रिण में म्हां रहियां राज रहेसी
कमधां कोई न बुरौ कहेसी
क्रन मरतै दुरजोध गयौ क्रमि
त्रीकम काळजवन आगै तिमि

अर्थात्—महाराज! आप सेना के शृंगार और वंश के दीपक हैं। आप चिरायु हों। युद्ध में मेरे बने रहने से राज्य भी बना रहेगा। राठौड़ों को कोई बुरा भी नहीं कहेगा। महाभारत के युद्ध में कर्ण को आगे करके दुर्योधन ने अपनी रक्षा की थी और श्रीकृष्ण ने भी अवसर देखकर कालयवन से युद्ध से पीछे हटने की नीति का आश्रय लिया था।

46.

मारवाड़ के महाराजा जसवंतसिंह (प्रथम) के अत्यन्त होनहार बड़े पुत्र पृथ्वीसिंह का दैव दुर्विपाक से अल्पायु में ही देहान्त हो गया (शेर से मुकाबला

करते हुए)। महाराजा उस समय बादशाह औरंगजेब की ओर से सुदूर बुरहानपुर में तैनात थे। उन्हें वहाँ इस दुखान्तिका का समाचार मिला तो उनकी हृदयवेधी व्यथा इस प्रकार फूट पड़ी–

घट सूं एक घड़ीह अळगां आवड़तौ नहीं
पीथळ घणी पड़ीह जुग छेटी जसराजवत

अर्थात्–तुम्हारे दूर रहने पर एक घड़ी भी मुझे चैन नहीं पड़ता था, मन उदास रहता था। हे जसवंत तनय! आज तो हम दोनों के बीच बहुत दूरी पड़ गयी है। मैं इस लोक में, तुम परलोक में।

47.

सामंती युग में चारणों व राजपूतों के बीच विशेष प्रकार के सम्बन्ध थे। अक्सर उन्हें राजदरबारों व ठिकानों में सम्मानजनक स्थान प्राप्त होता था। संकट काल में वे अपने काव्य द्वारा अपने आश्रयदाता का उत्साहवर्धन करने के साथ ही अनेक बार स्वयं भी रणक्षेत्र में उतरते थे। राजपूतों के अलावा अन्य किसी से पुरस्कार या दान ग्रहण करना उनके लिये निंदनीय कार्य माना जाता था। फलतः एक बार महाराजा मानसिंह के काव्यगुरु कविराजा बाँकीदास ने महाराजा के गुरु लाडूनाथ से लाख पसाव ग्रहण कर लिया तो वे अपयश के भागी बने। चारणोचित कार्य नहीं होने से जयपुर के दरबारी कवि रामदास गाडण ने उनके इस आचरण की भर्त्सना करते हुए कहा–

जाचै जो रजपूत बिन वे कुकवि जत आन।
बाँका बिण बूडे गया कनफड़ लेय कुदान।।

अर्थात्–जो राजपूतों के अतिरिक्त अन्य किसी से दान ग्रहण करता है, वह कुकवि है। बाँकीदास तुमने कनफटे लाडूनाथ से लाख पसाव लेकर अपयश ही प्राप्त किया है।

48.

मारवाड़ के महाराजा जसवंतसिंह (प्रथम) विद्या व्यसनी थे। छंद और अलंकार शास्त्र का उन्हें गहरा ज्ञान था। औरंगजेब ने अनेक कठिन सैन्य मुहिमों पर उन्हें भेजा था। इस विवेकशील राजा ने राजसी वैभव के बीच भी

जीवन की अनित्यता को कभी नज़रअंदाज़ नहीं किया। सांसारिक नातों-रिश्तों के खोखलेपन को उजागर करने के लिये उन्होंने एक नायाब तरीका सोचा। निरन्तर प्राणायाम और योगाभ्यास के फलस्वरूप उन्हें समाधि लगाने का भी अभ्यास हो गया था, जिसमें बाहरी तौर पर चेतना लुप्ति के लक्षण दिखायी देते हैं।

अपनी इस सिद्धि का उपयोग करते हुए एक दिन उन्होंने अपने परिजनों व सेवकों को आज्ञा दी कि जब उनका शरीर छूटे तो पहिने हुए बहुमूल्य वस्त्रों व आभूषणों सहित उनका दाह संस्कार किया जाए। इसके बाद उन्होंने महल में सभी के सामने समाधि लगा ली। लोगों को लगा कि महाराजा ने शरीर छोड़ दिया है। उन्होंने तुरंत उनके कीमती वस्त्र और आभूषण उतार दिये और साधारण वस्त्र पहिना कर जमीन पर लिटा दिया। समाधि टूटने पर जब वे चैतन्य हुए और अपने निर्देश के बावजूद अपना यह हाल देखा तो कहा–

खाया सोई खरचिया दिया सोई सथ्थ ।
जसवंत भुंई पोढ़ाड़िया माल पराये हत्थ ।।

अर्थात्–वस्तुओं का जो उपभोग किया वही सार्थक है। अपने हाथों से जो दान-पुण्य किया वही साथ चलेगा। प्राणान्त के बाद धरती पर लिटाते ही धन-माल तो पराये हाथों में जाना ही है।

49.

काबुल में बगावत हो जाने पर उसका दमन करने के लिये औरंगजेब ने महाराजा जसवंतसिंह के नेतृत्व में सेना भेजी। काबुल की ओर प्रयाण करते समय अभियान की दुश्वारी देखते हुए सैनिकों ने अटक नदी से आगे बढ़ने से इंकार कर दिया। उनकी यह भी धारणा थी कि यवनों के मुल्क में प्रवेश करने से उनके धर्म पर आँच आएगी। महाराजा ने उनकी आशंकाओं का निवारण करते हुए कहा–

सबै भूमि गोपाळ री ता में अटक कहाँ ।
जाकै मन में अटक सोई अटक रहा ।।

अर्थात्– यह सारी पृथ्वी एक ही ईश्वर द्वारा निर्मित है। अतः किसी के लिये किसी प्रकार का प्रतिबंध नहीं है। आगे बढ़ने से वही वंचित रहता है, जिसके मन में दुविधा हो।

50.

इन्हीं महाराजा के शासनकाल में मुहणोत नैणसी जो 'लेखणझल' के उपनाम से विख्यात हैं, मारवाड़ के देश दीवान और फौज मुसाहिब जैसे महत्वपूर्ण पदों पर आसीन थे। चूंकि महाराजा को मुगल बादशाह की चाकरी में मारवाड़ से बहुत दूर भारत के इतर प्रदेशों में दीर्घ अवधि तक रहना पड़ता था, इसलिये राजकाज की बागडोर व्यावहारिक तौर पर नैणसी के हाथों में थी। वे निहायत वफ़ादार, ईमानदार और खुद्दार शख़्स थे। कुछ ईर्ष्यादग्ध लोगों ने किसी प्रशासनिक फैसले को लेकर नैणसी के खिलाफ महाराजा के कान भर दिये। कानों के कच्चे महाराजा ने हक़ीक़त को जाने बिना नैणसी पर लाख रु. का जुर्माना लगा दिया। निर्दोष नैणसी के स्वाभिमान पर इस अन्याय से गहरी चोट लगी। फलतः उन्होंने जुर्माना देने से साफ इन्कार करते हुए जसवंतसिंह को लिख भेजा–

लाख लखारां नीपजै के बड़ पीपळ री शाख ।
नटियौ मूथौ नैणसी तांबा देण तलाक ।।

अर्थात्–लाख या तो लखारों की यहाँ मिलती है (लाख से चूड़ियाँ बनाने वाले) या फिर बड़-पीपल की शाखाओं पर प्रकट होती है। मूथा नैणसी तो लाख रु. जुर्माना देना तो दूर रहा, ताँबे का सिक्का भी नहीं देगा।

51.

मारवाड़ के देशदीवान मुहणोत नैणसी यूँ तो महाराजा जसवंतसिंह के बड़े विश्वासपात्र थे पर कुछ ईर्ष्यालु लोगों ने कुछ प्रशासनिक निर्णयों को लेकर उनके खिलाफ महाराजा के कान ऐसे भर दिये कि महाराजा ने बिना वास्तविकता जाने नैणसी पर लाख रुपये का जुर्माना लगा दिया। स्वाभिमानी नैणसी ने इस अन्याय का विरोध करते हुए जुर्माना देने से साफ इंकार कर दिया। फलतः उन्हें अपने भाई सुंदरसी सहित बंदी बना लिया गया। दोनों को बुरहानपुर से मारवाड़ लाया जा रहा था, तभी मार्ग में दोनों भाईयों ने परस्पर कटार खाकर प्राणान्त कर लिया। आत्मघात से पहले नैणसी ने सर्वेश्वर से यह प्रार्थना की–

सदा श्रीनाथ जिण नाम अशरण शरण
तारियो गयंद जळ मांझ तारण-तरण

हाथ मत छोड़ियौ जेण वेळा हरण।।

तो गिरधरण गिरधरण गिरधरण
मार मधकीट पहला ज जीतो समर
काज प्रहलाद हिरणंख गंजै गहर
वड बळ जीपवा वीर वीरा धिवर
तो शंखधर शंखधर शंखधर ।।

कूड़ संसार विख सिंधु भरियौ कहर
लोभ ची लहर म्रजाद सुक्रत लहर
नैणसी भज सोई नाथ करिवा नजर
तो साच हरि साच हरि साच हरि

52.

महाराजा जसवंतसिंह स्वयं अच्छे कवि थे और कवियों के कद्रदाँ भी। ब्रह्मभट्ट नामक कवि की रचना पर रीझ कर उन्होंने बिलाड़ा गाँव उसे इनायत करने का आदेश दिया। सिंचित क्षेत्र व उपजाऊ जमीन के चलते बिलाड़ा मालगुजारी की दृष्टि से रियासत के लिये महत्वपूर्ण था। वह तासली का गाँव कहलाता था। उस समय इस गाँव से होने वाली आमदनी सालाना तीस हजार रु. थी। इस कारण आदेश को कार्यान्वित करने वाले मुसाहिब ने रियासत को होने वाले इस नुकसान को बचाने के लिये एक उपाय सोचा। उसने बड़ी चतुराई से कवि को पूछा, "कविराज, आप बिलाड़ी लेना पसंद करेंगे या भैगढ़?" कवि ने सोचा बिलाड़ी तो कोई छोटी-मोटी ढ़ाणी होगी और भैगढ़ कोई बड़ा ठिकाना।

हक़ीक़त यह थी कि चतुर मुसाहिब ने जान-बूझ कर बिलाड़ा को बिलाड़ी कहा और रेत के टीबों वाले भै गाँव को, जहाँ केवल आक की बहुतायत थी, भैगढ़ कहा। मुसाहिब की चतुराई का कवि को अन्दाज़ा नहीं था। वह उसके झाँसे में आ गया और झट से कह दिया–

बिलाड़ी पर दो सिलाड़ी
म्हैं तो लेस्यां भैगढ़

अर्थात्–बिलाड़ी पर तो पत्थर की शिला रखो। हम तो भैगढ़ लेंगे।

महाराजा ने कवि की इच्छानुसार भैगढ़ देने का आदेश दे दिया। वहाँ पहुँचने पर उसे सारा माजरा समझ में आया पर अब क्या हो सकता था? मुसाहिब ने अपने बुद्धि कौशल से रियासत को बड़े माली नुकसान से बचा लिया।

53.

मुगल सम्राट शाहजहाँ के मामा मारवाड़ के शासक महाराजा गजसिंह के ज्येष्ठ पुत्र अमरसिंह काफी उग्र स्वभाव के थे। उनकी अपने पिता से कम ही बनती थी। अतः उन्हें उत्तराधिकार से वंचित कर उनके छोटे भाई जसवंतसिंह को युवराज बना दिया गया। मारवाड़ में कोई भविष्य न देखकर वे आगरा शाहजहाँ के दरबार में चले गये। वहाँ उन्हें पर्याप्त आदर-सम्मान मिला। एक बार अस्वस्थ होने के कारण वे लम्बे समय तक दरबार में उपस्थित नहीं हो सके। स्वास्थ्य लाभ के पश्चात् जब वे दरबार में पहुँचे तो बादशाह का बख्शी सलाबत खाँ द्वेष वश उन्हें कटु शब्द कहने लगा। फलतः दोनों में तकरार हो गयी। स्वाभिमानी अमरसिंह का आत्मगौरव जाग उठा और उन्होंने बादशाह के सामने ही बदजुबान सलाबत खाँ के सीने पर कटार का प्रहार कर उसका काम तमाम कर दिया। सलाबत खाँ ने उन्हें 'गँवार' कह कर अपमानित करना चाहा था। उसका परिणाम इस दोहे में निहित है–

उण मुख तैं गग्गौ कह्यौ इण कर ली कटार ।
वार कहण पायौ नहीं जमदढ़ हुयगी पार ।।

अर्थात्–सलाबत खाँ ने गँवार कहने के लिये मुँह में 'गँ' अक्षर निकाला ही था कि अमरसिंह ने हाथ में कटार ले ली और उसके 'वार' कहने से पहले ही कटार उसके कलेजे के पार हो गयी।

54.

औरंगजेब द्वारा काबुल विजय के कठिन अभियान पर भेजे गये महाराजा जसवंतसिंह का शिविर उन दिनों जमरूद में था। वहाँ एक दिन आराम कर रहे दुर्गादास पर जब धूप आ गयी तो धूप से बचाव के लिये स्वयं महाराजा ने उन पर छाया की। वहाँ उपस्थित दूसरे सरदारों ने उन्हें ऐसा करने से मना किया तो उनका कहना था कि मैं इस पर छाया इसलिये कर रहा हूँ कि एक दिन यह सारे मारवाड़ पर छाया करेगा। इस घटना विषयक एक दोहा जनकंठों में विद्यमान है–

जसवंत कह्यौ जोय घर रखवाळौ गूदड़ा ।
साची कीधी सोय आछी आसकरण वत ।।

55.

वीर दुर्गादास का नाम मारवाड़ के इतिहास में स्वर्णाक्षरों में अंकित है। असाधारण वीरता, रण कौशल, देशभक्ति व स्वामीभक्ति के पर्याय दुर्गादास के पिता आसकरण महाराजा जसवंतसिंह की चाकरी में थे। चूंकि वे दुर्गादास की माँ से विमुख थे, फलतः माँ-बेटा लूणावे गाँव में खेती-बाड़ी से किसी तरह योगक्षेम का वहन करते थे। एक दिन सरकारी सांडनियों का चरवाहा राइका मना करने पर भी दुर्गादास के खेत में टोले को लेकर घुस गया। फसल चौपट होते देख किशोर दुर्गादास ने राइके का काम तमाम कर दिया।

महाराजा के सामने मामला पेश हुआ। यह पूछने पर कि उसने राइके को क्यों मारा, दुर्गादास ने सारी हक़ीकत बयां कर दी। उनके पिता आसकरण से पूछताछ करने पर उन्होंने साफ कह दिया कि मेरा तो सब कुछ आपकी सेवा में समर्पित है। गाँव में मेरा कोई नहीं।

यह ज्ञात होने पर कि यह निर्भीक किशोर आसकरण का पुत्र है, महाराजा ने पूछा, आप तो कह रहे थे कि मेरा कोई बेटा नहीं। आसकरण का उत्तर था, कपूत को बेटों में नहीं गिनते। महाराजा ने किशोर की सामर्थ्य को भाँप लिया था, अतः बोले, यह आपका भ्रम है। यही बेटा, मारवाड़ के लिये आड़े वक्त काम आएगा। मुसीबत से बाहर निकालेगा। फिर उन्होंने किशोर दुर्गादास को अपनी सेवा में रख लिया। जमरूद के मोर्चे पर जसवंतसिंह की मृत्यु के पश्चात् जब मुगल बादशाह औरंगजेब ने मारवाड़ को खालसे कर दिया, तब उस विकट घड़ी में दुर्गादास ने महाराजा की भविष्यवाणी को सच साबित कर दिया। मारवाड़ की रक्षा के लिये उन्होंने बादशाही फौज का डट कर मुकाबला किया। वीरवर दुर्गादास के बारे में जनभावना को एक किसान ने इस प्रकार अभिव्यक्ति दी–

ढ़ंबक ढ़ंबक ढ़ोल बाजे दे दे ठोर नगारां की ।
आसे घर दुरगौ नीं होतो सुन्नत होती सारां की ।।

अर्थात्–यदि आसकरण के घर दुर्गादास जैसा वीर जन्म नहीं लेता तो सभी की सुन्नत हो जाती (बलपूर्वक मुसलमान बना लिया जाता।)

56.

दुर्गादास के अथक संघर्ष व परिश्रम से ही जसवंतसिंह के पुत्र अजीतसिंह को मारवाड़ की गद्दी नसीब हुई। उनके त्याग व असाधारण शौर्य के कारण मारवाड़ में उनकी प्रतिष्ठा का परचम लहराता था। अभिमानी, कान के कच्चे अजीतसिंह को यह सहन नहीं हो रहा था। उसने कृतघ्नता की पराकाष्ठा करते हुए अस्सी वर्ष के वयोवृद्ध दुर्गादास को देश निकाला दे दिया।

मेवाड़ के गुणग्राहक महाराणा अमरसिंह द्वितीय ने आदरपूर्वक उन्हें अपनी सेवा में रख लिया। उन्हें विजयपुर की जागीर प्रदान करने के अलावा 500 रु. प्रतिदिन के लिये नियत किये। बाद में उन्हें रामपुरा का हाकिम नियुक्त किया गया। जहाँ रहते हुए विक्रम संवत् 1775 में उनका स्वर्गवास हो गया। उनका अंतिम संस्कार उज्जैन में क्षिप्रा नदी के तट पर हुआ।

57.

दुर्गादास

महाराजा जसवंतसिंह के स्वर्गवास के बाद औरंगजेब ने मारवाड़ को खालसे करके उनके पुत्र को अपने मौरुसी हक से वंचित कर दिया था। इस अन्याय के विरुद्ध दुर्गादास के नेतृत्व में लंबा संघर्ष चला। बादशाह ने उन्हें कई प्रलोभन दिये पर उनकी स्वामीभक्ति अचल रही। नियति का खेल, उन्हीं दुर्गादास को जीवन के उत्तरकाल में देशनिकाले का दंश झेलना पड़ा। अंतिम दिनों में वे अपने हितैषी कुछ सरदारों के बीच बैठे हुए थे। सहसा उन्होंने गहरा निःश्वास लेते हुए अपना सिर हिलाया। यह देख सभी के चेहरे पर प्रश्न वाचक जिज्ञासा उभरी। इसका खुलासा वहाँ उपस्थित एक कवि ने इस प्रकार किया–

हुई न दिल्ली हिन्दुआं रही तुरक्कां रेस।
इण कारण आसवत सिर धुणै दुरगेश ॥

अर्थात्–दिल्ली पर हिन्दुओं का आधिपत्य स्थापित नहीं हुआ। तुर्कों की अधीनता की मुसीबत बनी रही। इस कारण आसकरण तनय दुर्गेश सिर धुन रहे हैं।

58.

मुगल बादशाह औरंगजेब के मन में धरमत में हुए उत्तराधिकार युद्ध के समय से ही मारवाड़ के शासक जसवंतसिंह के लिये रंजिश थी। उसने इस काँटे को निकाल कर मारवाड़ को हड़पने के लिये बहुत हाथ-पैर मारे। पर जसवंतसिंह के विश्वस्त दुर्गादास ने उसके मंसूबे पूरे नहीं होने दिया। अंततः उसने दुर्गादास की ओर लालच का पासा फेंका–

औरंगसा इम ऊचरै व्हालौ कही विसेस ।
निज मुखड़े माँगै जिकै म्हैं आपूं दुरगेश ।।

पर दुर्गादास बादशाह के दंदफंद के प्रति पूरे सजग थे। उन्होंने मुसीबतों से कभी हार नहीं मानी। राज्य का लोभ तो उनके आसपास फटकने का प्रश्न ही नहीं था। उन्होंने प्रत्युत्तर दिया–

खग़ व्हाली व्हालौ प्रभु वाल्हौ मुरधर देस ।
सांम ध्रम्म व्हालौ सदा नित वाल्हौ नरेश ।।

59.

अपनी धर्मान्धता के चलते औरंगजेब ने अनेक मंदिर ढ़हा दिये जिनमें काशाी विश्वनाथ और श्रीकृष्ण जन्मस्थान के मंदिर विशेष रूप से उल्लेखनीय हैं। उसके इस अविचारपूर्ण कृत्य से हिन्दू दुःख के पारावार में डूब गये किंतु वे लाचार थे। लेकिन कट्टर सुन्नी औरंगजेब का यह साहस नहीं हुआ कि महाराजा जसवंतसिंह के जीते जी अपनी घातक धर्मान्तधता के ज्वार का फाटक खोल दे। हिन्दू धर्म के रक्षक के रूप में इन महाराजा को इस प्रकार स्मरण किया जाता है–

जितै जसौ पह जीवियौ थिर रह्या सुर थांन ।
आंगळ ही अवरंग सूं पड़ियौ नह पाखांण ।।

अर्थात्–जब तक जसवंतसिंह जीवित रहे, देवालय सुरक्षित रहे। औरंगजेब एक अंगुल पत्थर भी नहीं गिरा सका।

60.

जमरूद में महाराजा जसवंतसिंह के देहान्त के पश्चात् औरंगजेब को

मारवाड़ पर कब्जा करने की अपनी मुराद पूरी करने का अनुकूल अवसर जान पड़ा किंतु दुर्गादास और वीरांगना हाड़ी रानी के उसके मंसूबों पर पानी फेर दिया। मारवाड़ के स्वत्व को कायम करने रखने के इन दोनों के प्रयास के बारे में कहा गया—

औरंग आ जाणीह माडाणी मुरधर मिळै ।
राणी हाडाणीह पाणी दुरगौ पावियौ ।।

अर्थात्—मुगल बादशाह औरंगजेब ने मरुधरा (मारवाड़) पर अधिकार जमाने की चेष्टा की किन्तु हाड़ी रानी और दुर्गादास ने उसे पानी पिला दिया।

61.

शाहजहाँ के पुत्रों के बीच उज्जैन के निकट हुए उत्तराधिकार युद्ध में महाराजा जसवंतसिंह ने दाराशिकोह के पक्ष में लड़ते हुए औरंगजेब के सैन्यदल से लोहा लिया। इस युद्ध में जसवंतसिंह के पक्ष के अधिकांश लोग मारे गये। ऐसी स्थिति में रतलाम के राजा रतनसिंह ने जसवंतसिंह की प्राणरक्षा के लिये उनकी पोशाक व छत्र-चमर धारण कर लिये और उन्हें जोधपुर भेज दिया। जसवंतसिंह के रूप में लड़ते हुए वे इस युद्ध में काम आए। उस समय तीन प्रमुख सरदार भी जसवन्तसिंह के साथ जोधपुर आ गये थे। उनके इस आचरण की भर्त्सना करते हुए एक कवि ने कहा—

महाराजा भल आविया सुजस बसावौ देस ।
जंबक अे क्यूं जीविया आसो किसन महेश ।।

इसमें आसा, किसना व महेश इन तीनों को गीदड़ की उपमा देते हुए उनकी कायरता की निंदा की गयी है।

62.

महाराजा जसवंतसिंह का देहान्त होने पर मारवाड़ पर आँखें गड़ाये बैठे औरंगजेब को जैसे मन की मुराद मिल गयी। राज मारवाड़ को खालसे कर सभी जगह मुगल अधिकारी नियुक्त कर दिये गये। स्वर्गीय महाराजा के शिशु पुत्र अजीतसिंह पर संकट के घने बादल छाये हुए थे। मारवाड़ की लाज बचाने में समर्थ दुर्गादास को एक सामन्त ठाकुर रणछोड़दास ने आग्रह किया कि आप तो जोधपुर पहुँच कर अजीतसिंह की सुरक्षा सुनिश्चित कीजिये। यहाँ शत्रुओं

से हम लोहा लेंगे। उन्हें आगे बढ़ने नहीं देंगे। इसी प्रयास में वह काम आ गये। इस प्रसंग की साख स्वरूप यह दूहा–

रण दुर्गा नै आखियौ सुणौ सूर सिरताज ।
दिल्ली भारथ म्हां भुजां तोय मुरधर लाज ।।

63.

महाराजा जसवंतसिंह के निधन के बाद मुगल सम्राट औरंगजेब ने न केवल मारवाड़ को खालसे कर दिया अपितु उनकी दोनों महारानियों व नवजात शिशुओं अजीत व दलथंभन को भी कैद कर दिया। औरंगजेब के चंगुल से मुक्त होने के लिये भीषण संघर्ष में महारानी हाडी ने अद्भुत शौर्य का परिचय दिया। उनकी वीरता का बखान इस गीत में हुआ है–

दिन मांचै द्वन्द खूंदवै दमगल पतसाही चढ़ जलल पड़ै
हाडी चढ़ फौजां हलकारै लाडी जसवंत तणी लड़ै
ऊगै दीह यवन चढ़ आवै सुहड़ां भड़ां लियाँ बहु साथ
औरंगशाह धसै किम आघौ भागो ही सुणजै भाराथ
भाऊ जिसा अरोड़ा भाई भड़ जसवंत जेहा भरतार
चिगथां लड़ण चलावै चोटां सत्रसल सुता बजावै सार

अर्थात्–अश्वरोही हाडी रानी ने शत्रु सेना को ललकारा। उस दिन हुए घमासान युद्ध में जसवंतसिंह की प्रिया ने शत्रुओं से लोहा लिया।

सूर्योदय होने पर अपनी विशाल सेना को लेकर औरंगजेब चढ़ तो आया पर आगे कैसे बढ़े? वह रणक्षेत्र से पलायन करता हुआ ही सुना गया।

हाडी रानी ने इस युद्ध में असिधारा की जो चमक दिखायी, उसमें आश्चर्य की बात क्या है? भावसिंह हाडा जैसा शूरवीर जिसका सहोदर हो, छत्रसाल जैसा रण बाँकुरा जिसका जनक और महाराजा जसवंतसिंह जैसा जिसका सुहाग हो, उसके लिये इस प्रकार निडरतापूर्वक शत्रुओं से दो-दो हाथ करना स्वाभाविक ही है।

64.

मुगल बादशाह शाहजहाँ के समकालीन और रिश्ते में उसके मामा मारवाड़ के शासक गजसिंह के बड़े पुत्र अमरसिंह अद्भुत पराक्रमी किंतु उग्र

स्वभाव के शख़्स थे। इसी के चलते उन्हें मारवाड़ की राजगद्दी के उत्तराधिकार से वंचित रहना पड़ा था। आगरा में शाही दरबार में सलाबत खाँ की बदजुबानी पर उस पर कटारी के वार वाली घटना के बाद हुए संघर्ष में वे काम आए। उनकी पत्नी हाडी रानी सती होना चाहती थी पर प्रश्न यह था कि आगरा से अमरसिंह की पार्थिव देह कौन लाएगा? इस अत्यन्त दुष्कर काम को अंजाम देने का बीड़ा गोपालदास चाँपावत के शूरवीर पुत्र बलूजी चाँपावत ने उठाया। अपने चंद चुने हुए साथियों की मदद से उन्होंने आगरा किले के सुरक्षा घेरे को भेदकर अमरसिंह की पार्थिव देह लाकर हाडी रानी को सौंप दी। रानी ने सती होने का अपना प्रण पूरा किया। इस सम्बन्ध में यह दूहा जनकंठों में आज भी विद्यमान है–

बलू पयंपै बेलियां सतियां हाथ संदेश ।
पालि घड़ा पतसाह री आवां छां अमरेश ॥

अर्थात्–बलू सतियों के साथ संदेश भेजात है कि हे अमरसिंह! शाही सेना को भगा कर मैं शीघ्र आ रहा हूँ। शत्रु सेना का मुकाबला करते हुए अंततः बलूजी ने वीरगति प्राप्त की।

65.

मारवाड़ के शासक राव रणमल (रिडमल) का पुत्र चांपा अपनी बहादुरी के लिये विख्यात है। उस युग में पशुधन की बहुत महत्ता थी। उसमें भी गायों को विशेष महत्व दिया जाता था। एक बार गोडवाड़ क्षेत्र के सिंदल, बालिया व सोनगरा राजपूतों ने मिलकर उसकी गायें पकड़ लीं पर चांपा ने अद्‌भुत पराक्रम का परिचय देते हुए तीनों के संयुक्त सैन्य दल को परास्त कर अपने गौधन को मुक्त करवा लिया। विक्रम संवत् 1522 (1466 ई.) में मांडू के सुल्तान महमूद खलजी ने दिल्ली जाते हुए चांपा पर आक्रमण कर दिया। परिणामस्वरूप हुए युद्ध में चाँपा ने सुल्तान की किरकिरी कर दी। विक्रम संवत् 1536 में महाराणा रायसिंह की सहायता से सिंदलों ने चाँपा पर चढ़ाई कर दी थी। शत्रु पक्ष से लोहा लेते हुए उसने वीरगति प्राप्त की। इस घटना के साक्ष्य स्वरूप यह दूहा–

माँस पळच्चर शीश हर हंस अपच्छर सत्थ ।
चांपो चंपा फूल ज्यूं होग्यो हत्थो हत्थ ॥

अर्थात्–चांपा का माँस तो माँसभक्षी पक्षी ले गये, शीश महादेवजी ने ले लिया, प्राण अप्सराओं के साथ चले गये। इस तरह चांपा चंपा पुष्प की तरह हाथों-हाथ लुट गया।

66.

अपने अविवेकपूर्ण गर्हित आचरण के फलस्वरूप महाराजा अजीतसिंह मारवाड़ के इतिहास में भरपूर अपयश का भागी बना। उसका सर्वाधिक निंदनीय कार्य तो अस्सी वर्ष की अवस्था प्राप्त कर चुके दुर्गादास जैसे स्वामीभक्त योद्धा को देश निकाला देना था। दुर्गादास के पासंग में कहीं भी नहीं ठहरने वाले, ना कुछ काम करने वालों को जागीर इनायत करना उसकी विवेकहीनता का मुँह बोलता प्रमाण है। उसने गांगांणी गाँव जब अंगुली कटा कर शहीद होने का दावा करने वाले व्यक्ति को जागीर में दे दिया तो एक समकालीन कवि ने तंज करते हुए कहा–

महाराज अजमाल री जद पारख जाणीह ।
दुरगौ देशां काढ़ नै गोलां गांगांणी ।।

67.

औरंगजेब की मृत्यु से उत्पन्न राजनीतिक शून्य को अपनी महत्वाकांक्षाओं की पूर्ति के लिये अनुकूल अवसर समझ कर राजस्थान के राजपूत राजाओं ने दिल्ली पर अधिकार करने के मुद्दे पर विचार किया किन्तु सबसे बड़ा प्रश्न यह था कि यदि दिल्ली पर अधिकार स्थापित हो गया तो बादशाह किसे बनाया जाएगा ? मारवाड़ के बड़बोले शासक अजीतसिंह का कहना था कि बादशाह बनने लायक मुँह तो माँ भवानी ने मेरा ही बनाया है। अजीतसिंह का यह अपने मुँह मियाँ मिट्ठूपना दूसरे राजाओं को रास नहीं आया। अतः बात वहीं की वहीं रह गई। इस दिशा में कोई कदम नहीं उठाया जा सका। इस वाकये के सम्बन्ध में कहा गया है–

ज्यूं कांदां रा पात में पात पात में पात ।
त्यूं हिंदवां री जात में बात बात में बात ।।

68.

औरंगजेब की मृत्यु के बाद सर्वथा निःशक्त हो चुकी बादशाहत के

कारण मुगल दरबार नित नये षड़्यंत्रों का अखाड़ा बन गया। मुगल सिंहासन पर काबिज होने के लिये मुगल घराने में चलने वाली उठा-पटक में भूमिका निभाने वालों में मारवाड़ का शासक अजीतसिंह भी शामिल था। स्वामीभक्त दुर्गादास को उनके जीवन के सन्ध्याकाल में देश निकाला देकर तीव्र लोकनिंदा व अपयश के भागी बने अजीतसिंह ने तात्कालिक राजनीतिक लाभ उठाने के लिये अपनी बेटी इन्द्रकँवर का विवाह मुगल बादशाह फर्रुखसियर से कर दिया पर बाद में सत्ता राजनीति के बदलते राजनीतिक समीकरणों की शतरंज में इस मोहरे को हटाने के लिये उसने सैयद बन्धुओं के साथ मिलकर अपने दामाद की हत्या करवाने का पातक भी कर डाला। उसके इस अपकृत्य के कारण सर्वत्र उस पर कटाक्षों की बौछार हुई। इस घटना पर जन भावना को अभिव्यक्त करते हुए कवि भभूतदान कैर ने कहा–

काळच री कुळ में कमध राची किम आ रीत ।
दिल्ली डोळो भेजनै अबखी करी अजीत ।।

अर्थात्–हे कमधज (राठौड़)! कुल पर कालिख पोतने वाला ऐसा काम तुमने क्यों किया? बेटी का डोला दिल्ली भेजकर अजीतसिंह तुमने गज़ब कर दिया।

69.

पातकी अजीतसिंह

मारवाड़ के शासकों में अजीतसिंह का नाम कृतघ्नता का पर्याय है। जो वीर पुंगव दुर्गादास उसे कुटिल औरंगजेब के चंगुल से छुड़ा कर लाये, बीस वर्षों तक मुगलिया सत्ता से संघर्ष करके मारवाड़ की राजगद्दी पर उसे आसीन किया, अपने उस पालक व त्राता को ही उनके जीवन के सन्ध्या काल में 'देश निकाला' देने का जघन्य पाप इस एहसान फरामोश ने किया। उसके अनेक पापकृत्यों में वफ़ादार पाली ठाकुर मुकुन्दास चांपावत को धोखे से मरवाने जैसा निकृष्ट कार्य भी शामिल है।

छिपिया के ठाकुर प्रतापसिंह उदावत और एक अन्य सरदार सबळसिंह कूंपावत ने ठाकुर मुकुन्ददास की हत्या करने के षड्यन्त्र को अंजाम दिया। मेहरानगढ़ दुर्ग में यह पातक किया गया। ठाकुर के दो वफ़ादार राजपूत वीरों भीमा

व धन्ना ने उसकी हत्या का बदला प्रतापसिंह को यमलोक पहुँचा कर लिया। इन शूरवीरों के अद्भुत पराक्रम विषयक ये सोरठे जनकंठों में जीवित हैं–

आजूणी अधरात महलज रोयी मुकन री ।
पातल री परभात भली रुवाड़ी भीमड़ा ।।
पाँच पहर लग पोळ जड़ी रही जोधाण री ।
गढ़ ऊपर रौळ भली मचायी भीमड़ा ।।
चाँपा ऊपर चूक उदा कदै न आदरै ।
धन्ना वाळी धूक जण जण ऊपर जूझवै ।।

अर्थात्–कल आधी रात को मुकुन्ददास की स्त्री रोयी तो प्रातःकाल प्रतापसिंह की घरवाली को हे भीमड़ा! तूने अच्छा रुलाया।

जोधपुर के द्वार पाँच प्रहर तक बंद रहे। हे भीमड़ा! तूने अच्छा कोलाहल मचाया।

अब चांपावतों से ऊदावत कभी घात नहीं करेंगे क्योंकि हरएक धन्ना की वीरता से स्तंभित है।

इन दोनों स्वामीभक्त शूरवीरों की प्रशस्ति में कहा गया यह दूहा तो बड़ा ही मार्मिक है–

सूरज आखै चंद सूं दुय भड़ वडा दुबाह
भीम धनौ भेळा हुवै (तो) राहु न रोकै राह

अर्थात्–सूर्य चंद्रमा से कहता है कि भीमा और धन्ना जैसे दो शूरवीर योद्धा यदि सदा पास रखे जाएँ तो राहु कभी रास्ता नहीं रोकेगा।

अमलां रा रंग आपनै भीमा धन भड़ांह
वैर मुकून रौ वाळियौ कीरत समंद कड़ांह

70.

प्रसंग औरंगजेब के सैन्य दल द्वारा मारवाड़ के रक्षक दुर्गादास के विरुद्ध कार्यवाही का है। उस सिलसिले में मेवाड़ से सटे गोडवाड़ क्षेत्र के देसूरी घाटे में मुगलों से भिड़न्त हो गयी। इसी संघर्ष के सन्दर्भ में कहा गया है–

दिल्ली कहै हे देसूरी हूं तोसूं हारीह ।
नौबत औरंगशाह री वीकै उतारीह ।।

देसूरी सूरी सदा सिलह करै भड़ सूर ।
तू चाढ़ै पातल तणा नरां पहाड़ां नूर ।।

अर्थात्–शौर्य देसूरी की परंपरा है, जहाँ शूरवीर शस्त्र धारण करने के लिये सन्नद्ध रहते हैं। देसूरी तुमने प्रताप के सहायकों को ही नहीं, इस पहाड़ी क्षेत्र को अपनी वीरता से आभा मंडित कर दिया है।

71.

कृतघ्नता जैसे गर्हित दूषण के मानवीकरण मारवाड़ के शासक अजीतसिंह की जीवनलीला उसके अपने बेटे बख्तसिंह के हाथों समाप्त हुई। फलतः पितृहन्ता के रूप में वह लोकनिंदा व घृणा का पात्र बन गया। उसके इस कुकृत्य से हर खास व आम को धक्का लगा। इस दुखान्तिका के विषय में जनभावना को सबसे सशक्त अभिव्यक्ति ख्यातिलब्ध कवि दलपतजी इंदोकली ने प्रदान की। उन्होंने बख्तसिंह की लानत-मलामत करने में कोई कमी नहीं रखी। इस सम्बन्ध में उनकी साहसिक साफगोई को दर्शाने वाले वाकयात उल्लेखनीय हैं।

एक दिन बख्तसिंह अपने चहेते घोड़े पर आरूढ़ होने से पहिले ''बापौ-बापौ'' कहकर उसकी पीठ थपथपा रहा था। राजस्थानी भाषा में ''बापौ'' का अर्थ होता है पिता। चुनांचे उसे अपने पिता की हत्या के पापकर्म की याद दिलाते हुए कवि दलपत कह उठे–

बापौ मत कह बखतसी कांपत है केकांण ।
अेकर बापौ फेर कह्यां तुरंग तजेलौ प्राण।।

अर्थात्–बख्तसिंह तुम बाप शब्द मत बोलो। इसे सुनकर ही अश्व काँप रहा है। यदि इस शब्द को एक बार और दोहराया तो भयभीत अश्व के प्राण पखेरू ही उड़ जाएँगे।

बख्तसिंह बहुत बलिष्ठ व्यक्ति था और उसके पराक्रम के कई किस्से प्रचलित थे। उस ज़माने में राजपरिवार की कुलदेवी चामुंडा को नवरात्रि के पश्चात् दशहरे के दिन महिष (भैंसा) की बलि देने का रिवाज था। बख्तसिंह ने पन्द्रह सेर वजनी अपने खांडे से एक ही वार में भैंसे की गर्दन उड़ा दी। इस पर वहाँ एकत्र लोगों में चाटुकार लोग वाह-वाह करते हुए उसकी तुलना अतुल्य

बली पांडव भीम से करने लगे। पापिष्ठ बख्तसिंह की झूठी तारीफ कवि दलपतजी को बड़ी नागवार गुजरी। उन्होंने खुशामदखोरों के नहले पर दहला मारते हुए बेबाकी से कहा–

वो ई वखतौ वा ई वखत वा री वा तलवार ।
बाप कटै जिण बाहुवां भैंसा रौ कांई भार।।

अर्थात्–वो ही बख्तसिंह, वो ही समय (अजीतसिंह की हत्या संध्याकाल में हुई थी) और वही तलवार है। जिन भुजाओं ने बाप को काट डाला, उनके लिये भला भैंसे का क्या भार है?

पितृहत्या के बख्तसिंह के पापकर्म के लिये कवि के मन में इतना आक्रोश था कि उन्होंने उसके 'माजने में धूड़' डालते हुए एक दूहे में बड़ी अद्‌भुत कल्पना की है, जिसमें उस पापिष्ठ को नरक के प्राणियों द्वारा भी दुत्कार दिये जाने की बात कही गयी है–

नृप वखतो राचै नहीं जूना नरकां जीव
आछी दी अजमाल रा नुवा नरक री नींव

अर्थात्–राजा बख्तसिंह जब नरक में पहुँचा तो वहाँ के पुराने प्राणियों को उसका आना रास नहीं आया। उन्होंने यमराज से साफ कह दिया कि ऐसा घोर पापी हमारे साथ नहीं रह सकता। फलतः यमराज को उसके लिये नया नरक बनाना पड़ा। अजीतसिंह सुत तुमने नये नरक का नींव अच्छी रखी।

अजीतसिंह की हत्या, एक पुत्र द्वारा पिता के वध का ऐसा जघन्य अपराध था, जिसने मारवाड़ के लोगों को झकझोर दिया था। इसके लिये बख्तसिंह पर लानत भेजते हुए एक अन्य कवि ने कहा–

बखता बखत बायरा क्यूं मारियौ अजमाल ।
हिंदुआणी रौ सेवरौ तुरकाणी रौ साल ।।

अर्थात्–नीति-धर्म की मर्यादा को नष्ट करने वाले हे बख्तसिंह तूने अजीतसिंह की हत्या क्यों की? वह अजीतसिंह जो हिन्दुओं का सिरमोड़ और तुर्कों के हृदय की वेदना का कारण था।

पितृहन्ता बख्तावरसिंह को मुँह पर खरी-खरी कहने के दंडस्वरूप कवि दलपतजी को देश निकाला दे दिया गया। उस स्थिति में वे नागौर की सीमा से बाहर बीकानेर चले गये। वहाँ महाराजा गजसिंह ने उन्हें भरपूर मान-सम्मान से

रखा। दलपतजी ने इस घटना के सम्बन्ध में एक काव्य रचना 'पिता मार पच्चीसी' शीर्षक से की। काल के सतत प्रवाह के संदर्भ में उन्होंने लिखा–

वखत न थिर नह थिर वपू रहणा नहीं थिर राज
जासी नहीं जाता जुगां (थारौ) धबो कळंक धीराज

72.

विक्रम संवत् 1775 में महादाजी सिंधिया ने मारवाड़ पर आक्रमण कर दिया था। मारवाड़ के तत्कालीन शासक विजयसिंह के व्यवहार के कारण अधिकांश सरदार उनसे खफ़ा थे। मातृभूमि पर आए संकट के निवारण हेतु उनका एकजुट होना आवश्यक था। इन रूठे हुओं को मनाने में कई कविश्वरों ने महती भूमिका अदा की। मातृभक्त इन कवियों में मथाणिया (जोधपुर के निकटस्थ) गिरधरदास बारहठ अग्रणी थे। उस समय दलपतजी इंदोकली देश निकाले के कारण बीकानेर में थे। जब उन्हें मराठों के आक्रमण का पता चला तो अपने अनुज विजयकरण के साथ तुरंत मेड़ता (युद्धस्थल) की ओर रवाना हो गये। किसी ने उन्हें देश निकाले की बात याद दिलायी तो बोले, "भले ही मैं देश में नहीं रह सकूँ पर उसके लिये मर तो सकता हूँ।"

मेड़ता की राड़ में मातृभूमि की रक्षा के लिये लड़ते हुए दलपतजी ने प्राण न्यौछावर कर दिये। इसकी साख भरते एक डिंगल गीत की बानगी–

हुई राड़ विजपाल आपा हुता,
भिड़ज ऊपाड़ दळ लोह भिळियौ
विढ़ण सूरापणौ आंक वळियौ विजा
विजा देवतपणै आंक वळियौ

73.

मारवाड़ के इतिहास के दुःखद व कलंक स्वरूप अध्याय अजीतसिंह की हत्या के लिये पितृहन्ता बख्तसिंह की जिन समकालीन कवियों ने कठोर शब्दावलि में निंदा की, उनमें 'सूरज प्रकाश' ग्रंथ के रचयिता कविया करणीदान भी उल्लेखनीय हैं। उन्होंने अपने एक छप्पय में इस घोर पातक के लिये बख्तसिंह पर लानत भेजते हुए लिखा–

प्रथम मारियौ बाप जीवती माता जलायी
अस्सी चार आदमी हत्या वां री पण आई
कर गढ्ढौ इजळास बेग जयसिंह बुलायौ
मिटी धरम री मरजाद गांठ रौ भरम गुमायौ
कवि अणाहूंत केवा करै धरा उदक लेवण धरी
बखतसी जनम लीधां पछै किसी बात आछी करी

अर्थात–पहले तुमने पिता को मौत के घाट उतारा और माता (अजीतसिंह की नवविवाहिता पत्नी) व अस्सी दास-दासियों को उसके साथ जल मरने को विवश किया। जयपुर के सवाई जयसिंह को व उनके मंत्री मिर्जा इस्माइल बेग को मारने का षड़यन्त्र रचा। कवियों को दान में दी हुई जमीन जब्त कर ली। तुम्हारे हाथों धर्म की मर्यादा मिट गयी और अपनी साख मिट्टी में मिला दी। बखतसिंह तुमने जन्म लेकर कौनसा अच्छा काम किया।

74.

मारवाड़ के महाराजा अभयसिंह के शासनकाल में एक बार वे स्वयं और जयपुर के सवाई जयसिंह पुष्कर तीर्थ करने के लिये गये हुए थे। उसी अवसर पर मारवाड़ के प्रसिद्ध कवि कविया करणीदान वहाँ पहुँचे। दोनों महाराजाओं ने खड़े होकर उनका अभिवादन किया। प्रचुर आवभगत की। बाद में करणीदान से मुखातिब होते हुए अभयसिंह बोले, "बारहठजी! आज इस तीर्थराज पर हम दोनों राजा आपसे ऐसी कविता सुनना चाहते हैं, जो अक्षरशः सत्य हो। साथ ही एक ही छंद में हम दोनों राजाओं का नाम आ जाएँ तो उत्तम रहेगा। इस पर बारहठजी का कहना था, आपकी यही इच्छा है तो सुनिये–

पत जैपुर जोधाणपत दोनूं (ई) थाप उथाप ।
कूरम मारयौ दीकरौ कमधज मारयौ बाप ।।

अर्थात्–जयपुर व जोधपुर दोनों रजवाड़ों के राजा एक माजने के हैं। जैसे साँपनाथ वैसे नागनाथ। जयपुर के कूर्मवंशी (कच्छवाहा) ने बेटे की हत्या कर दी और जोधपुर के कमधज (राठौड़) ने पिता की हत्या कर दी। एक पुत्र हंता, एक पितृहंता।

यह सुनकर जयपुर महाराजा तो मुँह में रुमाल डाल कर हँसने लगे किन्तु कड़वे सच से क्षुब्ध अभयसिंह बोले– ''बारहठ जी जाईये। मैं आपका मुँह नहीं देखना चाहता।'' करणीदान ने उत्तर दिया, ''मुझमें गुण हुआ तो आपको मेरा मुँह देखना ही पड़ेगा।''

आगे चलकर जब करणीदान ने ''सूरज प्रकाश'' ग्रंथ की रचना की तो उसकी गुणवत्ता से श्रोता अभिभूत हो जाते। पुष्कर वाली घटना के बाद यद्यपि करणीदान का दरबार में आना बन्द कर दिया गया पर अभयसिंह भी इस ग्रंथ को सुनने के लिये बहुत उत्सुक थे। चुनांचे यह व्यवस्था की गयी कि बारहठजी कनात के पीछे बैठकर ग्रंथ का पठन करेंगे। इस कनात में दर्जी से कह कर दो बड़े छेद रखवाये गये। महाराजा ने कनात की ओट से ग्रंथ सुना। जिस स्थान पर गुजरात के मुगल सूबेदार सरबुलंद खाँ और अभयसिंह की लड़ाई का वर्णन आया, महाराजा खुशी से उछल पड़े। अपनी प्रशंसा सुनकर कनात के छेद में से हाथ आगे किये। तब करणीदान बोले–

की हुवै आगै कियां हेत बिहूणा हत्थ ।
नैण सलूणा नह मिळै बाळ अलूणी बत्थ ।।

यह सुनते ही महाराजा ने कनात हटाकर करणीदान को गले लगा दिया। उन्हें लाखपसाव, आलावास गाँव और ताजीम प्रदान की। उन्हें गजारूढ़ कर उनकी शोभायात्रा निकाली और और स्वयं उनकी 'जळेब' में चले। इस घटना का साक्षी यह दूहा–

अस चढ़ियौ राजा अभै कवि चाढ़ै गजराज ।
पोहर अेक जळेब में मोहर हले महाराज ।।

अर्थात्–राजा अभयसिंह अश्व पर सवार हुए और कवि को गजारुढ़ किया और एक प्रहर तक उनकी जळेब में चले।

75.

सवाई जयसिंह द्वारा जोधपुर पर आक्रमण किये जाने पर अभयसिंह की अनुपस्थिति में उनके भाई बखतसिंह ने जयपुर के विरुद्ध मोर्चा संभाला। इस युद्ध में शाहपुरा नरेश उम्मेदसिंह सवाई जयसिंह की ओर से लड़े। इसके लिये उन्हें जयपुर महाराजा ने 'राजाधिराज' का खिताब दिया। उम्मेदसिंह फूल कर

कुप्पा हो गये। गर्वोक्ति करने लगे। तब बख्तसिंह ने उन्हें द्वन्द्व युद्ध के लिये ललकारा। उन्होंने चुनौती स्वीकार कर ली पर बख्तसिंह के अतुल बल के सामने असहाय हो गये। बख्तसिंह की बहादुरी व पराक्रम के बारे में एक कवि ने कहा–

भळकी जांणै वीजळी तीखी हाथ तरवार
बखतौ भळक्यौ फौज बिच लीला रौ असवार

अर्थात्–बखतसिंह तीखी तलवार हाथ में लेकर जब शत्रु सेना पर वार करता था तो ऐसा जान पड़ता था कि जैसे बिजली चमकी हो। अश्वारुढ़ राजा देदीप्यमान लग रहा था।

76.

जोधपुर नरेश अभयसिंह मरण शय्या पर थे और इस बात से विचलित थे कि उनके बाद उत्तराधिकार युद्ध छिड़ जाएगा। अपने बेटे रामसिंह के लिये वे चिंतित थे क्योंकि वे जानते थे कि गद्दी के दावेदार उनके अपने भाई बखतसिंह के सामने रामसिंह की एक न चलेगी। इस कारण उनके प्राण कंठ में अटके हुए थे। उन्होंने अपने सामंतों को एकत्र किया और पूछा बखतसिंह के विरुद्ध उनके पुत्र की रक्षा का भार कौन ओढ़ेगा। इस पर शेरसिंह मेड़तिया ने उत्तर दिया–

शेरो ऊभां किम संचरै गढ़ बखता री आण ।
मेड़तियौ रण पोढ़सी जद जासी जोधाण ।।

अर्थात्–शेरसिंह के जीवित रहते जोधपुर के गढ़ पर बखतसिंह काबिज नहीं हो सकता। जोधपुर तभी शत्रु के हाथ में आएगा जब मेड़तिया शेरसिंह युद्ध में धराशायी हो जाएगा।

77.

महाराजा अभयसिंह के अंतिम समय की खबर जब नागौर में बखतसिंह को मालूम हुई तो उसने तुरंत जोधपुर पहुँचना चाहा। यद्यपि प्रारंभ में रामसिंह गद्दीनशीन हो गया पर उसकी अयोग्यता के चलते वह सरदारों को स्वीकार्य नहीं हुआ और मात्र तेरह महीनों बाद ही उसे गद्दी से हटाकर बखतसिंह को सत्ता सौंप दी गयी। उस समय की जनभावना इस प्रकार व्यक्त हुई–

रांमा सूं राजी नहीं दीनौ उत्तर देश ।
जोधांणौ झाला करै आव धणी बखतेश ।।

78.

औरंगजेब की मृत्यु के बाद डाँवाडोल हो चुकी केन्द्रीय शक्ति के फलस्वरूप पहले साम्राज्य के अधीनस्थ शासकों की महत्वकांक्षाएँ अंगड़ाई लेने लगी। जोधपुर के महाराजा अभयसिंह ने भी स्थिति का लाभ उठाते हुए गुजरात के अहमदाबाद स्थित मुगल सूबेदार सरबुलंद खाँ के विरुद्ध प्रयाण किया। उस दौरान बगोदरा के चारण रामभाई ने महाराजा का आतिथ्य किया। उसने महाराजा समेत सभी सरदारों को स्वर्ण-रजत के पात्रों में भोजन कराया। रामभाई के वैभव और अतिथि सत्कार से प्रभावित महाराजा ने आतिथेय की सराहना करते हुए कहा–

उदैपरां जोधपरां बगोदरां बराबरां ।

79.

मारवाड़ के महाराजा अभयसिंह के देहान्त के पश्चात् यद्यपि उनका पुत्र रामसिंह गद्दीनशीन हुआ किंतु राज काज के सफल संचालन के लिये अपेक्षित योग्यता के अभाव के चलते एक वर्ष के भीतर ही उसके चाचा बख्तसिंह ने राज्य हथिया लिया किन्तु षड़्यंत्र का शिकार होकर बख्तसिंह भी एक वर्ष के भीतर चल बसा। उसके शासनकाल में रामसिंह खोयी हुई सत्ता प्राप्त करने के लिये उद्योग करता रहा। उसने जय अपाजी सिंधिया की सहायता से मारवाड़ हस्तगत करने की कोशिश की। उधर बख्तसिंह के बाद गद्दीनशीन विजयसिंह की मदद के लिये बीकानेर के गजसिंह व किशनगढ़ के बहादुरसिंह आगे आए। सिंधिया व रामसिंह के सैन्यदल से विजयसिंह की भिड़ंत (गंगारडा) में हुई। लम्बी चली लड़ाई के पश्चात् विजयसिंह व उसके मददगारों को मैदान से हटना पड़ा। इस घटना को कवि ने इस प्रकार अभिव्यक्ति प्रदान की–

याद घणा दिन आवसी आपा वाळी हेल ।
भागा तीनूं भूपति माल खजाना मेल ।।

80.

जोधपुर के महाराजा अभयसिंह ने जब बीकानेर पर चढ़ाई करने का

मानस बनाया तो जयपुर के सवाई जयसिंह ने उनको इस कार्य से विरत रहने का आग्रह किया। फलतः दोनों में मनमुटाव हो गया। जयसिंह ने पचास हजार के सैन्यदल के साथ अभयसिंह के विरुद्ध प्रयाण किया। गाँव गंगवाणे में सेना ने पड़ाव डाला।

नागौर के शासक अभयसिंह के भाई बखतसिंह यद्यपि प्रारंभ में जयसिंह का साथ दिया किंतु शीघ्र ही उन्हें अपनी भूल का एहसास हो गया और मात्र पाँच हजार के सैन्यदल के साथ जयपुर की सेना से भिड़ गये। इस संघर्ष में जयसिंह कीसेना को दाँतों पसीना आ गया। गंगवाणे की लड़ाई विषयक यह दूहा प्रसिद्ध है—

अेक कटारी आगरै हद वाही अमरेश ।
गंगावणौ रै गौरवे खग वायौ बगतेश ।।

अर्थात्—एक कटार तो अमरसिंह ने आगरा में अद्भुत प्रबलता से चलायी थी और दूसरे गंगावाणे के मैदान में बखतसिंह ने अपनी तलवार के जौहर दिखलाये।

81.

मारवाड़ के शासक महाराजा विजयसिंह के ज़माने की बात। मुगलिया सल्तनत के पतन के बाद देश में फैली अराजकता ने राजस्थान को लस्त-पस्त कर दिया। एक सदी तक मराठों के हमले होते रहते थे। करीब एक सदी तक मराठा लुटेरों ने प्रदेश को रौंद डाला। मारवाड़ को भी इस मुसीबत का शिकार होना पड़ा। जब-तब मराठा सरदार चौथ वसूल करने चढ़ आते थे। उधर महाराजा विजयसिंह ने अपनी चहेती पासवान परम वैष्णव गुलाबराय की इच्छा को मान देते हुए मारवाड़ में माँस और मदिरा विक्रय पर पूरी तरह पाबंदी लगा दी।

मद्य निषेध (शराब बन्दी) से नाराज सामंतों ने महाराजा से असहयोग करना शुरू कर दिया। मराठों की धींगा मस्ती को रोकने हेतु उनसे दो-दो हाथ करने में आगा-पीछा और बहाने बाजी करने लगे। इधर मराठे लूट-मार करते मेड़ता तक बढ़ आए। महाराजा अधिकांश ठिकानेदारों के हील-हवाले और उदासीन रवैये सेअसहाय स्थिति में थे। ऐसे संकट की घड़ी में उन्होंने अपने वफ़ादार आसोप ठाकुर महेशदास को सन्देश भेजा—

दिखणी आयौ सज दळां प्रिथी भरावण पेस
कूंपा तो बिन कुण करै म्हारी मदद महेश

सुख म्हैलां नीं सोवणौ संभै भार न शेष
थां ऊभां दलपत तणा (म्हारी) मरुधर जावै महेश

अर्थात्–दक्षिणी (मराठे) चौथ वसूल करने सदल बल चढ़ आए हैं। कूंपावत महेश तुम्हारे सिवाय इस विपदा की घड़ी में मेरी मदद कौन करेगा?

यह विपदा का समय है। आक्रान्ताओं के दल का भार शेषनाग से भी नहीं संभल रहा है। यह समय महलों में चैन की नींद सोने का नहीं है। दलपतसिंह के आत्मज महेश तुम्हारे होते हुए मेरी मरुधरा हाथों से निकल रही है।

ठाकुर महेशदास को जैसे ही सन्देश मिला, वे तुरन्त मातृभूमि की रक्षा के लिये सन्नद्ध हो गये। उनकी प्रेरणा से कुछ अन्य ठिकानेदार भी उठ खड़े हुए। मातृभूमि के प्रति महेशदास की निष्ठा को कवि ने यूँ रेखांकित किया–

विदा होय व्रजपाल सूं माँगी सीख महेश ।
ऊभा पगां नीं आण दूँ दिखणी मरुधर देश ।।

दिखणी डोलो भेजियौ आयौ मरुधर देश ।
दूजां उत्तर दाखियौ (जद) बींद बण्यौ महेश ।।

अर्थात्–विजयसंह से विदा से लेकर महेशदास ने प्रस्थान की स्वीकृति माँगी और कहा कि मेरे जीते जी मराठों को मरुधरा में प्रवेश नहीं करने दूँगा। मराठों ने डोला भेजा, जो मरुधरा में पहुँचा। दूसरों ने उस डोले की अनदेखी कर दी महेशदास दूल्हा बनने को उद्यत हो गये।

1790 ई. में मेड़ता के पास महादाजी सिंधिया के सैन्य दल से घमासान युद्ध हुआ। महेशदास अपूर्व वीरता से लड़े।। मेड़ता की ओर कूच करने मे पहले उन्होंने महाराजा को आश्वस्त करते हुए कहा–

हम हत्थिन ठल्ले भुजन घल्ले अद्रिन बत्थ ।
खंडै दल दक्खिन खगन मंडै रण बिन मत्थ ।।

अर्थात्–हम अपनी भुजाओं से हाथियों को ठेल देंगे। पर्वतों को बगल में दबा लेंगे। ऐसा संग्राम करेंगे, जिसमें मस्तक कट जाने पर भी युद्ध चलता रहे।

मारवाड़ की सेना के दो हजार अश्वारोही सैनिकों ने महेशदास के नेतृत्व में मराठों की तोपों पर धावा बोल दिया। इस युद्ध का वर्णन सिंधिया के फ्रैंच सेनापति जनरल डिबोय ने कर्नल जेम्स टॉड को पेरिस में बड़े ओजस्वी शब्दों में सुनाया। बड़ी वीरता से लड़ते हुए महेशदास ने वीरगति प्राप्त की। उनके शौर्य का बखान करते हुए एक समकालीन कवि ने लिखा–

दूजां ज्यूं भागौ नहीं दाग न लागौ देश ।
वागौ खागां बांकड़ौ महि वागौ महेश ।।
आसोणौ अंजस करै अंजसै मुरधर देश ।
दळ दिखणी रै ऊपरै बणियौ बींद महेश ।।
महेश कहै सुण मेड़ता सांची साख भरेस ।
कुण भिड़सी कुण भागसी देखै जिसी कहेस ।।
पग जड़िया पाताळ सूं अड़िया भुज अमरेश ।
तन झड़िया तरवारियां मुड़ियौ नहिं महेश ।।

अर्थात्–महेशदास ने दूसरों की भाँति रणभूमि से पलायन नहीं किया और न ही भूमि को कलंकित होने दिया। बाँकपन से लड़ते हुए उसने मातृभूमि के बाँकपन को कायम रखा।

महेशदास की वीरता पर आसोप को, मरुधरा को नाज है। दक्षिणी लोगों की चुनौती को इस वीर ने स्वीकार किया।

महेश कह रहा है मेड़ता तू सच्ची साख भरना। कौन शत्रुओं से भिड़न्त करेगा और कौन पलायन कर जाएगा, इसे देखे जैसा कह देना।

रणभूमि में पैर दृढ़तापूर्वक जमाये हुए, भुजाओं से आकाश छूते हुए तलवार से शत्रु संहार करते हुए महेश ने पीछे मुड़ कर नहीं देखा।

82.

वीरतापूर्वक लड़ते हुए महेशदास ने दक्षिणी लुटेरों को तो खदेड़ दिया किंतु वे इस युद्ध में खेत रहे। इस राड़ में शामिल खींवसर (नागौर) का एक सरदार जगतसिंह, जो निहायत कायर था, रणभूमि से भाग कर जोधपुर आ गया और महाराजा विजयसिंह के सामने डींगें हाँकने लगा कि उसने मारवाड़ की लाज बचा दी। वास्तविकता से अनभिज्ञ महाराजा ने खुश होकर उस

भगोड़े को ईनाम माँगने का कहा तो उसने आसोप का पट्टा दिये जाने की अर्ज़ की। महाराजा ने हामी भर ली और एक दिन उसकी तलवारबंदी के लिये तय हो गया।

इधर आसोप में महेशदास की विधवा ठकुराइन को जगतसिंह की इस कारस्तानी का पता चला तो उसके तो पैरों तले जमीन खिसक गयी। पति के बलिदान का यह सिला? इस संकट की घड़ी में उसने आसोप के पड़ोसी गाँव भदौरा के एक नामी कवि उम्मेदसिंह सांदू को संदेश भेजकर मदद की गुहार की। जिस दिन महाराजा के हाथों शेखीबाज जगतसिंह की तलवार बंदी होने वाली थी, कविराज आसोप पहुँचे। सारी तैयारी के बाद जैसे ही जगतसिंह के तिलक करके तलवारबंदी की रस्म सम्पन्न होने की बारी आयी, कविराज उठ खड़े हुए और सभा को सम्बोधित करते हुए बोले–

मरजौ मत महेश ज्यूं राड़ विच पग रोप ।
झगड़ा सूं भागौ जगौ तिकौ पावै आसोप ।।

यह सुनते ही सभा मेंखलबली मच गयी महाराजा को सारी हक़ीक़त बयान की गयी और भगोड़े जगतसिंह के बजाय महेशदास के बेटे को मौरुसी हक़ मिला।

83.

महेशदास के नेतृत्व में हुयी मेड़ता की राड़ में जिन योद्धाओं ने अद्भुत पराक्रम दिखाया, उनमें मोरटहूका गाँव के बारहठ रघुनाथ विशेष रूप से उल्लेखनीय हैं। मस्तक कट जाने के बाद भी इस रणबाँकुरे का कबंध शत्रुओं का संहार करता रहा। उनकी इस दुर्लभ वीरता को इस प्रकार सरहा गया है–

मंडी राड़ गढ़ मेड़ते हद्द बताया हाथ ।
सिर कटियां धड़ जूंझियौ रंग बारहठ रघुनाथ ।।

84.

मारवाड़ ने बड़े ठिकाने नींबाज के ठाकुर कल्याणसिंह की मृत्यु के पश्चात् रास ठाकुर ने महाराजा विजयसिंह से अनुमति लिये बिना अपने बेटे दौलतसिंह को उनका दत्तक बना दिया। महाराजा को यह हरकत नागवार गुजरी। इतना ही नहीं, मारवाड़ के कुछ सरदार नींबाज में समवेत होकर

रामसिंह को राज्याधिकार दिलाने की तजवीज करने लगे। इस पर महाराजा ने सिंधी फतेह खाँ के माध्यम से आदेश देकर सब सरदारों को जोधपुर बुलाया। पर महाराजा से मिलने के बजाय वे बखतसागर तालाब के पास डेरे तानकर ठहर गये। महाराजा स्वयं वहाँ गये तब वे किले की ओर प्रस्थान करने के लिये सहमत हुए। विक्रम संवत् 1816 की फाल्गुन कृष्णा (1) प्रथमा को महाराजा के गुरु आत्माराम का देहान्त हो गया। उनको समाधि दिये जाने के मौके पर सभी प्रमुख सरदारों को किले पर उपस्थित होने की आज्ञा दी गई। जब पोकरण, रास, आसोप और नींबाज के ठाकुर किले पर पहुँचे तो उन्हें और उनके साथ आए सभी व्यक्तियों को किले के प्रवेश द्वार के बाहर ही रोक दिया गया। इसके बाद रानियों के आत्मारामजी के पार्थिव शरीर के अंतिम दर्शन करने आने का बहाना बना कर प्रवेश द्वार के किंवाड़ बंद कर दिये गये।

अन्ततः खीची गोरधन और धायभाई जगन्नाथ की सलाह से किले के रास्ते की कोठरियों में विदेशी सैनिकों को बिठाकर और क़िले का सबसे ऊपरी द्वार बंद करवा के सरदारों को ऊपर आने को कहा गया। जैसे ही ये सरदार नक्कारखाने की प्रोळ से आगे बढ़े, त्यों ही मार्ग की कोठरियों में छिपे सैनिकों ने बाहर निकलकर अचानक उन पर हमला कर दिया। फलस्वरूप पोकरण ठाकुर छत्रसिंह और नींबाज ठाकुर दौलतसिंह बंदी बना लिये गये। ठाकुर दौलतसिंह को तो रिहा कर दिया गया पर बाकी तीनों का अंत कैद में ही हुआ। उनकी इस परिणति का साक्षी यह दूहा–

केहर, देवो, छत्रसी, दोलौ राजकुमार ।
मरते मोडिये मारिया चोटी वाला चार ॥

85.

मारवाड़/आमेर

विक्रम संवत् 1836 में जयपुर नरेश पृथ्वीसिंह का स्वर्गवास हो गया। उनके उत्तराधिकारी महाराजा प्रतापसिंह बने। इससे असंतुष्ट कुछ सरदारों ने पृथ्वीसिंह के अल्पवय राजकुमार मानसिंह के दावे का समर्थन किया और उसकी सुरक्षा के लिये उसकी ननिहाल भेज दिया। कुछ वर्षों बाद वह राज्याधिकार प्राप्त करने के लिये सहायतार्थ महादाजी सिंधिया के पास पहुँचा।

मराठों ने मानसिंह को गद्दी दिलाने के लिये विक्रम संवत् 1844 में जयपुर पर चढ़ाई कर दी। इस संकट की घड़ी में जयपुर नरेश प्रतापसिंह ने जोधपुर के महाराजा विजयसिंह से सहायता की प्रार्थना की । महाराजा ने सिंघवी भीमराज के नेतृत्व में अपनी सेना जयपुर की ओर भेजी । मारवाड़ की सेना ने जयपुर की सेना के साथ मिलकर तुँगा नामक स्थान पर महादाजी की सेना का सामना किया । घमासान युद्ध में मराठों के पैर उखड़ गये । वे सनवाड़ की तरफ भाग गये । फलतः अजमेर पर महाराजा का अधिकार हो गया । इस सम्बन्ध में राठौड़ों के चारण ने जयपुर के कच्छवाहों की ओर संकेत करते हुए कहा–'उदलती आमेर ने राखी राठौड़ां खत्री।'

86.

उत्तर मुगलकाल में राजस्थानी रजवाड़ों के अल्पबुद्धि शासक अपनी शक्ति और साधन ना कुछ बातों को लेकर आपसी झगड़ों व कलह में जाया कर रहे थे। इसी के चलते जयपुर और जोधपुर भी वैरभाव से ग्रस्त थे। तभी जयपुर पर किसी दूसरे शत्रु ने आक्रमण कर दिया। तत्कालीन शासक प्रतापसिंह ने अपने बलबूते शत्रु को परास्त करना असंभव जानकर सहायता प्राप्त करने के लिये अपने राजकवि को जोधपुर भेजा। राजकवि ने सहायता की याचना करते हुए कहा–

पत राखौ प्रताप री नवकोटि रा नाथ ।
अगला गुनाह बख्श के अबकै पकड़ौ हाथ ।।

इस पर पुराना वैर भुला कर जोधपुर के महाराजा ने जयपुर की मदद की और शत्रु को पराजय झेली पड़ी।

87.

चारण कवियों के बारे में लोक धारणा यही है कि वे द्रव्य प्राप्ति के लिये सत्ताधारियों की चाटुकारिता में लगे रहते थे। अतिशयोक्तिपूर्ण प्रशंसा करते हुए हाथ जोड़े खड़े रहते थे किन्तु इस धारणा को रूपावास (जिला-पाली) चारणान के राजसिंह ने भ्रामक सिद्ध कर दिया। उनकी वीरता और विद्वता की ऐसी धाक थी कि स्वयं राजा लोग उनके सम्मुख हाथ बाँधे खड़े रहते थे। जिस राजा के दरबार में वे पहुँच जाते थे, वह राजा उनकी अगवानी कर स्वयं को धन्य समझता था। उनकी तेजस्विता की साख भरता यह दूहा दृष्टव्य है–

हथजोड़ा रह्या हमें गढ़वी काज गरत्थ ।
वो राजड़ छत्रधारियां गयौ जोड़ावण हत्थ ।।

अर्थात्–अब जो चारण रह गये हैं, वे तो द्रव्य के लिये करबद्ध निवेदन करने वाले मात्र हैं। छत्रधारी लोगों से हाथ जुड़वाने वाला राजसिंह चला गया।

88.

जोधपुर के महाराजा अभयसिंह ने बीकानेर पर चढ़ाई की और किले को घेर लिया। जब किले में रसद चुक गयी तो बीकानेर वालों ने अपने आदमी नागोर भेजकर बखतसिंह से सहायता माँगी। किन्तु बखतसिंह ने अपने भाई अभयसिंह के विरुद्ध बीकानेर का पक्ष लेना उचित न समझकर अपने सिपाहियों को जयपुर महाराजा जयसिंह के पास भेज दिया।

इधर जयपुर नरेश को यह चिंता सताने लगी कि यदि बीकानेर पर अभयसिंह का अधिकार हो गया तो उनकी ताकत में बहुत इजाफ़ा हो जाएगा और तब जयपुर को भी बचाना कठिन हो जाएगा। ऐसी आशंका के चलते उन्होंने 20 हजार सैनिक लेकर जोधपुर पर चढ़ाई कर दी। इसकी सूचना मिलने पर अभयसिंह ने बीकानेर का घेरा उठा दिया और तुरंत जोधपुर चले आए। अभयसिंह ने अपने भाई बखतसिंह से सुलह कर ली।

जयपुर के महाराजा कुछ दिन जोधपुर में ठहरने के बाद मुसाहिब रघुनाथ भंडारी के समझाने-बुझाने पर फौज खर्च के रुपये वसूल कर वापस लौट गये। जोधपुर में दोनों ओर की सेनाओं में भिड़न्त होने से पहले ही सुलह हो जाने से जयपुर वालों को अपनी ताक़त पर मिथ्याभिमान हो गया। जयपुर की सेना में से किसी बड़बोले ने कहा, देखो! हमारी तोपें मारवाड़ से भरी हुई ही वापिस जा रही हैं। भखरी ठाकुर केसरीसिंह मेड़तिया को यह बात चुभ गई। उन्होंने जयपुर वालों का गर्व खंडित करने के लिये उन्हें चुनौती दी और मुकाबले के लिय तैयार हो गये। महाराजा जयसिंह के समझाने पर भी पीछे नहीं हटे और वीरतापूर्वक लड़ते हुए काम आए। जयपुर वालों की गर्वोक्ति को निरर्थक सिद्ध कर दिया।

उनके बलिदान को इस प्रकार सराहा गया है–

केहरिया करनाळ जो न जुड़त जयशाह सूं ।
आ मोटी अँवगाळ रहती सिर मरुधरा ।।

जयपुर री शेखी भखरी पर भारीह ।
करगौ टकरी केहरी लंगर धर धारीह ।।

अर्थात्–हे सूर्य के समान तेजस्वी रश्मि वाले केसरीसिंह यदि तुम जयसिंह से नहीं लड़ते तो माँ मरुधरा के भव्य भाल पर कछवाहों द्वारा लगाया गया दाग़ सदैव इतिहास में बना रहता पर तुमने ऐसा नहीं होने दिया। भखरी में केसरीसिंह ने जयपुर नरेश को ललकारा और उनकी शेखी उतारने में सफल हुए क्योंकि उनके पैर में क्षत्रियत्व के लंगर की कड़ियाँ थी अर्थात् वे कुल मर्यादा से विभूषित थे।

89.

महाराजा अभयसिंह के देहान्त के बाद उनका छोटा पुत्र रामसिंह 19 वर्ष की आयु में गद्दीनशीन हुआ । अल्पबुद्धि, अदूरदर्शी व अभिमानी रामसिंह शासन संचालन की दृष्टि से आवश्यक गुणों से सर्वथा रहित था । उसके मूर्खतापूर्ण कार्यों से आजीज आकर सरदारों ने नागौर से उसके ताऊ बखतसिंह को जोधपुर बुलाया। बखतसिंह ने जोधपुर पर आक्रमण कर दिया। शहर पनाह का सिंवाची दरवाजा सिंधी मुसलमानों ने खोल दिया, फलतः उसे शहर में प्रवेश मिल गया । नगर में प्रवेश करने के बाद उसने तलहटी के महलों में मुकाम किया। विक्रम संवत् 1808 में उसने जोधपुर नगर पर कब्जा कर लिया। उसका प्रतिरोध करने के लिये दुर्ग रक्षकों ने गोलाबारी शुरू कर दी पर वह निष्फल रही और संवत् 1808 की श्रावण कृष्णा द्वितीया को किले पर भी बखतसिंह का अधिकार हो गया । उस समय किले की रक्षा का जिम्मा भाटी राजपूतों को सुपुर्द था। लवेरे के ठाकुर सुजानसिंह भाटी किलेदार थे पर उन्होंने अपना फर्ज़ ठीक से नहीं निभाया और किला बखतसिंह को सौंप दिया। इस पर जन प्रतिक्रिया इस तरह सामने आयी–

थारौ नाम सुजाण थो अबकै हुयौ अजाण ।
आश्रम चौथे आवियौ ओ चूके अवसाण ।।

अर्थात्–तुम्हारा नाम सुजान है पर इस बार अजान हो गये । चौथे आश्रम (वृद्धावस्था) में पहुँचकर अवसर चूक गये।

बखतसिंह को किला सौंपने में सांचोर का मोहकमसिंह चौहान भी

शरीक था। बखतसिंह इन दोनों से खफ़ा हो गया क्योंकि उन्होंने अपने स्वामी रामसिंह से विश्वासघात किया था।

90.

महाराजा अभयसिंह के देहान्त के बाद उनके पुत्र रामसिंह और भाई बखतसिंह के बीच हुए सत्ता संघर्ष में रामसिंह ने जय अप्पा सिंधिया की मदद से अपना खोया राज्याधिकार प्राप्त करने का भरसक प्रयास किया। बखतसिंह की मृत्यु के बाद गद्दीनशीन हुए महाराजा विजयसिंह ने मारवाड़ के घरेलू मामलों में मराठों का हस्तक्षेप समाप्त करने के लिये नागौर में जय अप्पा सिंधिया का दृढ़ता से मुकाबला किया किन्तु किले की घेराबंदी के फलस्वरूप कुछ दिनों में अंदर रसद समाप्त हो गई। इस संकट से उबरने के लिये एक उपाय खोजा गया। खोखर केसरखाँ व एक गहलोत सैनिक को छल से जय अप्पा का काम तमाम करने की जिम्मेदारी सौंपी गई।

योजना के अनुसार वे दोनों बनियों का सा बनाव करके आपस में लड़ते-झगड़ते जय अप्पा के शिविर में जा पहुँचे। जय अप्पा उस समय स्नान कर रहा था पर उन दोनों को झगड़ते देखकर विवाद का कारण जानने के लिये अपने पास बुलाया। उसी समय मौका पाकर उन दोनों ने जय अप्पा को परमधाम पहुँचा दिया। इस घटना को लेकर मारवाड़ में यह बात प्रचलित हो गई–

खोखर बड़ौ खुराकी।
खायग्यौ आपा सरीखौ डाकी।।

अर्थात्–खोखर बड़ा भोजन भट्ट है जो अप्पा जैसे लहीम-शहीम का भक्षण कर गया।

जयप्पा का स्मारक नागौर से तीन मील दक्षिण में विद्यमान है। मारवाड़ के इन गुप्तचरों को मराठा सैनिकों ने मौत के घाट उतार दिया।

91.

रियासती ज़माने में राज मारवाड़ के जैतारण परगने का गाँव पालड़ी एक क़ाज़ी को बतौर जागीर मिला हुआ था। गाँव की जमीन काफी उपजाऊ थी और वह दो फसली गाँव था। गाँव में एक बार प्याज की भरपूर पैदावार हुई और प्याज भी बहुत बड़े आकार के। कई कई तो तकरीबन आधा सेर वज़न के। उस

ज़माने में खेतों में किसी भी चीज की अच्छी पैदावार का नमूना नजराने के तौर पर राजा को भेंट करने का रिवाज था। चुनांचे काज़ीजी ने भी चुन-चुन कर बड़े-बड़े प्याज इकट्ठे किये और राजा को भेंट स्वरूप देने के लिये जोधपुर पहुँचे।

इतने बड़े आकार के प्याज देखकर दरबार में सबको बड़ा अचंभा हुआ। काईयाँ किस्म के मुसद्दियों को लगा कि यह तो पालड़ी की अत्यधिक उपजाऊ जमीन का कमाल है और ऐसा गाँव जागीर में होने का मतलब है रियासत को राजस्व का नुकसान। उन्होंने राजा को सलाह दी कि पालड़ी गाँव तो खालसे में होना चाहिये। राजा ने ऐसा आदेश जारी कर दिया और काज़ीजी जागीर से हाथ धो बैठे। न तो वे प्याज भेंट स्वरूप लेकर दरबार में हाजिर होते और न ऐसी नौबत आती। इस घटना को लेकर यह दूहा प्रचलित हो गया–

हाथां कीधा कांमड़ा किणनै दीजै दोष ।
काज़ीजी री पालड़ी कांदां लीनी खोस ।।

92.

राज मारवाड़ के राज-काज में पुष्करणा ब्राह्मणों का काफी बोलबाला था। उनमें कल्ला गौत्र के दो भाई चतुर्भुज और शिवदत्त अपने ज़माने में सरकारी ओहदों पर थे। चतुर्भुज महकमा माल में मुलाजिम थे तो शिवदत्त हाकिम। चतुर्भुज दरियादिल इंसान थे। जो भी मदद माँगने आता, उसे खाली हाथ नहीं जाने देते थे। इस कारण जात-बिरादरी में उनकी बड़ी इज्ज़त थी। सभी उनका गुणगान करते थे।

खुद को तीसमारखाँ समझने वाले छोटे भाई शिवदत्त को यह सब फूटी आँख नहीं सुहाता था। बड़े भाई चतुर्भुज की प्रशंसा सुनना उसके लिये असह्य हो गया। अपने यशोगान के लिये वह अधीर हो गया। संयोगवश कवि भोपाळदान (मथाणिया) उसके सम्पर्क में आए। वे बड़े नामी कवि थे और विसर काव्य (निंदापरक कविता) में सिद्धहस्त। शिवदत्त की इच्छा ताड़कर तुरंत कहा–

चतुरभुज्ज तो चतुरभुज्ज शिव वाहन शिवदत्त ।
समझण वाळा समझ लो इणरौ कांई अरथ्थ ।।

हाकिम महाशय इसका अर्थ समझे बिना फूल कर कुप्पा हो गये और हर आगन्तुक को यह दूहा सुनाने लगे। उनके पास झूठी तारीफ करने वाले चाटुकारों की तो कोई कमी नहीं थी। आखिरकार किसी समझदार व्यक्ति ने हाकिम को बताया कि बारहठजी तो आपको गच्चा दे गये। चतुर्भुज को तो चतुर्भुज अर्थात् विष्णु और आपको शिव वाहन अर्थात् बैल की उपमा दे डाली है। सुनकर हाकिम के होश हवा हो गये।

93.

अठारहवीं सदी का उत्तरार्द्ध व उन्नसवीं सदी के प्रारंभिक दो दशक मारवाड़ में अत्यधिक उथल-पुथल का विकट समय था। एक तरफ मराठों की लूट-मार ने लोगों का जीना दूभर कर दिया था तो दूसरी ओर शासकों की निर्बलता से अराजकता को और हवा मिल रही थी। मराठा सरदारों और पिंडारियों ने मारवाड़ की शासन व्यवस्था की चूलें हिला दी थीं। इस विपदाग्रस्त काल में महाराजा विजयसिंह के देहान्त के बाद सत्ता पर काबिज होने के लिये राजघराने में घमासान मच गया।

मारवाड़ की गद्दी को अपने लिये निरापद बनाने के उद्देश्य से विजयसिंह के बाद गद्दीनशीन हुए भीमसिंह ने कुटुम्ब विनाश का खेल शुरू कर दिया। उसकी उग्र राज्य लिप्सा दिवंगत महाराजा के पौत्र मानसिंह को भी झुलसाने लगी। कोमल वय के अनाथ मानसिंह को महाराजा विजयसिंह की पासवान गुलाबराय ने सुरक्षा की दृष्टि से उन्हें जालोर के किले में भिजवा दिया, जहाँ अगले ग्यारह वर्ष उन्हें भीमसिंह द्वारा की गयी घेराबंदी में बिताने पड़े। उनके समर्थक व संगी-साथी राज मारवाड़ के इलाकों में लूटपाट करते थे। कई बार उनकी भीमसिंह के सिपाहियों से झड़प भी हो जाती थी। मानसिंह से जालोर दुर्ग छुड़वाने की भीमसिंह की तमाम कोशिशें नाकाम रहीं। उसने मानसिंह को झाँसा देने के लिये उन्हें आधा राज्य बाँटने का प्रलोभन भी दिया पर वे उसकी चालों को बखूबी समझते थे। अतः उन्होंने उत्तर भिजवाया–

आभ फटै धर उलटै कटै बगतरां कोर ।
सीस कटै धड़ तड़फड़ै तद छूटै जालोर ।।

अर्थात्–जब आकाश फटने लगे, धरती उलट जाए, कवच के कोर कट जाएँ, मस्तकों के टुकड़े-टुकड़े हो जाएँ और वीरों के धड़ पृथ्वी पर गिरकर तड़पड़ाने लगें और तभी जालोर छूट सकता है।

94.

मध्ययुगीन राज मारवाड़ में सामन्त व सरदार इतने ताकतवर हो गये थे कि राज-काज में उनकी मर्जी के बिना पत्ता भी नहीं हिलता था। यहाँ तक कि जोधपुर में राजगद्दी पर कौन बैठेगा, इसका निर्णय भी वे करते थे। जो भी शासक उनके दमघोटू बंधन से मुक्त होने का प्रयास करता था, वह सत्ताच्युत कर दिया जाता था। इसी कारण मारवाड़ में यह कहावत प्रचलित हो गई–**'रिड़मलां थापिया जिकै राजा।''**

सिंघवी इन्द्रराज ने महाराजा भीमसिंह की मृत्यु के पश्चात् जब मानसिंह को मारवाड़ का शासक घोषित कर दिया था तो पोकरण ठाकुर सवाईसिंह ने इसी आधार पर उनके राज्याधिकार को चुनौती दी थी।

95.

जालोर के किले की दीर्घकालीन घेराबंदी से ऊपजी मुश्किलात को हल करने के लिये मानसिंह निरन्तर प्रयत्नशील रहते थे। वे ऐसे अवसर की तलाश में रहते थे जब भीमसिंह का छकाया जा सके। ऐसा ही अवसर 10 मई 1801 को आया जब भीमसिंह जयपुर के महाराज प्रतापसिंह की बहिन से विवाह करने पुष्कर गया हुआ था। मानसिंह ने राजधानी में उसकी अनुपस्थिति का लाभ उठाते हुए अपनी डावांडोल वित्तीय स्थिति को सुदृढ़ करने के लिये एक बड़ी सेना लेकर पाली पर धावा बोलकर उसे लूटा। उन्होंने पाली के व्यापारियों को बंदी बना लिया और अपनी मुक्ति के लिये उन्हें साठ हजार रु. देने को विवश किया। जब वे पाली से लौट रहे थे तब जोधपुर के सेनानायकों सिंघवी चैनकरण और बहादुरसिंह चंडावळ ने उनका रास्ता रोका। गोडवाड़ में साकदड़ा गाँव के पास दोनों सेनाओं में भिड़न्त हुई। घमासान युद्ध हुआ जिसमें भीषण रक्तपात हुआ। दोनों दलों के योद्धा इतने निकट आ गये कि इस बात की आशंका हो गयी कि मानसिंह या तो कैद हो जाएँग या रण में खते रहेंगे।

वास्तव में उनके शत्रु की तलवार उनके साफे पर लगी। पर तुरन्त ही

चाँपावत हेमसिंह एवं अक्षयसिंह उनकी रक्षा के लिये आगे आए और उन्हें बचा लिया। इस संघर्ष में मानसिंह की रक्षा करते हुए अक्षसिंह को अपने प्राणों की आहुति देनी पड़ी। मानसिंह के लिये कठिन परिस्थिति देखकर उनके स्वामीभक्त सरदार भाटी जोधसिंह ने उन्हें रणक्षेत्र छोड़कर चले जाने के लिये तैयार किया। इस अवसर पर ठाकुर सलेहसिंह शेखावत ने, युद्ध में गंभीर रूप से घायल हो जाने के बावजूद मानसिंह को जालोर के किले में पहुँचा दिया।

साकदड़ा के इस भयंकर युद्ध में मानसिंह के स्वामीभक्त सरदार जोधसिंह भाटी, मानसिंह मेड़तिया, जालिमसिंह उदावत, रणछोड़दास डूंगरोजी, सादूलसिंह मेड़तिया व अन्य अनेक सरदार वीरगति को प्राप्त हुए।

96.

मारवाड़ में महाराजा मानसिंह के उथल-पुथल भरे शासनकाल में सरकश सामंतों में अग्रणी पोकरण के सवाईसिंह के उकसाने पर जयपुर वालों ने जोधपुर पर आक्रमण कर दिया। मारवाड़ के अन्य कई सामन्तों ने भी बहती गंगा में हाथ धोने से परहेज नहीं किया। उस संकटकाल में कीरतसिंह सोढ़ा ने आक्रान्ताओं को पीछे धकेलने का बीड़ा उठाया। गढ़ की रक्षा करते हुए उसने प्राणोत्सर्ग कर दिया। उसके दृढ़ निश्चय व पराक्रम से विचलित आक्रान्ताओं को घेरा उठाना पड़ा। कीरतसिंह का बलिदान महाराजा मानसिंह रचित इस दूहे में उजागर हुआ है—

तन झड़ खागाँ तीख पाड़ घणा रण पोढ़ियौ ।
कीरत नग कोटिक जड़ियौ गढ़ जोधाण रै।।

अर्थात्–कीरतसिंह का तन तीक्ष्ण तलवारों से रुधिर स्नात हो गया पर वह अनेक शत्रुओं को मारकर धराशायी हुआ। करोड़ मूल्य वाले रत्न की भाँति वह जोधपुर के गढ़ में जड़ा हुआ है।

97.

महाराजा मानसिंह ने किसी बात पर रुष्ट होकर नीमाज ठाकुर सुल्तानसिंह उदावत की हवेली पर सैन्य दल भेज दिया था। संवत् 1877 में हुई इस कार्यवाही में सुल्तानसिंह अपने भाई सूरसिंह सहित लड़ते हुए काम आया। इस घटना का साक्षी यह दूहा–

कोई पहरै अकतर बखतर कोई बाँधे गाती ।
सूरसिंह सुरताणसिंह तो लड़ै उघाड़ी छाती ।।

98.

ऊपर वर्णित साकदड़े के युद्ध में महाराजा मानसिंह की प्राणरक्षा करने वालों में हरसोलाव (जिला-नागौर) ठाकुर के छोटे भाई करणसिंह की भूमिका भी बहुत महत्वपूर्ण थी। गद्दीनशीन होने पर मानसिंह ने उन्हें जोधपुर के निकट सालावास की जागीर प्रदान की। उधर गद्दीनशीन होने के बाद भी मानसिंह की मुसीबतों पर विराम नहीं लगा। पोकरण ठाकुर सवाईसिंह ने उन्हें परेशान करने में कोई कमी नहीं रखी। उसने धोकळसिंह नाम के एक फितूर को भीमसिंह की संतान बताकर गद्दी के दावेदार के रूप में उसका समर्थन किया। अनेक सरदारों ने इस षड्यन्त्र में सवाईसिंह का साथ दिया। मानसिंह जी ने इस गलतफहमी के चलते कि करणसिंह भी विरोधियों के साथ मिले हुए हैं, उनकी जागीर जब्त कर ली।

एक दिन संयोगवश महाराजा की सवारी उस मकान के पास से निकली जिसकी छत पर खड़े होकर करणसिंह मनोरंजन के लिये पतंग उड़ा रहे थे। इस नजारे को देखकर मानसिंहजी ने उन्हें लिख भेजा—

पिंड री गई परतीत गाड जमीं दोनूं गया ।
चांपा हमें नचीत कनक उडावौ करणसी ।।
वद वद वाल्हा वास भायां सूं करतौ भळै ।
सुपने हि सालावास करसौ राज करणसी ।।

अर्थात्—शरीर का विश्वास गया। सामर्थ्य व जमीन दोनों गये। अब तो हे चांपावत निश्चिन्त होकर पतंग उड़ाते रहो।

पहले जब कृपा पात्र बने हुए थे, अपने कुटुम्बियों सहित सुंदर महलों में रहते थे। अब सालावास में तो करणसिंह स्वप्न में राज करना।

इस व्यंग्य का दन्दान शिकन जवाब करणसिंह ने इस तरह दिया—

पिंड री हुती परतीत साकदड़ै जाणी सही ।
इण घर आ इज रीत दुरगौ सफरां दागियौ ।।

अर्थात्—इस शरीर का जो विश्वास था, उसका प्रमाण तो साकदड़े के

मुकाम पर अच्छी तरह मिल गया था। आपके घराने में कृतज्ञता तो है ही नहीं। यहाँ तो दुर्गादास जैसे स्वामीभक्त को देश निकाला दे दिया गया था। उनका दाह संस्कार क्षिप्रा के तट पर (मालवा में) हुआ, मारवाड़ में नहीं।

99.

जालोर दुर्ग में सुदीर्घ घेराबंदी के कष्ट झेलते हुए अन्ततः मानसिंह का धैर्य और साधन जवाब दे गये। फलतः उन्होंने भीमसिंह के सामने आत्म समर्पण का मानस लिया। तभी जालोर स्थित नाथ संप्रदाय के मठ के महन्त आयस देवनाथ ने उन्हें कुछ दिन और प्रतीक्षा करने का आग्रह किया। साथ ही भविष्यवाणी की कि उन्हें शीघ्र ही मारवाड़ का राजसिंहासन मिलेगा। चेचक से भीमसिंह की अचानक मृत्यु हो जाने से देवनाथ की भविष्यवाणी सही सिद्ध हो गयी।

इसके बाद तो मानसिंह नाथजी के प्रति अतीव श्रद्धावनत हो गये और उन्हें जोधपुर लाकर महामंदिर में प्रतिष्ठित कर दिया। नाथजी के प्रति उनकी श्रद्धा ने अंधभक्ति का रूप धारण कर लिया। यह अंधभक्ति प्रजाजनों के लिये अभिशाप बन गयी। नाथ मनमानी करने लगे। लोग उनसे त्रस्त थे पर विवश थे। राज्याश्रय पाकर कनफटे नाथ कुमार्गी हो गये। उनकी उच्छृंखलता सभी हदें पार कर चुकी थी। बहू-बेटियों की इज़्ज़त पर डाका डालने से भी वे नहीं चूकते थे पर महाराजा इस तरफ से आँखें मूँदे हुए थे। स्वयं महाराजा के गुरु आयस देवनाथ विलासिता के पंक में डूब चुके थे। लोहार जाति की अपनी प्रेमिका के साथ बेशर्मी से प्रणय लीलाएँ रचते थे।

दरबार के कुछ सामन्तों ने मानसिंह को अपने गुरु के पतन का प्रत्यक्ष दर्शन कराने के लिये उन्हें उस ओर जाने के लिये मनाया जहाँ देवनाथ अपनी इस प्रेमिका के साथ ऊँट पर सवार होकर प्रेमलीला रचा रहे थे। सारा दृश्य देखकर भी महाराजा अप्रभावित रहे। इस कदाचरण पर आपत्ति करने के बजाय अपने गुरु को नमन करते हुए बोले, यह तो साक्षात् शिव-पार्वती की जोड़ी है। यही नहीं, देवनाथ के प्रणय विहार स्थल की ओर जाते हुए मार्ग में एक गधा दिख गया जिस पर संयोग से भगवा वस्त्र रखा हुआ था। बस क्या था, महाराजा उस गधे को भी प्रणिपात करने लगे। सामन्त अपना सिर पीट कर रह गये।

100.

महाराजा मानसिंह को अपने पूरे शासनकाल में सरकश उपद्रवी सामन्तों से जूझना पड़ा था। जब उपद्रव अधिक होने लगे तो उन्होंने अपने विश्वस्त सरदारों से सलाह की। कुचामण ठाकुर ने संघर्ष से विरत रहने का मशविरा दिया। महाराणा प्रताप के संघर्ष का हवाला देते हुए कहा कि लड़ने-भिड़ने की वजह से उन्हें जंगलों-पर्वतों की खाक़ छाननी पड़ी थी। इस पर उनका उत्तर था–

गिरपुर देस गमाड़ भमिया पग पग भाखरां ।
मह अंजसै मेवाड़ सह अंजसैः सिसोदिया ।।

अर्थात्–अपना पर्वत, नगर और देश खोकर पैदल ही पर्वतों में घूमते रहे पर महाराणा ने अपने धर्म की रक्षा की जिस कारण आज मेवाड़ उन पर गर्व करता है और सिसोदिया वंश को आज उन पर गौरव है।

101.

उस समय राज मारवाड़ अत्यधिक विकट विषम स्थिति से गुजर रहा था। एक तरफ तो सरकश सामन्त, दूसरी ओर रनिवास के षड्यन्त्र और तीसरे स्वार्थ में अन्धे काईयाँ मुसद्दियों ने जीना दुश्वार कर दिया था। नित नये उत्पात। शासन तंत्र अस्त-व्यस्त। राज में उपद्रवियों व समाज कंटकों की बन आयी थी।

कविहृदय महाराजा को राजनीति की इस विद्रूपता ने झककोर दिया। फलतः अन्तहीन प्रतीत होने वाली षड्यंत्री निशा से आवृत्त सत्ता से उन्हें विरक्ति हो गयी। वे वीतराग बनकर रहने लगे। अपने ही लोगों के छल-छद्म और विश्वासघात से व्यथित और हताश महाराजा विक्षिप्त होने का अभिनय करने को विवश हो गये। खुराफ़ाती लोगों को भुलावे में रखने के लिये उन्होंने ऊपरी तौर पर ऐसा आचरण प्रारंभ कर दिया मानों उन्हें चित्तभ्रम हो गया है। उधर ईस्ट इंडिया कम्पनी मारवाड़ पर आँखें गड़ाये थी। अपने अनुकूल संधि की शर्तें मानने के लिये मारवाड़ पर निरंतर दबाव बनाये हुए थी। महाराजा कंपनी की चालों को भली-भाँति समझ रहे थे, इसलिये वे संधि के मसले को टालते जा रहे थे।

कंपनी का एलची बरकतअली जब इसी काम के लिये जोधपुर आया तो महाराजा की चित्तभ्रमिता का हवाला देते हुए बातचीत टाल दी गयी। बरकतअली के सामने प्रतीक्षा करने के अलावा कोई चारा नहीं था। इसी दौरान गाँव भदौरा के नामी कवि भोपाळदान सांदू महाराजा से मिलने आए। महाराजा को विषादग्रस्त देखकर उन्होंने उनकी क्षमता का स्मरण कराते हुए कहा–

नीम थंभ केई पाट नृप छत कपाट के छज्ज ।
धरम देवालय कळश धज धिनो मान कमधज्ज ।।

कवि की वाणी का चमत्कारिक प्रभाव हुआ। महाराजा अपने आसन से उठ खड़े हुए। प्रसन्न वदन कवि का स्वागत किया। उनकी अगवानी की और अपने करीब आधी गद्दी पर बिठाया यह देखकर बरकतअली रोषपूर्ण स्वर में बोला, "महाराजा के चित्तभ्रमित होने की बात में कोई दम नहीं है। कोई स्थिरमति व्यक्ति ही कवि का ऐसा सम्मान कर सकता है। अगर महाराजा विक्षिप्त होते तो कवि को इतना सम्मान कैसे दे सकते थे?" इसका कारण स्पष्ट करते हुए महाराजा मान ने कहा–

सांदू हूंफै सेवियौ साहब दुरजन सल्ल ।
बिड़दां माथौ बोलियौ गीतां दूहां गल्ल ।।

अर्थात्–सांदू हूंफा ने शूरवीर दुर्जनशाल की प्रशस्ति का अद्भुत कार्य कर दिखाया। अपने गीतों और दूहों द्वारा उनके बिड़दाने का ही यह प्रभाव था कि रणभूमि में दुर्जनशाल का कटा हुआ मस्तक भी बोल उठा था।

घटना यों घटित हुई थी कि जैसलमेर के रावळ दुर्जनशाल सन् 1311 ई. के आस-पास फिरोज़ तुगलक की सेना से लड़ते हुए काम आए। जैसलमेर का साका हो चुका था। उस समय दुर्जनशाल की एक रानी अपने पीहर खींवसर गयी हुई थी। जैसलमेर पहुँचने पर जब उसे साके का पता चला तो उसने भी सती होने का निश्चय किया। पर कठिनाई यह थी कि रणभूमि में पड़े हजारों शवों में दुर्जनशाल को कैसे ढूँढ़ा जाय। रानी ने इस दुस्साध्य कार्य के लिये कवि हूंपकरण सांदू से मदद माँगी। कवि राज रानी के साथ युद्धक्षेत्र में गये और दुर्जनशाल की वीरता का ऐसा जोशीला महिमागान किया कि उनका कटा

हुआ मस्तक बोल उठा। रानी रणांगण से पति का मस्तक लेकर आयीं और सती हो गयीं।

महाराजा मानसिंह ने उपर्युक्त दूहे में इसी घटना को रेखांकित करते हुए कहा कि जब कवि की ओजस्वी वाणी से छिन्न मस्तक बोल उठा तो मैं तो अभी जीवित हूँ और गुणनिधान कवि का सम्मान नहीं करूँ, ऐसा कैसे संभव है? हम राजाओं पर इन कवियों का बड़ा ऋण है।

कटे हुए मस्तिष्क का बोलना तो खैर जनश्रुति है किन्तु तर्कसंगत बात यह है कि उस भीषण युद्ध में रावळ दुर्जनशाल के हाथ-पैर कट चुके थे और वे सर्वथा असहाय अवस्था में रणभूमि में पड़े हुए थे। उनकी खोज में आये कवि हूंफा ने उन्हें बिड़दाया तो दुर्जनशाल अपनी असहाय अवस्था का हवाला देते हुए बोले–

व्हैता जो पग-हाथ उठ'र सामी आवतौ ।
मिळतौ बाथौ-बाथ हियौ मिळा'र हूंपड़ा ॥

अर्थात्–"यदि मेरे पैर और हाथ साबित होते तो मैं उठकर तेरे सामने आता। हे हूंपा, तुम्हें बाहों में भर कर हृदय से लगा लेता।" इसके बाद रावळ दुर्जनशाल ने प्राण त्याग दिये और रानी ने सती होने का अपना संकल्प पूरा किया।

102.

महाराजा मानसिंह के शासनकाल में नाथों की मनमानी पर रोक लगाने के लिये उनके प्रतिभार स्वरूप महाराजा के एकमात्र पुत्र युवराज छत्रसिंह को प्रभावशाली दरबारियों ने वल्लभ संप्रदाय में दीक्षित करवा दिया। फलतः नाथों का दबदबा घट गया। उन दिनों मानसिंह राजकाज से उदासीन होकर एकांतसेवी हो गये थे। उनके काव्य गुरु कविराजा बाँकीदासजी भी नाथों के कुकृत्यों से दुःखी थे पर महाराजा को कुछ कहने का साहस नहीं होता था। छत्रसिंह के वल्लभ संप्रदाय में दीक्षित हो जाने पर बदले हुए हालत विषयक उन्होंने एक व्यंग्यात्मक छप्पय लिखा। किसी ने इसकी शिकायत मानसिंह से की तो तत्काल बाँकीदास को देशनिकाला दे दिया गया। वे उदयपुर महाराणा भीमसिंह के पास चले गये। इस सम्बन्ध में उन्होंने लिखा–

महाराजा नृप मान री गुणग्राहकता जोय ।
लाख पसाव तो अेक दियौ, देश निकाळा दोय।।

103.

प्रारंभ से ही अत्यन्त प्रतिकूल परिस्थितियों के थपेड़े खाते महाराजा मानसिंह के चिंतन व कार्यों में संतुलन का अभाव सा हो गया था। रीझ व खीझ की स्थिति में उनका व्यवहार अति की सीमाओं को छू लेता था। स्वयं अच्छे कवि और कविता के कद्रदाँ होनें के कारण कवियों को मुक्त हस्त से प्रायः लाख पसाव देते रहते थे। इससे राजकोष पर पड़ने वाले भार के संदर्भ में दीवान सिंघवी इन्द्रराज ने अर्ज़ की कि इस तरह लाख पसाव देने से तो राजकोष खाली होने में देर नहीं लगेगी। इस पर महाराजा बोले, ''लाख रुपये कितने होते हैं, मेरे सामने ढ़ेर लगाओ।'' दीवान ने चाँदी के लाख कलदार का ढ़ेर लगवा दिया। उसे देखकर मानसिंह बोले, ''बस इतना सा ढ़ेर ही? आगे से मैं कवियों को दो लाख रुपये दिया करूँगा। इस प्रकार तो मैंने कवियों का अपमान किया है।'' इस पर इन्द्रराज का कहना था कि यदि 'मसूरिया' का भाखर सोने का हो जाए तो फिर आप जिस तरह चाहें कवियों को पुरस्कृत करते रहें। नहले पर दहला मारते हुए महाराजा बोले, ''तब मैं सारा भाखर एक ही कवि को दे दूँगा।''

104.

महाराजा मानसिंह के कुछ अंतरंग कवि मित्र भी थे। जिनसे वे काव्य चर्चा के अतिरिक्त निजी मसलों पर भी परामर्श और सहायता लेते थे। एक बार उनकी एक सुंदरी पड़दायत किसी बात पर रूठ गयी। उसे मनाने के मानसिंह के सारे प्रयत्न निष्फल हो गये तब उन्होंने अपने कवि मित्रों कविराजा बाँकीदास, उत्तमचंद भंडारी और गुमानसिंह से अपनी व्यथा कही। मसले पर विचार-विमर्श के बाद तय हुआ कि महाराजा सहित तीनों कवि उस सुन्दरी के पास जाएँगे और एक-एक पंक्ति में उस मानिनी को मान छोड़ने का आग्रह करेंगे। कवित्रयी उसके पास गयी और अपना-अपना आग्रह इस प्रकार व्यक्त किया–

बाँकीदास – .... बाँक तजौ बातां करौ
उत्तमचंद – .... उत्तम चित्त गति आण

गुमानसिंह – .... गुर गुमान तज री सखी
मानसिंह – .... मान कहै मान री

105.

चारणों पर मानसिंह विशेष कृपालु थे। उनसे कोई अपराध भी हो जाए तो क्षमा कर देते थे। राजपूतों व चारणों के आत्मीय सम्बन्धों के बारे में उनका कहना था–

गिण पृथ्वी में गंध पवन में जो सुपरखण
शीतल रस जल साथ अगन मांहि ज्यूं ऊषण
सून मांहि ज्यूं शबद शबद में अर्थ हले स्वर
पिंड मांहि ज्यूं प्राण प्राण में ज्यूं परमेश्वर
रग रग ही रगत छायौ रहै देह विषय ज्यों दारणां
क्षत्रियां साथ नातौ छतौ चोली दामन चारणां

106.

महाराजा मानसिंह के शासनकाल में एक बार पोकरण की हवेली में बड़ा जलसा आयोजित हुआ जिसमें करीब आठ-नौ सौ मेहमान आमंत्रित थे। मेहमानों में अत्यन्त दंभी भाद्राजून ठाकुर इन्द्रभान भी शामिल थे। चूंकि भाद्राजून चौरासी गाँवों की जागीर वाला बड़ा ठिकाना था और वहाँ के ठाकुर को 'राजा' का खिताब प्राप्त था, अतः इन्द्रभान के पाँव जमीन पर नहीं पड़ते थे। अहंकार के वशीभूत होकर उसने इस जलसे में चारणों के बारे में अपमानजनक शब्दों का प्रयोग करना शुरू कर दिया। वहाँ उपस्थित अन्य चारण और राजपूत तो भीगी बिल्ली बने रहे पर स्वाभिमानी भोपाळदान सांदू को यह बहुत नागवार गुजरा। उन्होंने ठाकुर को टोकते हुए बदजुबानी से बाज आने को कहा पर उसने कोई ध्यान नहीं दिया। भोपाळदान ने फिर कहा, बहुत हो चुका। अपनी जुबान काबू में रखो, अन्यथा परिणाम अच्छा नहीं होगा। पर ठाकुर पर कोई असर नहीं हुआ। उसने शिष्टाचार की सारी मर्यादाएँ तोड़ना जारी रखा।

अब कविराज से नहीं रहा गया और ठाकुर को चेतावनी देते हुए कहा, 'इन्द्रभान संभल जा।' उनका रौद्ररूप देखकर बाकी सरदार सकते में आ गये

और उन्हें शांत करने का प्रयास करने लगे पर ठाकुर की बदजुबानी इतनी बढ़ चुकी थी कि कवि के क्रोध की ज्वाला धधक उठी। उन्हों ने अपनी कटार ठाकुर की ओर जोर से फेंकी, जो उसके कलेजे को चीरती हुई पीठ की तरफ निकल गयी। ठाकुर तड़पता हुआ नीचे गिर पड़ा पर गुनाहगार वही था। कवि को तो स्वाभिमान की रक्षा के लिये यह कदम उठाने को विवश होना पड़ा। इस घटना को बाँकीदास वीठू ने इस प्रकार प्रस्तुत किया–

जाडाळा थंड में जबर गाढ़ाळा कर गाढ़ ।
भोपाळा बाही भलां दाढ़ाळा जमदाढ़ ।।

बाघरूप बोकारियौ चवड़ै छाती चाढ़ ।
भाद्राजूण इन्द्रभांण रै जड़ी भोप जमदाढ़ ।।

हुई बात अखियांत पोकरण री हवेली बात रख कटारी हूंत लड़ियौ ।
आठ सह नरां बिच मालहर आछटी पाँच सह कोस पळळाट पड़ियौ।।

107.

महाराजा मानसिंह की गुणग्राहकता अनुपम थी। फलतः किसी भी क्षेत्र के ख्यातिनाम व्यक्ति को उनके दरबार में भरपूर मान-सम्मान मिलता था। उन्हें जैसे ही किसी गुणनिधान शख्स के बारे में पता चलता, उसे जोधपुर दरबार में स्थान ग्रहण करने हेतु विशेष आग्रह करने में संकोच नहीं करते थे। इसी के चलते जब उन्हें प्रसिद्ध कवि जुडिया के मानजी लाळस के भाद्राजूण ठिकाने की शोभा बढ़ाने का समाचर मिला तो उन्होंने ठाकुर को संदेश भिजवाया कि मानजी को जोधपुर भेजने का अनुग्रह करें। ठाकुर की कविराज से बहुत आत्मीयता थी। उनसे बिछुड़ना उसके लिये दुःख के पारावार में डूबने के समान था। अतः उसने इस बारे में अपनी असमर्थता व्यक्त करते हुए महाराजा से अर्ज़ किया–

दुख में धीरज देवणौ सुख में छाती चेक ।
म्हारै लाळस मांनड़ौ आँधा लकड़ी अेक ।।

अर्थात्–दुःख मे धीरज बँधाने वाला, सुख में हर्षित होने वाला मेरे लिये लाळस मानजी अंधे की लाठी के समान है।

108.

मारवाड़ राजघराने के दो ही शासक अपने विद्यानुराग के लिये आदर से याद किये जाते हैं। वे हैं, महाराजा जसवंतसिंह प्रथम और महाराजा मानसिंह। उनमें भी मानसिंह विशेष रूप से उल्लेखनीय हैं क्योंकि अपने चालीस वर्ष के शासनकाल में उन्हें निरन्तर प्रतिकूलताओं से जूझना पड़ा। भीतरी और बाहरी शत्रुओं ने उन्हें कभी चैन की साँस नहीं लेने दी। इसके बावजूद उन्होंने अपनी सारस्वत साधना की दीपशिखा पर आँच नहीं आने दी। उन्होंने स्वयं भी उच्चकोटि का साहित्य सृजन किया और मेहरानगढ़ में 'पुस्तक प्रकाश' के नाम से ग्रंथालय की भी स्थापना की, जिसमें देश के विभिन्न भागों से ग्रंथ मंगवा कर रखे गये और कई लेखकों को प्रश्रय दिया गया। 'पुस्तक प्रकाश' की स्थापना के अवसर पर ग्रंथ लेखन की महत्ता को उजागर करते हुए उन्होंने कहा–

जस आखर लिखै न जठै वा धरती मर जाय।
संत, सती और सूरमा सब ओझल व्है जाय।।

109.

महाराजा मानसिंह को जिन हालत में राज्याधिकार प्राप्त हुआ था, उसका गहरा असर उनकी शासन व्यवस्था पर पड़ा। उस व्यवस्था में जहाँ एक ओर नाथों की स्वेच्छाचारिता से जन सामान्य घोर दुःखी थे, वहीं दूसरी ओर चारणों को मुक्तहस्त से गाँव इनायत किये जा रहे थे और तीसरे दरबार से जुड़े राजन्य वर्ग के भ्रष्टाचार से प्रजा का जीवन जैसे भयानक दुःस्वप्न बनकर रह गया था। उस स्थिति से घनघोर दुःखी प्रजा की पीड़ा इस प्रकार व्यक्त हुई–

न्याय नीति रौ नगर में सुणै न कोई सवाल।
कहो जोशी इण नगर रौ हुसी कांई हवाल।।

इस प्रश्न का प्रत्युत्तर था–

मरसी चारण मुलक रा प्रोहित पड़सी पार।
निरवंश जासी नाथड़ा तद होसी निस्तार।।

110.

महाराजा मानसिंह को मारवाड़ का राज्याधिकार मिलना एक दुर्लभ

संयोग था। उनके चाचा भीमसिंह की चेचक से अचानक मृत्यु हो जाने से पासा पलट गया। सिंघवी इन्द्रराज, जो जालोर का घेरा डाले हुए था, उसने घेरा उठा दिया और मानसिंह को ससम्मान जोधपुर लाकर उनकी ताजपोशी करवायी। यह बात कई सामंतों को नागवार गुजरी, जिनमें पोकरण ठाकुर सवाईसिंह अग्रणी था। मानसिंह के मार्ग को कटंकाकीर्ण बनाने के लिये उसने एक कुटिल चाल खेली। उसने यह अफवाह फैला दी कि भीमसिंह की एक रानी गर्भवती है और उसी की संतान को गद्दी पाने का अधिकार होगा। बाद में कहीं से एक शिशु लाकर बात फैला दी कि रानी ने बेटे को जन्म दिया है। उसका नाम धोकलसिंह रख दिया और मानसिंह को बेदखल करने के लिये जयपुर व बीकानेर के राजाओं को जोधपुर पर हमला करने के लिये उकसाया।

इन दोनों राजाओं ने सवाईसिंह की दुरभि संधि को सफल बना दिया। जोधपुर नगर का घेरा डाल दिया गया। इस घटना से कुछ पहले मानसिंह ने दीवान इन्द्रराज को गलतफहमी के कारण कैद कर दिया था। पड़ोसी राजाओं के द्वारा पैदा की गई परेशानी का निस्तारण करने के लिये इन्दरराज को कैद से मुक्त किया। पुनः दीवान पद पर नियुक्त किया और दुश्मनों के पंजे से जोधपुर छुड़ाने का दायित्व सौंपा। इन्दरराज ने अपने रणकौशल व कूटनीतिक कौशल से यह काम कर दिखाया। उसकी इस उपलब्धि की सराहना करते हुए महाराजा ने कहा–

पड़तां घेरौ जोधपुर आतां दळां असंभ ।
आभ डिगंतां ईंदड़ा थैं दीधौ भुजथंभ ॥

111.

महाराजा मानसिंह के शासनकाल में राज मारवाड़ में मुसद्दियों के दाँव-पेचों और नाथों की स्वेच्छाचारिता ने राज्य को अत्यन्त शोचनीय स्थिति में पहुँचा दिया। नित नये षड़्यंत्र। कुचक्रियों ने मानसिंह के एकमात्र पुत्र छतरसिंह को अपनी सियासी चालों का मोहरा बनाया। मानसिंह सारे घटनाक्रम से इतने खिन्न हो गये कि उन्होंने शासनकार्य से हाथ खींच लिया। युवराज को अधिकार सौंप दिये। कुसंगति में पड़कर उसकी अकाल मृत्यु हो

गई। इधर दरबार में नित नये षड़्यंत्रों की बाढ़ आ गई। सत्ता के खेल में उलटफेर चलते दीवान बदलते रहे। मूथा अखैचंद तीसरा दीवान बना। उसके पहले गुलराज व सिंघवी इन्दरराज दीवानी कर चुके थे। अखैचंद ने जब अपने पद का दुरुपयोग करना शुरू कर दियां तो उसे सचेत करते हुए एक कवि ने कहा—

अखा मत कर ओरतौ जीती गयौ न कोय।
इंदो तो इंद्रबोळां उतरे (अर) गुलो गढ़ां में जोय॥

112.

महाराजा मानसिंह के शासनकाल को अत्यधिक दुःसह परिस्थिति में डालने वालों में पोकरण ठाकुर सवाईसिंह अग्रणी था। उन्हें सत्ता से बेदखल करने के लिये उसने कोई भी उपाय नहीं छोड़ा। यहाँ तक कि अमीर खाँ पिंडारी जैसे दुर्दान्त लुटेरे से भी हाथ मिला लिया। उसने महाराजा की जीवन इतना दुश्वार कर दिया था कि उससे मुक्ति पाने के लिये अंततः उन्हें काँटे से काँटा निकालने की युक्ति का सहारा लेना पड़ा।

महाराजा ने अमीर खाँ के हाथों ही सवाईसिंह का काम तमाम करवाने की योजना बनायी। योजना के अनुसार अमीर खाँ ने सवाईसिंह से मित्रता का नाटक किया। उसका पगड़ी बदल भाई भी बना। नागोर जिले के मुंडवा नामक स्थान पर दोनों के शिविर लगे। षड़्यंत्र के तहत अमीर खाँ ने रात के वक्त सवाईसिंह के शिविर के रस्से काट डाले और फिर उसमें आग लगा दी। इस प्रकार धोखे सेउसने इस काम को अंजाम दे दिया। इस घटनाक्रम को समकालीन कवि ने इस प्रकार अभिव्यक्ति दी—

मियां जो दीधी मीरखां कमधां बीच कुराण।
रह्या भरोसे से राम रै (नी' तो) पड़ती खबर पठाण॥

113.

अपनी विद्वता, गुणग्राहकता व दरियादिली के लिये चर्चित महाराजा मानसिंह के विरोधियों की तादाद भी काफी बड़ी थी। इन विरोधी सरदारों के यहाँ भी चारण कवियों का आना-जाना लगा रहता था। एक दिन एक विरोधी सरदार की बैठक में महाराजा की दानशीलता की चर्चा चली। उस दौरान वहाँ

उपस्थित एक कवि ने जालोर के घेरे में महाराजा की प्रभूत सेवा करने वाले कवि केसरदान का जिक्र करते हुए कहाः–

केसरो हुतौ मोटो कवि
गांम गांम करतौ मुवौ

संदर्भ यह था कि मानसिंह ने राज्यरोहण के पश्चात् संकटकाल में साथ देने वालों लोगों को पुरस्कृत किया किंतु केसरदान को भूल गये। अपनी गलती का स्मरण आने पर उसके पुत्र की खोज करवायी। उसे दरबार में बुलाया और दो गाँव इनायत किये। दो गाँव प्रदान करने के बारे में महाराजा का कहना था कि मेरे विरोधी के कवि ने अपने दूहे में दो बार 'गाँव' शब्द का प्रयोग किया था, इसलिये केसरदान के बेटे को दो गाँव दिये गये।

114.

भारत में अपने वर्चस्व के विस्तार के लिये सतत प्रयत्नशील ब्रिटिश ईस्ट इंडिया कंपनी 1818 ई. तक मारवाड़ के अलावा राजस्थान की शेष सभी रियासतों को मैत्री संधि के नाम पर अपने अधीन कर चुकी थी। इस मामले में महाराजा मानसिंह ने दृढ़ता दिखायी। उन्होंने राजगद्दी छोड़ कर सन्यास धारण करने का अतुल्य साहसी कदम उठा लिया पर कंपनी की अधीनता स्वीकार नहीं की। इसी दौरान तत्कालीन गवर्नर जनरल लॉर्ड विलियम बैंटिक ने अजमेर में एक सम्मेलन आयोजित किया जिसमें राजस्थान की तमाम रियासतों के राजाओं को सम्मिलित होने के निर्देश दिये गये। पूरे राजस्थान में अकेले मानसिंह ऐसे शासक थे, जिन्होंने इस सम्मेलन का बहिष्कार किया। उनके इस साहसिक निर्णय की प्रशंसा करते हुए एक समकालीन कवि ने कहा–

सारा हिन्दुस्थान रा आन मिळिया नृप आज।
लाट तिणै सम लेखियौ मानसिंघ महाराज।।

अर्थात्–तमाम हिन्दुस्तान के राजा आज समवेत हो गये। किन्तु महाराजा मानसिंह ने लाट (गवर्नर जनरल) को तिनके के समान गिनकर उसके आदेश की अनदेखी की।

115.

कविराजा बाँकीदास महाराजा मानसिंह के काव्यगुरु के प्रतिष्ठित पद पर आसीन थे। राज-काज में उनकी तूती बोलती थी। राज मारवाड़ के तमाम अहम फैसले उन्हीं की सलाह से होते थे। मगर मानसिंह के काव्य गुरु बनने से पहले उनकी कोई विशेष पूछ नहीं थी और न ही कोई नामवरी। उस समय बगड़ी ठाकुर अर्जुनसिंह ने हर तरह से उनकी बहुत मदद की थी। ख्याति के शिखर पर पहुँचने के बाद भी बाँकीदास ने ठाकुर के उपकार को नहीं भुलाया। कृतघ्नता से कोसों दूर कविराजा अक्सर ठाकुर अर्जुनसिंह की मेहरबानियों का भाव विभोर होकर वर्णन किया करते थे। एक दिन ठाकुर की मौजूदगी में महाराजा मानसिंह के सम्मुख किसी पुराने प्रसंग पर बात छिड़ने पर कविराजा ने ठाकुर के उपकारों को याद करते हुए कहा–

माळी ग्रीखम मांहि पोख घणौ द्रुम पाळियौ ।
जिण रौ गुण किम जाहि अति घण वूठां ही अजा ।।

अर्थात् अपने जीवन में ठाकुर अर्जुनसिंह की भूमिका को प्रतीकों के माध्यम से स्पष्ट करते हुए कविराजा ने कहा, माळी (अर्जुनसिंह) ने ग्रीष्मऋ्तु (अभाव के दिनों में) बड़े जतन से पौधे (बाँकीदास) की सार-संभाल की। तुम्हारे उस उपकार को आज भरपूर वर्षा (मानसिंह की कृपा) होने पर भी हे अर्जुनसिंह! कैसे भुलाया जा सकता है?

116.

महाराजा मानसिंह के दरबार में विशेष सम्मान प्राप्त एक कवि थे, रासौजी। अपनी लासानी हाजिरजवाबी के चलते उनके महाराजा से दोस्ताना ताल्लुकात थे। एक बार वे मारवाड़ के एक बड़े ठिकाने में गये, जहाँ का ठिकानेदार अपनी हद दर्जे की कंजूसी के लिये जाना जाता था। चूंकि रासौजी मारवाड़ दरबार के नामी-गिरामी कवि थे, लिहाजा उन्हें उम्मीद थी कि उनकी अच्छी आवभगत होगी। लेकिन भोजन के वक़्त उनके लिये जो थाळ आया, वह ठिकानेदार के सूमपने का बखूबी बयान कर रहा था। दो-चार कच्ची पक्की बिना चुपड़ी रोटियाँ, पानी जैसी कटोरी भर दाल और थोड़ा सा नमक थाली

की शोभा बढ़ा रहे थे। ऐसा भोजन करना तो संभव नहीं था और उधर भूख अपना करतब दिखा रही थी।

ठाकुर पास ही बैठा था। उसकी ऐसी बेहूदी मेहमाननवाजी के लिये उसे शर्मसार करने की रासौजी ने एक तरकीब सोची। वे झट से उठे। सिर पर से साफा नीचे रखा। अंगरखा उतारा और धोती के ''खोळे'' ऊपर चढ़ाये। ठाकुर को माजरा कुछ समझ में नहीं आया। उसने बेताबी से पूछा, ''कविराजा, यह आप क्या कर रहे हैं?'' रासौजी बोले, ''ठाकुर सा'ब, मैं आपकी रसोई सेआयी दाल में 'चुंबाकी' (गोता) लगाकर ठेठ तले तक जाकर देखूंगा कि इसमें दाल का कोई दाना है या नहीं। इसीलिये मुझे अपना साफा, अंगरखा वगैरह उतारने पड़े हैं।'' ठाकुर को अपनी गलती का एहसास हो गया और कविराजा के लिये दूसरा बढ़िया थाळ मंगवाया गया।

117.

राजस्थान में संबोधनपरक नीति काव्य की बहुत पुरानी परंपरा है। विभिन्न कवियों ने अपने विश्वस्तों और वफ़ादार खिदमतगारों को संबोधित कर उच्चकोटि के नीति के दूहे रचे। दूहा की 'सोरठा' विधा में रचे गये ये सोरठे आज भी लोकमानस में घर किये हुए हैं। इन सोरठों में सर्वाधिक ख्याति और लोकप्रियता सीकर निवासी कृपारामजी खिड़िया रचित 'राजिया' के सोरठों को मिली।

महाराजा मानसिंह, जो स्वयं बहुत अच्छे कवि थे, अपने समकालीन कवि द्वारा रचित इन सोरठों से बहुत प्रभावित थे। इन दूहों की लोकप्रियता से मुतासिर महाराजा उस खुशकिस्मत शख्स से मिलने को बहुत उत्सुक थे जिसे सम्बोधित कर इतने सुंदर सोरठे रचे गये थे। चुनांचे राजिया को ससम्मान जोधपुर आमंत्रित किया गया। किले में उसकी खूब खातिरदारी की गयी और सप्ताह भर बाद अच्छी भेंट देकर विदा किया गया। इन सोरठों की गुणवत्ता से गद्‌गद् स्वयं महाराजा ने राजिया को संबोधित करते हुए कहा–

सोने री साजांह जड़िया नग कण सूं जिकौ ।
कीधौ कवराजांह राजां मालम राजिया ।।

अर्थात्–ये सोरठे सोने के आभूषण के समान हैं जिनमें रत्न जड़े हुए हैं। ये सोरठे रचकर हे राजिया! कविराज ने तुम्हें राजाओं में भी श्रेष्ठ स्थान पर आसीन कर दिया है।

118.

विद्या व्यसनी महाराजा मानसिंह नाथ संप्रदाय के परम निष्ठावान भक्त थे। राज्य के खजाने से कवियों, कलाकारों व गुणीजनों को जो कुछ ईनाम इकरार आदि दिये जाते थे, वे 'नाथजी के कोठार' से दिये हुए माने जाते थे। एक बार मेवाड़ रियासत के भादा शाखा के विद्वान कवि की विद्वता पर रीझ कर महाराजा ने "नाथजी के कोठार" से उन्हें लाख पसाव देने का हुक्म जारी किया। हुक्म सुनकर कवि ने अर्ज़ किया, "नाथजी महाराज जैसे श्री हुजूर के, वैसे ही सभी हिन्दुओं और मेरे लिये भी पूज्य हैं। उन्हें अपनी हैसियत के मुताबिक कुछ नज़र करना मेरा फर्ज़ है। उनसे कुछ लेने की छूट मेरा धर्म मुझे नहीं देता।" चुनांचे देवनाथजी के चरणों में पाँच रुपये चढ़ाकर लाख पसाव का त्याग कर भादा कवि ने विदाई ली। इस घटना का साक्षी यह दूहा प्रसिद्ध है–

भादा थे भारी करी महिपत आगळ मांन ।
झिलतौ छोड्यौ जोधपुर देवनाथ रौ दांन ।।

इसी तरह कुछ दिनों के उपरान्त मारवाड़ के गाँव छीलै के बारहठ लच्छीरामजी ने महाराजा मानसिंह को अपनी काव्य प्रतिभा से प्रभावित किया। महाराजा ने रीझ कर कवि को सिरौपाव भेंट करते हुए कहा, "नाथजी महाराज के कोठार से नजर है।" यह सुनते ही कवि रुष्ट हो गये और उसी समय एक गीत कहा जिसकी आखिरी पंक्ति में ऐसे सम्मान की अस्वीकार्यता को यूँ उभारा–

"लेवण जोग नहीं लाडा रौ कनफड़ां रौ दान ।"

इस प्रकार कविसरों का एतराज देखते हुए मानसिंह ने ऐसे प्रसंगों में "नाथजी का कोठार" शब्द प्रयोग करना छोड़ दिया।

इस सम्बन्ध में यह दूहा प्रचलित है–

लछौ जाचै जोधपुर जैपर जाचण जाय ।
थूं लाडू किण होश में सिंघ घास न खाय ।।

119.

महाराजा मानसिंह के शासनकाल में राज मारवाड़ में नाथ सम्प्रदाय को अत्यधिक मान सम्मान प्राप्त था, उसका इस सम्प्रदाय ने बहुत अनुचित लाभ उठाकर आम लोगों का जीना हराम कर रखा था। जागीरदार, ठिकानेदार भी राजकाज में नाथों के अनुचित हस्तक्षेप से बहुत क्षुब्ध थे किन्तु उनके नागपाश से मुक्ति का कोई उपाय नहीं सूझ रहा था। नाथ स्वयं में शक्ति केन्द्र बन चुके थे। आयस देवनाथ की अमीरखाँ पिंडारी द्वारा हत्या किये जाने के बाद लाडूनाथ गुरुगद्दी पर थे। नाथों का उत्पात यथावत जारी था। पुराने सत्ता केन्द्रों ठिकानेदारों को यह स्थिति बहुत नागवार गुजर रही थी।

लाडूनाथ को रास्ते से कैसे हटाया जाए, इस मुद्दे पर विचार करने के लिये कुछ ठिकानेदारों और चारण कवियों की गुप्त बैठक बुलायी गयी। चूंकि लाडूनाथ महाराजा के आध्यात्मिक गुरु थे, अतः प्रत्यक्षतः तो उन्हें मार्ग से हटाना असंभव था। इसलिये एक कूटनीतिक छल का सहारा लिया गया ताकि साँप भी मर जाए और लाठी भी न टूटे।

बाड़मेर जिले के घोड़ाई गाँव के रतनू गौत्र के एक चारण कवि ने उपाय सुझाया। गिरनार पर्वत पर स्थित सोरठ महल सदियों से बंद रहने के कारण उसमें कुछ ऐसी विषैली गैसें व्याप्त हो गयी थीं कि महल में प्रवेश करने वाला व्यक्ति उनके प्रभाव से मृत्यु का ग्रास बन जाता था। कवि ने कहा कि लाडूनाथ के तपोबल और सिद्धि की झूठी तारीफ के पुल बाँधकर उसे सोरठ महल में प्रवेश करने के असंभव कार्य को अंजाम देने के लिये उकसाया जाए। रतनू गौत्र के इस कवि ने अपनी वाक् चतुराई से लाडूनाथ को इस काम के लिये तैयार कर दिया और वे गिरनार जा पहुँचे। बंद पड़े सोरठ महल को खोलकर जैसे ही वे अंदर दाखिल हुए विषैली गैस ने अपना काम कर दिया। बाद में महाराजा को सारे षड्यन्त्र का पता चला तो उन्होंने सभी साधु बाबाओं को सचेत करते हुए 'रतनू' गौत्र के किसी कवि के नजदीक नहीं फटकने की सलाह देते हुए कहा–

बाबा बारणियै रतनू कोई मत राखजौ ।
चुगल चारणिये मांन तणौ गुरु मारियौ ।।

अर्थात्–बाबा किसी 'रतनू' को अपने पास फटकने मत देना। कपटी चारण ने मानसिंह के गुरु को मार डाला।

गुरु के अभाव में मानसिंह की व्यथा इस प्रकार प्रकट हुयी–

कूकै कोयलिया मधुर न बोले मोरिया।
जोगी जोय लिया म्हारा गुरु रहग्या गिरनार में॥

120.

महाराजा मानसिंह के आध्यात्मिक गुरु आयस देवनाथ की मेहरानगढ़ के ख़्वाबगाह महल में अमीर खाँ पिंडारी द्वार हत्या कर दिये जाने के बाद लाडूनाथ उनकी गद्दी पर आसीन हुए। उनके प्रति भी महाराजा का सघन श्रद्धाभाव था। जाहिर है कि उनका भी गगनचुम्बी यशोगान किया गया। जो दृष्टव्य है–

कागां धवळा केश हथणी जाया हळ वहै।
जस थारौ जोगेश लाखां कोसां लाडुवा॥

अर्थात्– हे योगीश्वर लाडूनाथ ! आपके यश से कौए भी श्वेत हो गये हैं और हाथी भी हल़ जोतने में प्रयुक्त हो रहे हैं। आपका यश लाखों कोसों तक फैला हुआ है।

121.

लाडूनाथ कवियों के कद्रदान थे। अतः कवियों को प्रचुर मात्रा में द्रव्य पुरस्कार के रूप में मिलता था। गिरनार अभियान में उनकी असामयिक मृत्यु के पश्चात् कविगणों के मान-सम्मान की सरिता सूख गयी। उस प्रतिकूलता को रेखांकित करते हुए कहा गया–

कवियां करौ कतार हळ खड़ियां सधसी अबै।
हाथी बगसणहार मारग लागौ लाडुवौ॥

अर्थात्– हे कवियों ! अब यहाँ से प्रस्थान की तैयारी करो। अब हल चलाने से ही निर्वाह होगा क्योंकि हाथियों का दान करने वाले लाडूनाथ अब नहीं रहे।

122.

महाराजा मानसिंह के उथल-पुथल भरे शासनकाल को दरबारियों की

भीतरघातों ने लस्त-पस्त करने में कोई कसर नहीं छोड़ी। यहाँ तक कि उनकी एक रानी ने उन्हें जहर देकर मारने का भी षड्यन्त्र रचा। चारों ओर की खुराफ़ातों से तंग आकर उन्हें साल भर तक विक्षिप्त होने का भी स्वांग भी करना पड़ा। इस अवधि में उनका विश्वस्त माली अपने घर से सादा भोजन (सोगरा और मूंग की दाल) बना कर लाता था। दूसरी ओर ईस्ट इंडिया कंपनी सरकार रियासत को अपने शिकंजे में कसने के लिये मौके की तलाश में थी। अन्दरूनी कलह का फायदा उठाते हुए अंग्रेजों ने गढ़ अपने कब्जे में कर लिया। राज परिवार को गढ़ खाली करके तलहटी में बने निवास में रहने को विवश होना पड़ा। ऐसी विकट विपदा में मानसिंह को अपने विश्वस्त और पराक्रमी सामंत साथीण ठाकुर शक्तिसिंह का अभाव बहुत खटका। अपने उस वफ़ादार सामंत को याद करते हुए उन्होंने कहा–

राणियां तळैटी ऊतरै राजा भुगतै रेस।
गढ़ ऊपर गोरा फिरै सुरग गयां सगतेश॥

अर्थात्–रानियों को महलों से नीचे उतर कर तलहटी में जाना पड़ रहा है और राजा विपदा भुगत रहा है। शक्तिसिंह के स्वर्ग चले जाने पर गढ़ पर गोरों का अधिकार हो गया है।

123.

महाराजा मानसिंह का शासनकाल मारवाड़ के इतिहास में उथल-पुथल की पराकाष्ठा की दृष्टि से विशेष रूप से चर्चित है। आंतरिक षड्यंत्रों व बाहरी हमलों के चलते स्थिति बहुत डावां डोल रही। नाथ संप्रदाय की आपा-धापी, मराठों व पिंडारियों की लूट खसोट ने जीवन दूभर कर दिया था। पर सारी मुसीबतों के बीच महाराजा का साहित्यानुराग व कलाप्रेम अप्रतिहत रहा। वे काव्य, संगीत व चित्रकला के नामी कद्रदान थे।

विलक्षण प्रतिभा के धनी कविराजा बाँकीदास उनके काव्य गुरु थे। उनके निधन पर मातमपुरसी के लिये महाराजा उनकी हवेली पर गये और इन मरसियों के माध्यम से अपनी व्यथा व्यक्त की–

सद्विद्या बहुसाज वांकी थी वांका वसू।
कर सूधी कवराज आज कठीगौ आशियौ॥

विद्या कुळ विख्यात राज काज हर रहसरी ।
बांका तो बिन बात किण आगळ मन री कहां ।।

राज्यारोहण से पहले महाराजा मानसिंह को अपने चाचा भीमसिंह की प्रचंड राज्यलिप्सा के फलस्वरूप जालोर के किले में घेराबंदी में समय बिताना पड़ा। संकट की उस घड़ी में कई स्वामीभक्त जागीरदारों के अलावा सत्रह चारणकवियों ने भी उनका भरपूर साथ दिया। इस सम्बन्ध में जनमानस में यह दूहा प्रचलित है–

ठौड़ ठौड़ जंबक त्रहत्र हिया भड़ थहिया के छोड़ भव ।
वाली लाज तजै के बहिया सतरै जद रहिया सुकव ।।

124.

कविहृदय, गुणग्राहक महाराजा मानसिंह अपनी रीझ और खीझ, दोनों की पराकाष्ठा के लिये जाने जाते हैं। किसी पर प्रसन्न हुए तो उसकी पौ बारह पच्चीस और दुर्भाग्यवश किसी पर कुपित हो गये तो उस अभागे की जान के लाले पड़ जाते थे। उनके काव्यगुरु व घनिष्ठ मित्र कविराजा बाँकीदास भी उनकी इस प्रकृति की आँच से झुलसे बिना नहीं रह सके।

महाराजा ने एक बार उनकी काव्य प्रतिभा की प्रशंसा करते हुए कहा, ''बाँका थारी बाँक नै काढ़ सक्यौ न कोय'' इस पर बाँकीदास उनकी खीझ के परिणाम को उजागर करते हुए बोले–

लाख पसाव तो अेक है
देश निकाळा दोय

बाँकीदास को सम्मानित करते हुए लाख पसाव तो एक बार दिया किंतु रुष्ट होकर देश निकाला दो बार दे दिया।

125.

मारवाड़ के सिंहासन के लिये चलने वाले संघर्ष में जब मानसिंह को ग्यारह वर्ष जालोर के किले में घेराबंदी में गुजारने पड़े थे, तब उस विपदाकाल में उनका साथ देने वाले सत्रह कवियों में जुगतीदान वणसूर भी शामिल थे। राज्याधिकार प्राप्ति के बाद महाराजा ने संकटकाल में अपनी सहायता करने

वाले सभी लोगों को पुरस्कृत किया। उस सिलसिले में जुगतीदान को बाड़मेर जिले का पारलू गाँव इनायत किया गया। उनका पुत्र भैरवदान भी मानसिंह का कृपापात्र था। अनुकूल परिस्थिति ने भैरवदान को अहंकारी बना दिया। उसकी अहम्मन्यता को देख उसके समकालीन एक कवि ने उसे अपने अतीत का इस प्रकार स्मरण कराया–

जुगतौ चुगतौ जाळिया कळहट चुगती कैर ।
मेहर भयी नृप मांन री भूल गया दिन भैर ।।

अर्थात्–तुम्हारे पिता जुगतीदान तो जाळों (एक वृक्ष) के पीलू (जाल पर लगने वाला फल) चुगते थे और कळहट गाँव की बेटी तुम्हारी माँ कैर इकट्ठे करती थी। अब नृप मानसिंह की मेहर (कृपा) हुई है तो भैरवदान तुम अपने परिवार के वे दिन भूल गये।

126.

महाराजा मानसिंह के शासनकाल में राज मारवाड़ की नागौर पट्टी के गाँव 'रोळ' का हरनाथ अपने चौखळै (इलाके) का जानी-मानी शख्सियत था। वाक्‌पटु और हालात की हक़ीक़त को बयान करने में माहिर। मुसीबतजदों की मदद करने में आगीवाण (अग्रणी)। यह शख्स राजा-रैय्यत दोनों का खैरख्वाह (शुभेच्छु)। उस समय राजा के अहलकार और हाकिम अपना फर्ज़ भूलकर रैय्यत को लूटने में लगे हुए। हरनाथ को यह सब नागवार गुजरता था। चुनांचे उसने महाराजा को हक़ीक़त से वाकिब कराने की ठानी।

वह जोधपुर पहुँचा और दरबार में हाजिर हुआ। दस्तूर के मुताबिक महाराजा को 'नजर' पेश की मगर 'नजर' के नाम पर ताँबे का एक पैसा देखकर सबकी त्यौरियों पर बल पड़ गये। मौके की नज़ाकत को भाँपते हुए हरनाथ ने अर्ज़ किया, "हुजूर के भाग्य तो बहुत बड़े हैं मगर आपका हक़ इतना ही बनता है।" अचरज से महाराजा ने पूछा, "यह भला कैसे?" इसका खुलासा करते हुए वह बोला, "मोहर तो हाकिम को चली जाती है। रुपया तहसीलदार खा जाता है। अधेली (अठ्ठनी) पटवारी की जेब में। चवन्नी कोतवाल के हिस्से में और आना किणवारिया झटक लेता है। इसलिये हुजूर के हिस्से में एक पैसा ही बचता है, सो आपकी नज़र है।" हरनाथ द्वारा किये गये खुलासे से महाराजा को राज मारवाड़ में मची अंधेरगर्दी एकदम समझ में आ गयी।

127.

1857 के प्रथम स्वतंत्रता संग्राम में पश्चिमी राजस्थान में भी फिरंगी सत्ता के विरुद्ध दृढ, निश्चयी संघर्ष हुआ। इसके केन्द्र में आऊवा ठिकाना था।आऊवा के नेतृत्व में मारवाड़ और मेवाड़ के कई प्रमुख ठिकाने इस विप्लव में शरीक हुए। इधर एरिनपुरा स्थित कंपनी की सेना ने भी बगावत कर दी। ये बागी सिपाही एरिनापुरा से मदद की उम्मीद में आऊवा के निकट पहुँचे। वहाँ संयोग से एक चारण कवि से उनकी मुलाकात हुई। सिपाहियों ने उनसे आग्रह किया कि वे आऊवा ठाकुर खुशालसिंह को मदद के लिये तैयार करें। कवि ने आऊवा के कोट में जाकर ठाकुर से अर्ज़ किया–

साच शरण साधार रा विरद निभावौ वीर ।
अवर न ले गळ आऊवा तो विण उड़ता तीर ।।

इस पर ठाकुर ने बागी सिपाहियों को अपने गढ़ में आश्रय दिया। बाद में राज मारवाड़ व अंग्रेजों ने उनसे सिपाहियों को सौंपने की माँग की जिसे ठाकुर ने मानने से इंकार कर दिया। इसके पश्चात् भीषण संघर्ष हुआ जिसमें जोधपुर स्थित कंपनी का एजेन्ट मॉक मेसन मारा गया। आऊवा के संग्राम का चित्रण कवि देवकर्णजी इंदोकली ने इस प्रकार किया है–

होका धोम ज्यांरी संक न काढ़ै नरेन्द्र हेकौ
(जठै) आऊवौ तोपां रा धुवां चाढ़ै आसमान
अटक्कै न पल्लै भूप भारती निरास इला
महीपां कटक्कै छल्लै चल्लै गोरमेंट
आऊवा रै हल्लै कल्लै लटक्कै एजेंट ।।

128.

हुआ दुखी हिंदवाण रा रुकी न गोरां राह ।
विकट लड़्यौ विखौ सह्यौ वाह आऊवा वाह ।।

1857 के विप्लव में राजस्थान में ब्रिटिश सत्ता को सबसे गंभीर चुनौती देने वाले आऊवा की घटनाएँ इस प्रदेश के स्वाधीनता संग्राम का सबसे रोमांचक अध्याय है। संपूर्ण राजस्थान में गोरी सत्ता के विरुद्ध ऐसा दृढ़ निश्चयी संघर्ष और

कहीं नहीं हुआ। उसके विरुद्ध किये गये तीन अभियान इस बात को उजागर करते हैं कि अंग्रेजों की दृष्टि में आऊवा की हलचल कितनी खतरनाक थी।

आऊवा निवासी जेतराम दमामी सारे घटनाक्रम के प्रत्यक्षदर्शी गवाह थे। उनके द्वारा रचित दूहे आऊवा के संघर्ष के बारे में जनभावना को भलीभाँति उजागर करते हैं।

चवदा उगणीसै चढ़ै जे दळ आया जांण ।
रह्या आऊवै खेत रण पूतळियाँ पहचांण ।।

–संवत् 1914 (1857 ई.) में अंग्रेज आऊवा पर चढ़ आए। चढ़ कर आने वाला दल आऊवा के रणक्षेत्र में ही रह गया। उसकी स्मृति आऊवा के मैदान में गड़ी हुयी पत्थर की पुतलियाँ मात्र रह गयी हैं।

फिर दोळा अळगा फिरंग रण मोळा पड़ राम ।
ओळा नह ले आऊवौ गोळा रीठण गाम ।।

–फिरंगियों ने बड़ी तेजी से आऊवा को घेर लिया। उसी गति से उन्हें वापस लौटना पड़ा। हार जाने से उनका नूर उतर गया। युद्ध के डर से बहाने बनाने वाला आऊवा नहीं है। यह गाँव तो गोलों की बौछार करने वाला है।

फीटा पड़ भागा फिरंग मेसन अजंट मराय ।
घालै डोली घायलां कटक घणौ कटवाय ।।

–फिरंगी एजेन्ट मेसन को मार डाला गया। हार जाने से फिरंगी लज्जित होकर भाग छूटे। अंग्रेजों की फौज को काट डाला गया। वे अपने घायलों को डोलियों में लाद कर रणक्षेत्र से भाग निकले।

उडड़ां वागां ऊपड़ै तेग झड़ै जण तंत ।
कर मीठी खुसियाल सूं कुशल मनाजो कंत ।।

–तेज घोड़ों की लगामें खींची जा रही हैं। तलवारों की झड़ी लग रही है। शत्रु पत्नी पति से कहती है, प्रिय तुम वीर खुशालसिंह से लड़ने मत जाओ। भला इसी में है कि उससे मित्रता कर लो।

घनघोर तोपां घुरै वजै हाक विकराळ ।
लूहर ले अछरां लखौ कबड्डी खेले काळ ।।

—मेघों की भाँति तोपें गरज रही हैं। युद्ध के गर्जन से वायु मंडल कंपित हो रहा है। यमराज के दूत कबड्डी खेल रहे हैं। आज़ादी के दीवाने लड़ रहे हैं। उन्हें देखकर अप्सराएँ आनंदमग्न हो नाच रही हैं।

फजरां नेजा फरकिया रजरां तोपां गाज ।
नजरां गोरा निरखिया अजरां पारख आज ।।

—सूर्योदय के साथ ही भालों की अणियाँ किरणों में चमक उठीं। तोपों की गर्जना हो रही है। आऊवा की सेना शत्रुओं पर टूट पड़ी। आज गोरों ने भी राजस्थानी सिपाहियों की वीरता अपनी आँखों से देख ली।

काळां सूं मिळ कुशळसी टणकी राखी टेक ।
है ठावौ हिंदवाण मेंओ आऊवौ हेक ।।

—फिरंगियों को देश से बाहर निकालने के लिये खुशालसिंह ने देशभक्त सिपाहियों का साथ दिया। इस वीरोचित कार्य के कारण आऊवा भारत भर में प्रसिद्ध है।

अजंट अजकौ आवियौ ताता खड़े तोखार ।
काळा भिड़िया किड़क नै धीब लियौ खगधार ।।

—अंग्रेज रेजीडेण्ट घोड़ों को तेज दौड़ाता हुआ आऊवा पर चढ़ आया। भारतीयों की सेना गोरों पर प्रबल वेग से टूट पड़ी। तलवारों की तीखी धारों से उन्होंने गोरों को काट डाला।

थिर रण अरियां थोगणौ नधपुर पूगौ नाम ।
आऊवा खुसियाळ इळ गावै गामो-गाम ।।

—खुशालसिंह ने रणांगण में जमकर दुश्मनों को मुकाबला किया। अपनी वीरता के कारण खुशालसिंह और उसके गाँव आऊवा का यश लंदन तक फैल गया। आज गाँव-गाँव में खुशालसिंह व आऊवा के गीत गाये जाते हैं।

फिरिया दळ फिरंगाण रा थरहरिया लख थाट ।
करिया जुध खुसियाळ सूं मारिया आले माट ।।

—आऊवा की सेना के सामने अंग्रेजों की सेना थर-थर काँपने लगी

जिस किसी ने खुशालसिंह से युद्ध किया, वह उसी समय मिट्टी में मिला दिया गया।

129.

1857 के प्रथम स्वतंत्रता संग्राम में सीमित साधनों के बावजूद आऊवा द्वारा दिया गया बलिदान व प्राणापण से किया गया संघर्ष इस संग्राम का सुनहरा अध्याय है। आऊवा के विरुद्ध राज मारवाड़ और कंपनी की सेना का संयुक्त अभियान भी सितम्बर 1857 में सर्वथा निष्फल रहा। जोधपुर की सेना के फौज मुसाहिब कुशलराज सिंघवी व कंपनी की सेना के केप्टन हीथकोट रणक्षेत्र से जान बचाकर भाग खड़े हुए। इसकी साख भरती यह उक्ति–

"लीला भाला फेरता भाग गया कुशलेश"

130.

रियासत सिरोही के राजकवि नवलदान आशिया उच्च कोटि के कवि होने के साथ ही बहुविज्ञ विद्वान भी थे। उनकी बहुज्ञता के विषय में कहा गया है–

खाण रतन री खाण में प्रगटिया प्रबल प्रबुद्ध ।
कलम तणी तलवार सूं जीत्यौ जीवन जुद्ध ।।

तत्कालीन राजा तो उन्हें बहुत सम्मान देते थे पर युवराज में कद्रदानी व गुणग्राहकता का अभाव होने के कारण नवलदान से उसका हर बात में मतभेद चलता रहता था। अविचारी युवराज ने एक दिन आवेश में आकर उन्हें दरबार छोड़कर घर बैठने का सुझाव दे दिया। चुनांचे स्वाभिमानी कवि अपने पैतृक गाँव खाण चले गये। दरबार से नाता ही तोड़ लिया। युवराज की नाकद्री को लक्ष्य करते हुए उन्होंने कहा–

रांणा, राजा, राव जग में फिर फिर जाचिया ।
नर निरबळ सूं नाव नह तिल भर सरकी नाव ।।

131.

जसवंतसिंह द्वितीय के मारवाड़ के युवराजत्व काल की बात है। अपने प्रिय अश्व 'चीता' की मौत से वह बहुत मायूस हो गये। उन्होंने अपने प्रिय मित्र

राजूराम मेहडू से अश्व विषयक कोई मरसिया कहने के लिये कहा। तब राजूराम ने यह दूहा सुनाया–

मुरधर खित मांसूह हय केता हाजर हुसी ।
(पण) 'चीतो' चित मांसूह कढ़ै न राजकुमार रै ।।

अर्थात्–इस मरुधरा में और अनेक अश्व आ जुटेंगे किन्तु महाराज कुमार के चित्त से 'चीता' नहीं निकलेगा।

राजूराम ने अपने पिता रिवदान को जब यह दोहा सुनाया तो उसमें कल्पनाशीलता के अभाव को उजागर करते हुए उन्होंने कहा, यदि कोई कवि कहता तो इस तरह कहता–

हुवौ नचीतौ पवन हव अस रीतौ भौ आज ।
जीतो खगपत गत जिकै बीतो 'चीतो' आज ।।

अर्थात्–आज जब यह अश्व चल बसा तो पवन निश्चिन्त हो गया (अब उसका कोई प्रतिस्पर्द्धी नहीं रहा)। जिस अश्व ने गरुड़ को भी अपनी चाल से जीत लिया था, वह 'चीता' नामक अश्व आज चल बसा।

132.

विक्रम संवत् 1942 के आस-पास की घटना है। डकैती के अपराध में पकड़े गये एक राजपूत को बेड़ियों में जकड़ कर जोधपुर लाय गया। महाराजा जसवन्तसिंह द्वितीय के दरबार में चर्चा का विषय बनी इस घटना के बारे में आम राय यह थी कि एक राजपूत को ऐसा अपकर्म नहीं करना चाहिये था। आज उसकी क्या दशा हो रही है। इस चर्चा को सुनकर गाँव कसारी (जिला-नागौर) के चाँपावत जोरावरसिंह महाराज से मुखातिब होकर बोले, "अन्नदाता! यह शख्स असली राजपूत नहीं है। सच्चा राजपूत कभी जीवित नहीं पकड़ा जा सकता। उसकी तो लाश ही आ सकती है।" इस पर अपनी असहमति जताते हुए महाराजा ने कहा, "ऐसी क्या बात है? जिसके पास सैनिक साधन हों, वह राजपूत को भी जीवित पकड़वा कर मँगवा सकता है।"

जोरावरसिंह का कहना था कि सच्चे राजपूत को जीवित पकड़वा कर मँगवाना असंभव है। हँसी-हँसी में बात तूल पकड़ गयी। महाराजा ने कहा,

"मैं तुम्हें ही जीवित पकड़वा कर मँगवा लूँ तो क्या हो?" जोरजी ने निवेदन किया, "हाथ कंगन को आरसी क्या? यदि आप इस राजपूत की असलियत देखना चाहते हैं तो भले ही आजमा कर देख लें। पर यह याद रखियेगा, मैं जीवित हाथ नहीं आऊँगा, मेरी लाश भले ही आए।"

ततूपश्चात् दरबार की खास घुड़सवाल से उत्तम नस्ल की पीली बछेरी, सिलहखाने से एक हेनरी मार्टिन बन्दूक और कुछ कारतूस लेकर जोरजी जोधपुर से निकल गये। सबसे पहिलें तो उन्होंने महाराजा के ऊँटों के टोळे को घेरा। टोळे के अच्छे-अच्छे ऊँट छीनकर चारणों को बाँट दिये। घटना की सूचना मिलने पर महाराजा ने अपने सैन्य अधिकारियों को बुलाकर जोरजी को जीवित पकड़ कर ससम्मान अपने सामने उपस्थित करने का आदेश दिया पर साथ ही उन पर शस्त्र प्रहार न करने की हिदायत दी।

जोरजी मारवाड़ के कई हिस्सों में महीनों लूट-मार करते रहे किंतु पकड़े न जा सके। महाराजा जोरजी को बंदी अवस्था में अपने दरबार में देखने को आतुर थे। चुनांचे उन्होंने घोषणा कर दी कि कोई ठाकुर या उमराव जोरावरसिंह को जीवित पकड़ कर दरबार में हाजिर करेगा या पकड़वाने में सहायता करेगा, उसे एक गाँव की जागीर इनायत की जाएगी।

मारवाड़ में खैरवा का कुँवर जोरजी का मित्र था। जोरजी इधर-उधर धावा बोलते हुए यदा-कदा खैरवे पहुँच जाया करते थे। महाराजा जसवंतसिंह की घोषणा सुनकर खैरवा कुँवर के मन में पाप जागा। महाराजा की कृपादृष्टि और एक और गाँव की जागीर प्राप्ति के लोभ में उसने मित्र के साथ विश्वाघात का पाप कर डाला। जोरजी को विश्वास दिलाकर कुँवर उन्हें अपने गढ़ में ले गया। उनकी पीली घोड़ी अश्वशाला बँधवा गयी। जब थोड़ी देर के लिये उनकी आँख लगी तो उनकी बंदूक भी गायब कर दी गयी। साथ ही उनका पीछा करने वाले सैन्य अधिकारी को सूचित कर दिया गया कि इस समय गढ़ का घेरा डालकर जोरजी को पकड़ लिया जाय।

जब जोरजी जगे तो उन्होंने स्वयं को गढ़ के चारों ओर की दीवारों पर बन्दूकों से लैस सैनिकों से घिरा पाया। बन्दूक के लिये हाथ बढ़ाया तो वह भी नदारद। वे समझ गये कि उनके साथ धोखा हुआ है। पर हिम्मत नहीं हारी। वे उठ खड़े हुए और तलवार म्यान से खींचकर महल से नीचे उतरे। अश्वशाला

की ओर बढ़े। कहीं ऐसा न हो कि जोरजी घोड़ी तक पहुँच जाएँ और उसकी सहायता से किले की दीवार फाँद कर निकल जाएँ; इस आशंका से दीवारों पर चढ़े बंदूकधारियों ने अंधाधुंध गोलियाँ चलाना शुरू कर दिया। जोरजी को छत्तीस गोलियाँ लगीं। शरीर छलनी हो गया।

खून से लथपथ जोरजी अश्वशाला के चौक तक पहुँचते-पहुँचते गश आने पर बैठ गये और अपने ही रक्त से मिट्टी के पिंड बनाने लगे। खैरवा कुंवर के एक मुसलमान सिपाही ने जोरजी के गले में पहिने हुए सोने के डोरे को चुपके से पीछे से आकर खोलने को हाथ बढ़ाया ही था कि उस घायल नाहर ने एक ही हाथ के झटके से उस सिपाही को नीचे गिरादिया और मुट्ठी में पकड़ी तलवार से उसका सिर काट डाला। एक चारण ने, जो यह दृश्य देख रहा था जोरजी को 'रंग' दिया। इस पर प्रसन्न होकर उन्होंने वह डोरा उस चारण को दे दिया। कुछ ही देर बाद उस वीर का प्राणान्त हो गया। नवकोटि मारवाड़ के स्वामी के दरबार में असली राजपूत की लाश ही पहुँची। मारवाड़ का राजा हारा और राजपूत मर कर भी जीत गया।

इस घटना से महाराजा जसवंतसिंह स्तंभित हो गये। उन्हें घटनाक्रम के ऐसे समापन से गहरी ठेस लगी। फलस्वरूप उन्होंने दो दिन तक भोजन ग्रहण नहीं किया। खैरवा ठिकाने को विश्वासघात का दंड देने के लिये उसकी जागीर के पट्टे को दो गाँव जब्त कर लिये। महाराजा के हृदय में शून्य व्याप्त हो गया।

इस दुखान्तिका के कुछ वर्षों बाद की बात है। एक दिन महाराजा का शिकार के लिये जालोर के पहाड़ों में जाना हुआ। एक नौ हत्था नाहर सामने आया। महाराजा ने अपनी बन्दूक दागी और एक ही गोली में नाहर का काम तमाम हो गया। साथ के लोग खुशी से उछलने लगे पर महाराजा की आँखों से आँसुओं की झड़ी लग गयी। इस दृश्य से विस्मित हुए कृपापात्रों ने पूछा, "इस खुशी के मौके पर यह दुःख क्यों ?" महाराजा बोले, "किस बात की खुशी मनाऊँ? यह नौहत्था कहा जाने वाला नाहर हेनरी मार्टिन की एक गोली से ही खत्म हो गया किन्तु मेरा नाहर जोरजी हेनरी मार्टिन की छत्तीस गोलियाँ खाकर भी झूमता रहा। इतना गंभीर रूप से घायल होने पर भी एक को मौत के घाट उतार कर, धरती माता को रक्त पिण्ड दान कर उसने मृत्यु का वरण किया। मैंने ऐसा नाहर खो दिया। इसलिये बरबस आँसू निकल रहे हैं।" जनमानस में जोरजी की टेक इस रूप में बसी हुयी है–

खाग बजायी खैरवे बड कट हुआ बरंग ।
निज भड़ गोपीनाथ रा रंग हो जोरा रंग ।।
जे जोरो चढ़ जावतौ पीळी हंदी पीठ ।
बैरयां हाथ बतावतौ नगर बसातौ नीठ ।।
डगै न उर डोराह थह थाहर रज रज थयौ ।
जग जाहर जोराह नाहर गोपीनाथ रा ।।

133.

कविराज मुरारदान महाराजा जसवंतसिंह द्वितीय के राजकवि थे। वे शासन कार्य में बहुत दखंलदाजी करते थे। उनकी हरकतों से आजिज आकर एक दिन दरबार के मुसाहिब शिवदानमलजी कविराजा के पहनावे पर तंज करते हुए बोले–

कवराज मुरार रै फतवी रै फड़का ।
कै पैरण वाला बे समझ कै दरजी लड़का ।।

कविराजा ने नहले पर दहला लगाते हुए तत्काल उत्तर दिया–

क्यूं बिना ज्ञान कविता करौ ।
कर कर ऊँचा कानिया ।।

कवि धरम परम निभाणौ कठण ।
सांग नहीं शिवदानिया ।।

134.

कविराजा मुरारदान व राज मारवाड़ के मौजीज मुसद्दी जसोल के मेहता घमण्डीरामजी में गहरी दोस्ती थी। दोनों में राज काज संबंधी मसलों पर बातचीत होती रहती थी। उन दिनों बाड़मेर के मालाणी इलाके के हाकिम मुहम्मद खाँ ने अपने जुल्मोसितम से प्रजाजनों का जीना हराम कर रखा था। मेहताजी ने लोगों की व्यथा कथा महाराजा तक पहुँचाने का निश्चय किया। हाकिम को इसका पता चलते ही उसे दाँतों पसीना आ गया। उसने कविराज से मदद की गुहार की। कविराज के समझाने पर हाकिम ने मेहताजी से अपने गुनाहों के लिए क्षमायाचना करते हुए आईंदा सलीक़े से काम करने का वादा किया। इस वाक़ये का साक्षी यह दूहा–

घमंडीराम घोड़ै चढ़ै सोळह आना साथ ।
जाण धणी जोधाण रौ हाकम जोड़े हाथ ।।

135.

विक्रम संवत् 1978। धनतेरस का दिन। बाड़मेर जिले के गाँव खाँडप के महाजन दीपावली की तैयारियों में लगे हुए। किसान कातिसरे (खरीफ की फसल काटना) में व्यस्त। खाँडप चौखळै के खुशहाल गाँवों में शुमार। गाँव में छत्तीस कौमों का निवास। महाजनी बस्ती काफी बड़ी। इसलिये डकैतों की आँख उस पर थी। डाकू सदल बल गाँव पर चढ़ आए और लूट-खसोट करने लगे। डकैतों की कारस्तानी का समाचार अपने खेत में काम कर रहे अजीतसिंह सोलंकी तक पहुँचा। उनका खून खौल उठा। दिन दहाड़े डाकू माँ का चीर हरण कर रहे थे इससे अधिक नागवार बात क्या हो सकती थी? तलवार लेकर डाकुओं का मुकाबला करने निकल पड़े। गाँव के चौहटे पहुँच कर उन्हें ललकारा। और अकेले उनसे भिड़ पड़े। मातृभूमि की मर्यादा की रक्षा करते हुए वीरगति को प्राप्त हुए पर डकैतों को वहाँ से भागना पड़ा। अजीतसिंह के बलिदान को एक समकालीन कवि ने इस प्रकार सराहा–

करती रजवट कूच होत नह लाधा हरौ ।
मरतां राखी मूँछ खाँडप री अजमल खत्री ।।
मारै नै मरतोह अजौ न जातौ एकलौ ।
कर माळां करतोह सांम्हा जो ओठी समर ।।
अजमल अस्तूतीह करतूती देखै करां ।
रुळती रजपूतीह मजबूती राखी मुदै ।।
उगणी सौ सइकै अखां साल इठतंर सोय ।
धनतेरस धाड़ेतियां खाँडप लीनी खोय ।।

136.

खाँडप-विक्रम संवत् 1978 को हुई पहली डकैती के दौरान सोळंकी अजीतसिंह जब अकेले ही डाकुओं से भिड़ने के लिये उद्यत हो गये तो उनकी सहोदरा धापू कँवर ने उन्हें ऐसा दुस्साहस करने से मना करते हुए कहा–

संग नह कोई सैण ससरतर नह हाथां सरै
बाई कहिया बैण मत जा भाई मान ले

इस पर उनका उत्तर था–

हाकौ हर जिणरौ सुणियां सूं वाहर चढ़ै ।
बाई बरजण रौ ओ कद धारौ आंपणै ।।
लेसी खाँडप लूट म्हां ऊभां ओठी मुदै ।
कहसी च्यारूं खूंट रजपूती ना रही ।।

137.

स्वामी दयानन्द सरस्वती प्रवर्तित आर्य समाज के अनुयायी कवि उमरदान लाळस ने जीवन के अनेक रंग देखे। समाज में व्याप्त पाखंड पर उन्होंने करारा प्रहार किया। उन्नीसवीं सदी के ढ़लते वर्षों में मारवाड़ में मची अंधेरगर्दी व राजवर्गी लोगों की मनमानी के मद्देनज़र उन्होंने लिखा–

बोली रा बाड़ाह रीत बिगाड़ा राज रा ।
धोळै दिन धाड़ाह मुंशी पाड़ै मरुधरा ।।
चोड़ै कर चाळोह लूटै भाळौ लोक नैं ।
कद हुसी काळौ मुंशियां वाळौ मुलक सूं ।।

138.

भारत के क्रांतिकारी आन्दोलन में राजस्थान का योगदान अल्पज्ञात किंतु बड़ा महत्वपूर्ण है। कई ठिकानोंदारों ने क्रांतिकारियों की भरपूर मदद की। इनमें बूड़सू (जिला-नागौर) ठाकुर रावतसिंह अग्रणी थे। उनके रावळे के द्वार क्रांतिकारियों के लिये हमेशा खुले रहते थे। माली इम्दाद के अलावा हारी-बीमारी में भी उनके इलाज का ठिकाने में माकूल इंतजाम होता था। क्रांतिकारियों के एक संदेशवाहक कल्याणदान के सूजे हुए पैर देखकर ठाकुर का दिल भर आया और उन्होंने उसे सवारी के लिये एक कीमती घोड़ा भेंट किया। ठाकुर की इस दरियादिली को कवि ने इस प्रकार सराहा–

अधपतियां इण बार बकरी ई देणी विकट ।
हेवर मोल हजार बगसै रावत बूड़सू ।।

अर्थात्–इस विकट समय में अधिपतियों के लिये एक बकरी तक देना

कठिन हो गया है। हजार रुपये का अश्व बख्शने की सामर्थ्य तो बूड़सू के रावतसिंह में ही है।

139.

रियायती ज़माने में राजाओं की तरह बड़े-बड़े ठिकानेदार भी विलासिता के मर्ज़ के शिकार थे। राज मारवाड़ में घाणेराव (जिला-पाली) एक बड़ा ठिकाना था। बड़ी जागीर होने से आमदनी काफी थी पर उसे प्रजाहिताय खर्च करने की बजाय तत्कालीन ठाकुर जोधसिंह पासवानों और रखैलों पर खर्च करता था। उसकी एक चहेती पासवान थी गुलाब। उसकी आसक्ति में ठाकुर की आँखों पर जैसे पट्टी बँधी थी।

पासवान को इज्ज़त बख्शने के लिये ठाकुर ने उसे हाथी के हौदे में बिठा कर उसकी शोभायात्रा निकालना तय किया। नियत दिन गुलाब तो सजे-सजाये हाथी पर सवार हुई और जोधसिंह घोड़े पर सवार होकर उसकी 'जळेब' में चला। ठाकुर का यह कारनामा लोगों को बहुत नागवार गुजरा। कवि लक्ष्मीदान आंगदोस ने इस मसले पर ठाकुर की लानत-मलामत करते हुए कहा–

गजबी घांणेराव री उण दिन उतरी आब ।
जोधौ वहै जळेब गज पर चढ़ी गुलाब ।।

140.

ब्रिटिश ताज के प्रति अपनी वफ़ादारी का सबूत देते हुए प्रथम विश्वयुद्ध में सभी रजवाड़ों ने ब्रिटिश हुकूमत को खूब सैन्य और वित्तीय सहयोग प्रदान किया। राज मारवाड़ का रिसाला भी सर प्रताप के नेतृत्व में फिलस्तीन, मिश्र व फ्रांस के मोर्चों पर ब्रिटिश सैन्य दल के साथ पूरी मुस्तैदी से लड़ा था। युद्ध की समाप्ति के बाद ब्रिटिश सरकार ने सहयोग देने वाली सभी रियासतों को बतौर ईनाम बड़ी राशि अपने सैनिकों में बाँटने के लिये दी। मारवाड़ रियासत को भी काफी बड़ी रकम मिली पर सर प्रताप ने उसे सैनिकों में बाँटने के बजाय एक बड़ा दूरदर्शितापूर्ण निर्णय लेते हुए क्षत्रियों के भविष्य को सँवारने के लिये उस राशि से चौपासनी में एक बड़ा आवासीय विद्यालय बनाने का तय किया।

चौपासनी गाँव के पास बने इस विशाल आवासीय विद्यालय में क्षत्रिय बालकों के लिये हाई-स्कूल तक सर्वथा निःशुल्क पढ़ाई की व्यवस्था थी।

छात्रों के भोजन, वस्त्र, पाठ्य सामग्री आदि सभी की व्यवस्था रियासत द्वारा की जाती थी। शिक्षा प्रसार से क्षत्रियों की माली हालत बहुत अच्छी हो गयी। अभाव बीते ज़माने की बातें हो गयीं। इस बदलाव को रेखांकित करते हुए कवि भोपाळदान मथाणिया ने लिखा–

छत्री छाळी चारता धांन न मिळतौ धाप ।
मोरां रा बटण मिळै ओ पातल रौ प्रताप ।।

अर्थात्–क्षत्रिय बकरियाँ चराते थे। उन्हें पेट भर अनाज भी नहीं मिलता था। अब उनकी पोशाक में सोने के बटन लगे मिलते हैं। यह प्रतापसिंह की कृपा का फल है।

141.

स्वामी दयानंद सरस्वती ने जिस सुधार आन्दोलन का प्रवर्तन किया, उसके प्रभाव से मारवाड़ भी अछूता नहीं रहा। स्वामीजी ने स्वयं जोधपुर में आर्य समाज की स्थापना की। उस समय तक रियासत में दफ्तरों में सारा सरकारी काम-काज उर्दू-फारसी में होता था। आर्य समाज की प्रेरणा से स्वदेश, स्वभाषा के प्रति लोगों में चेतना व्याप्त हुई। इसलिये यह भावना जोर पकड़ने लगी कि रियासत में सरकारी काम-काज हिन्दी में होना चाहिये।

उन दिनों नामी कवि भोपाळदान जी मथाणिया महकमा खास में मुलाजमत करते थे। उनकी काव्य प्रतिभा के सर प्रताप (रियासत के मुसाहिब आला) भी कायल थे। सरकारी आदेश मुख्तलिफ महकमों में पहुँचाना उनके जिम्मे था। उर्दू-फारसी में जारी किये गये आदेश उन्हें नागवार गुजरते थे। चुनांचे उन्होंने सर प्रताप को उनके सूर्यवंशी होने की याद दिलाते हुए लिखा, ''रामचन्द्र रा राज नै खुदा लियौ है खोस''। सर प्रताप बात के मर्म को समझ गये। रियासत के रीजेंट के नाते उन्होंने आदेश जारी किया कि अब से रियासत का सारा काम-काज हिन्दी में होगा। इस पर प्रसन्नता व्यक्त करते हुए भोपाळदान ने कहा–

रामचंद्र रा राज नै खुदा लियौ हो खोस ।
खुदा खबीड़ौ खायगी रघुवीर कीनौ रोष ।।

अर्थात्–रामचन्द्र के राज को खुदा ने छीन लिया था किन्तु रघुवर के रोष करते ही खुदा के होश फाख्ता हो गये।

142.

काव्यानुरागी होने के कारण सर प्रताप कवियों के कद्रदाँ थे। एक दिन उन्होंने काव्य गोष्ठी के लिये भोपाळदान जी को अपनी कोठी पर आने का निमंत्रण दिया। वे वहाँ पहुँचे लेकिन कोठी पर तैनात डोढ़ीदार छैलजी ने उन्हें भीतर जाने से यह कह कर रोक दिया कि सरकार (सर प्रताप) से मिलना है तो कायदे सर इज़ाज़त लेकर आओ। यह क्या कि मुँह उठा के आ गये। सर प्रताप के निमंत्रण की बात पर भी उसने कोई ध्यान नहीं दिया। कविराज को हताश होकर लौटना पड़ा। दो-तीन सप्ताह बाद महकमा खास के गलियारे में आमना-सामना होने पर सर प्रताप ने उनसे पूछा, बाजीसा! क्या बात हो गयी? आप आए नहीं। मैंने आपकी प्रतीक्षा की। तब भोपाळदानजी ने वजह यूँ बयाँ की–

नित उठ दरसण रौ नेम हिंदुपत म्हारै हुतौ ।
बछियै वाळै वेम छैले म्हारै छुड़ावियौ ।।

अर्थात्–हे हिन्दूपति, मेरे तो रोज सवेरे उठकर आपके दर्शन करने का व्रत था, किंतु बच्छराज (छैलजी के पिता) के 'वेम' (राजस्थानी में गाय-भैंस के बछड़े-बछड़ी पाडी-पाडिये को 'वेम' कहा जाता है।) छैले ने उसे भंग करवा दिया।

सारा किस्सा मालूम होने पर सर प्रताप ने आदेश जारी कर दिया कि बाजीसा भोपाळदान जी के लिये प्रोटोकॉल लागू नहीं होगा। वे जब चाहें, मिलने आ सकते हैं।

143.

आर्य समाज की शिक्षाओं से प्रेरित होकर सर प्रताप ने राज मारवाड़ में मौसर (मृत्यु भोज) पर रोक लगा दी। किंतु रुढ़िवादी लोगों को यह बात रास नहीं आयी। उनकी ऐसी मान्यता थी कि यदि मौसर नहीं किया जाय तो पितरों की मुक्ति नहीं होती। वे प्रेत योनि में भटकते रहते हैं। इस आदेश पर प्रतिक्रिया व्यक्त करते हुए कविवर भोपाळदानजी ने कहा–

''वडेरा भूत हुया भमता फिरै ओ पातल रौ प्रताप''।

144.

राज मारवाड़ में सर प्रताप ने गद्दीनशीन शासक की अल्पव्यस्कता के

दौरान तीन बार रीजेंट के तौर पर रियासत का राज-काज चलाया। स्वामी दयानंद की शिक्षाओं से मुतासिर होने के कारण रियासती प्रजा की बहबूदी में उन्हें गहरी दिलचस्पी थी। शहर जोधपुर को पेयजल की समस्या से निजात दिलवाने के लिये उन्होंने पहाड़ियों के बीच कायलाना झील खुदवाने का निर्णय किया। उसमें बारिश के पानी का संग्रहण करके नलों द्वारा शहरवासियों की पानी की आवश्यकता को पूरा किया जाना था। यह बहुत व्ययसाध्य कार्य था। इस लोक कल्याणकारी योजना को पार लगाना रियासत के बूते की बात नहीं थी। सवाल यह था कि आवश्यक धनराशि कैसे जुटायी जाए। इस समस्या को हल करने के लिये सर प्रताप ने एक अद्‌भुत साहसिक निर्णय लिया। न केवल अपने घर की सभी महिलाओं के गहने गिरवी रख दिये बल्कि इससे भी बढ़कर एक साहसिक फैसला यह लिया गया कि राजकीय कोठार में पीढ़ियों से राजघराने की महिलाओं के हजारों की तादाद में सोने के काम वाले जो वेश पड़े हैं, उन्हें नीलाम कर दिया जाए। इस फैसले पर अमल करके कायलाना झील के लिये धन राशि जुटायी। इस फैसले पर प्रतिक्रिया व्यक्त करते हुए भोपाळदान ने कहा—

रैती म्हैलां राणियां मिळता नह माँ-बाप ।
घर घर बिकग्या घाघरा ओ पाताल रौ प्रताप ।।

अर्थात्—रानियाँ महलों में निवास करती थीं। उनके माता-पिता भी उनसे मिल नहीं सकते थे। उन्हीं रानियों के घाघरे घर घर बिक गये, यह सब प्रतापसिंह का प्रताप है।

145.

राज मारवाड़ के मुसाहिब आला सर प्रताप पहिले कदीमी रिवाज के मुताबिक दाढ़ी-मूँछें रखते थे किन्तु बाद में अंग्रेजी रवायत का अनुसरण करते हुए दाढ़ी-मूँछें साफ करवा कर क्लीन शेव रहने लगे। इसके बाद रियासती पलटन और रिसाले के लिये हुक्म जारी कर दिया कि फौज में नौकरी करने वाला कोई जवान दाढ़ी-मूँछें नहीं रख सकता और एक तारीख मुकर्रर कर दी कि इस तारीख के बाद दाढ़ी-मूँछें रखने वाले जवान को नौकरी से हाथ धोना पड़ेगा। इस हुक्म की तामिल सख्ती से करवायी गयी। कई फौजी इससे काफी नाराज हो गये। आम लोगों में भी इसकी चर्चा रही। जनभावना को उजागर करते हुए कवि उमरदान ने सर प्रताप को संबोधित करते हुए कहा—

दाढ़ी मूंछ मुंडायनै सर पर धरियौ टोप ।
हे प्रताप तख्तेश रा बाकी घटै लंगोट ।।

146.

राज मारवाड़ पर महाराजा उम्मेदसिंह के शासनकाल की बात। उस समय महकमा खास (रेवेन्यू विभाग) का कामकाज शंखवास ठाकुर माधोसिंह संभालते थे। गाँव भदोरा (जिला-जोधपुर) के एक बारहठ जी की ज़मीन किसी कारण जब्त हो गयी। इस बाबत बारहठजी लिखा-पढ़ी करके हैरान हो गये मगर राज की ओर से कोई जवाब नहीं मिला। हितैषियों ने बारहठजी को सलाह दी कि आप खुद जोधपुर जाकर दरबार के सम्मुख पेश होकर अपनी व्यथा कथा सुना दें तो काम बन सकता है। बारहठजी जोधपुर पहुँचे। बड़ी मुश्किल से दरबार से भेंट हो पायी। उनकी फरियाद सुनकर उम्मेदसिंहजी ने कहा, "आप माधोसिंह शंखवास से मिल लीजिये, वे आपका काम कर देंगे।" माधोसिंह की बेपरवाही से बारहठजी गले तक भरे हुए थे, अतः बोले–

अरजी लिख लिख कायौ हुयग्यौ आयौ कदै न अंत ।
बिना फूंक बाजै नहीं शंखवास रौ शंख ।।

147.

बीसवीं सदी के प्रारंभिक वर्षों में बाड़मेर जिले के समदड़ी गाँव में घटित एक घटना लासानी है। हुआ यूँ कि समदड़ी के एक रंगरेज को साफा रंगने में महारत हासिल थी। होली के अवसर पर न केवल समदड़ी बल्कि पूरे चौखळे के लोग भी अपने साफे रंगवाने उसी के पास आते थे। होली के दूसरे दिन उम्दा रंगत के उन साफों से सज-धज कर लोग ठाकुर को 'रामा-सामा' के लिये रावळे में एकत्र हुए। वह रंगरेज भी उस मजमे में उपस्थित था। अचानक ठाकुर की नज़र एक युवक के साफे पर पड़ी। उसके साफे की रंगत की निराली ही धज थी। वैसी धज न तो स्वयं ठाकुर और न कुँवर के साफे की थी।

ठाकुर ने रंगरेज से पूछा, भले मानुष! ये बता, इस बार तुमने हमारे साफे ढ़ंग से नहीं रंगे क्या? सवाल सुन कर रंगरेज अचकचा गया। बोला, 'क्यों अन्नदाता! ऐसी क्या बात हो गयी? तब ठाकुर ने निराली धज वाले युवक के साफे की ओर इशारा करते हुए पूछा, 'हमारे साफे की रंगत उतनी बढ़िया क्यों

नहीं है?' तब रंगरेज ने अर्ज़ किया, 'अन्नदाता, गुनाहमाफी का वचन दें तो कारण बताऊँ। ठाकुर के हाँ कहने पर वह बोला, 'मालिक! बात यह है कि वह युवक मेरी बेटी का मंगेतर है। उसका साफा मेरी बेटी ने रंगा है। उसकी रंगत में 'रंगे वफ़ा' है। यह है उसकी रंगत की निराली धज का राज़। वैसा 'रंगे वफ़ा' मैं भला कहाँ से लाऊँ?'' ठाकुर विस्मय विमुग्ध होकर रह गया।

148.

मारवाड़ के शासक मोटा राजा उदयसिंह के 13वें पुत्र माधवदास को अजमेर इलाके में जूनिया ठिकाना गौड़ों से छीनकर जागीर में दे दिया गया था। उसके प्रपौत्र कृष्णसिंह का बेटा राजसिंह बड़ा बहादुर व्यक्ति था। अपनी जागीर पुर और मांडल पर काबिज रहते हुए मेवाड़ के राजपूतों से उसका संघर्ष चलता रहता था। मेवाड़ के चूंडावतों से उसकी अदावत हो गई थी। उसने कई चूंडावतों को तलवार के घाट उतार कर पुर के निकट पहाड़ी की आधारशिला नामक खोह में डाल दिया था। इस बात को किसी ने यूँ रेखांकित किया–

खेती थारी राजड़ा रस आई रावत्त।
अधरशिला तळ ओठिया चूंडावत ।।

149.

मारवाड़/जैसलमेर

मंडोर के शासक राव रणमल ने अपनी ताकत का सिक्का जमाने के लिये विक्रम संवत् 1487 में जैसलमेर पर दूसरी बार आक्रमण किया। उसका सामना करने में स्वयं को असमर्थ पाकर वहाँ के शासक महारावल लक्ष्मण ने एक चारण के हाथों संधि प्रस्ताव भिजवाया और अपनी कन्या भी रणमल को ब्याहने की पेशकश की। चारण कवि ने संधि प्रस्ताव को इस तरह प्रस्तुत किया–

तै गंजे पीरोज ढाळगौ महमँद ढाळे
तै गंजे चहुवांण धरा चावड़ां उद्राळै
तै गंजे भाटियां कोट जाजपुर संघारै
तै गंजे पतसाह नहीं गंजिया अबारे
मौ सीख एक सांभळ श्रवण तूं आरंभै आप बळ
रिडमल अगंजी गंजिया केवी गंजि अगंजि बळ

अर्थात्–तूने नागौर के शासक फिरोज खाँ को हराया, तेरे सामने गुजरात के शासक अहमद का पुत्र मुहम्मद भाग खड़ा हुआ, तूने सोनगरा चौहानों को परास्त किया, तेरे प्रताप से चावड़ों के राज्य की धरती काँपती है, तूने भाटियों को मारा, जहाजपुर के किले को नष्ट किया और सलीम को मारकर सुल्तान के गर्व को तोड़ा पर तूने कभी साधारण लोगों को कष्ट नहीं दिया। हे रिडमल! तू मेरी एक बात सुन। तू सब काम अपने ही भरोसे पर करता है। तूने सिर उठाने वालों को ही दबाया है और आगे भी तुझे ऐसा ही करना चाहिये अर्थात् जब भाटी तेरा सामना करने को तैयार नहीं हो उन पर क्रोध करना व्यर्थ है।

150.

राव रायपाल के ज्येष्ठ पुत्र (बड़े बेटे) राव कनपाल खेड़ राज्य में उनके उत्तराधिकारी बने। उस समय महेवे का तमाम भूभाग उनके अधिकार में होने से इनके राज्य के अन्तर्गत 984 गाँव समाविष्ट थे। उनके राज्य की सीमाएँ जैसलमेर को स्पर्श करती थीं। अभावग्रस्त जैसलमेर वाले बहुधा इनके राज्य में घुसकर लूट-पाट करते रहते थे। इनके बड़े पुत्र भीम ने लुटेरे जैसलमेर वालों को दण्ड देकर काक नदी को खेड़ व जैसलमेर के बीच सीमा निर्धारित किया। इस घटना का साख भरता यह दूहा–

आधी धरती भीम आधी लोदरवै धणी ।
काक नदी छै सीम राठोड़ां नैं भाटियां ।।
(लोद्रवा, जैसलमेर से पहले भाटियों की राजधानी थी।)

151.

भवराणी

जालोर जिले गाँव भवराणी का कुँवर कानसिंह मडला वर वेश में घोड़ी पर सवार था। बरात प्रस्थान करने वाली थी कि ग्वाले ने आकर खबर दी कि भवराणी गाँव की गायों को सिंध के हूरों ने घेर लिया है। यह सुनते ही कुँवर विवाह की बात को दरकिनार करके यह कहते हुए गायों की रक्षार्थ चल पड़ा कि "मैं मौत की दुल्हन से शादी करने जा रहा हूँ। जिसे भालों की गोठ खानी हो, वह मेरी इस बारात में शामिल हो जाय!"

यह सुनकर एक बारहठजी भी कुँवर के साथ हो लिये और वर वेश में लड़ते हुए कुँवर के लिये कहा–

मडले झगड़ौ मांडियौ भवराणी भारात
हूर उकल चूकल हुया रंग हो कुंवरां जात

युद्ध में कानसिंह का कबंध भी तब तक लड़ता रहा जब तक हूर लुटेरों का सफाया नहीं हो गया।

152.

मालाणी इलाके के एक सामंत ठाकुर दौलतसिंह शाहखर्च दरियादिल शख्स थे। जरूरतमंदों की भरपूर मदद करते थे। उनके द्वार से कोई खाली हाथ नहीं लौटता था। उनकी दानवीरता को इस प्रकार को सराहा गया है–

पड़ जासी पाखांण भाखर तो घिससी भुरज।
रहसी अडिग जस रांण दाखूं कीरत दौलता॥

अर्थात्–पत्थर तो गिर जाएँगे, पर्वत घिस जाएँगे किंतु हे राणा तुम्हारा यश अविचल रहोगा। दौलतसिंह मैं तुम्हारा यशोगान करता हूँ।

करणल तो केळी कीवी बळि कीनी बे पान।
सींची भूप किलाणउत अबै रहत कमलान॥
कमलाती दीठी कमद दोल अपंगी देख।
सींची राणै खीम सुत पान फूल फळ पेख॥

अर्थात्–कर्ण ने कीर्ति का अंकुर लगाया। बलि ने उसके दो पत्ते लगाये। कल्याण सिंह के वंशज ने उसे सींचा किंतु अब वह कुम्हलाने लगी है। कीर्ति लता को कुम्हलाती देखकर खींवसिंह तनय राणा दौलतसिंह ने उसे सींचा। अब देखो, उसके पत्र, पुष्प और फल लग आए हैं।

153.

ईडर से मारवाड़ गोद आए महाराजा तखतसिंह के राजकाज की बड़ी विचित्र हालत थी। उनके मुँहलगे चार-पाँच लोगों की तूती बोलती थी। महाराजा को उल्टी-सीधी पट्टी पढ़ा कर अनुचित फैसले करवाने में यह मंडली माहिर थी। इस गिरोह में एक तो था नाहरकरण पंवार, जो

हाकिम था। एक था जोशी हरकरण पोकरणा जो राज्य व्यवस्था देखता था। इनके अलावा महाराजा की कृपापात्र दो दासियाँ थी मैना और ढ़ेलड़ी। इन्हीं लोगों की मनचाही होती थी। संयोग से इन सभी के नाम पशु-पक्षियों के नाम पर थे। इनको मिली छूट पर व्यंग्य करते हुए एक कवि ने कहा–

नाहरा बाघा ढ़ेलड़ी हंसा मैना नाम।
महाराजा तखतेश रै करै जिनावर काम।।

154.

महाराजा मानसिंह के स्वर्गवास के पश्चात् ईडर (गुजरात) से गोद आए तख्तसिंह को मारवाड़ की राजगद्दी मिली। अंग्रेजों के फरमाबरदार इस व्यक्ति का शासक के रूप में आचरण शोभनीय नहीं था। अपनी ब्याहता रानियों को उपेक्षा के जंगल में धकेल कर पासवानों की संगति में रहना उसकी जीवन शैली बन चुकी थी। उसकी अनेक पासवानों में नागौर जिले के खेण गाँव की निवासिनी राव गौत्र की मघराई नामक जाट महिला भी थी। इस मघराई से तखतसिंह के सरदारसिंह नामक बेटा था। उस दौरान मारवाड़ दरबार के कविराजा मुरारदान आशिया के पुत्र गणेशदान की बारात उदयपुर के कविराजा श्यामलदास दधवाड़िया के यहाँ गई। बरात में सरदारसिंह भी शामिल था। वहाँ कन्यापक्ष से बरातियों का परिचय कराते हुए श्यामलदास ने सरदारसिंह का परिचय व्यंग्य के लहजे में इस प्रकार दिया–

तात जिकांरा तखतसी माँ मृगराज समझ्झ।
जनम जिकांरौ जोधपुर आछां कीं अचरज्ज।।

अर्थात्–जिनके जनक तख्तसिंह और जननी मृगराज (मघराई) है; जिनका जन्मस्थान जोधपुर है, उनकी श्रेष्ठता में क्या आश्चर्य है?

मघराई ने जनसुविधा के लिये निजी धनराशि से पानी का एक टांका बनवाया था। जो मूलतः 'मघराई का टांका' कहलाता था किन्तु काल प्रवाह में वह नाम बिगड़ कर 'मगराज जी का टांका' हो गया। वर्तमान समय में यही नाम प्रचलित है।

155.

(आसोप)

आसोप ठिकाने के यती जी के ऊँट को पागल कुत्ते ने काट दिया था। उसको 'हिड़कवा' (पागल कुत्ते से काटने से होने वाली जानलेवा बीमारी) होने से पहले यती जी ने धोखे वह ऊँट गाँव बासणी कवियान के चारण बांकीदानजी को बेच दिया। तीन दिन बाद वह ऊँट 'हिड़कवा' उठने से मर गया। बांकीदानजी ने ऊँट की कीमत अदा करने से मना कर दिया। यती जी ने आसोप ठाकुर के सामने मामला पेश किया। कवि को पेशी पर बुलाया गया। कवि ने कहा–मरते समय ऊँट की वाचा खुली। उसने जो बात कही, उसे सुन लें फिर आप जो ठीक समझें, निर्णय करें। मरते हुए ऊँट से कवि ने अच्छी तरह से पूछा–

मरतां बखत झूठ मत बोलै साच बात कहजै दरसाय
अेक न कपट कहै मो आगळ जद यूं जीव मुखौतर जाय

इस पर ऊँट ने कहा था–

गुरां अपराध गांठियौ थां सू बेहक घात करी विसवास
आप तणा घर किया उबारण पैलां गळै रळाई पास

आसोप ठाकुर ने कवि से सारी बात विस्तार से पूछी कि विश्वासघात कैसे हुआ। कवि ने सारी हक़ीक़त अथ से इति तक सुना दो। फैसला उन्हीं के पक्ष में हुआ।

अर्थात्–यति ने अपराध किया है और बिना बात आप से विश्वासघात किया है। अपना घर उबारने के लिये दूसरे के गले में फंदा ड ल दिया।

156.

मारवाड़ पर महाराजा विजयसिंह ने चालीस वर्ष शासन किया किंतु उनका अधिकांश समय लड़ाई-झगड़ों में ही व्यतीत हुआ। तुंगा की लड़ाई में राठौड़ों के चारण के शब्द बाणों ने जिस तरह जयपुर के कच्छवाहों को आहत किया था, वह बात उनके मन में घर कर गई थी। वे उसका प्रतिशोध लेने की फ़िराक में थे। बाद में पाटण की लड़ाई में उन्हें इसका अवसर मिल गया। जयपुर के दीवान मिर्ज़ा इस्माइल बेग व महादाजी सिंधिया में पहले से अनबन थी।

विक्रम संवत् 1847 में सिंधिया का सामना जोधपुर व जयपुर की संयुक्त सेनाओं से पाटण में हुआ। उस समय जयपुर का शासक प्रतापसिंह मरहठों से अपना राज्य नष्ट न करने का वचन लेकर मैदान से अलग हो गया। फलतः राठौड़ों को पराजय का मुख देखना पड़ा। चुनांचे जयपुर के कच्छवाहों को यह कहने का अवसर प्राप्त हुआ–

घोड़ा, जोड़ा, पागड़ी, मरुवाळी मरोड़
पाटण में पधारयगा रकम पाँच राठौड़

***

मेवाड़

157.

गुजरात के सुल्तान बहादुरशाह ने चित्तौड़ पर आक्रमण कर दिया था। गढ़ के एक बुर्ज की रक्षा का दायित्व बूँदी के राव अर्जुन के जिम्मे था। काफी समय तक घेरा डाले रहने पर भी मनोकामना पूरी नहीं होते देख बहादुरशाह ने बुर्ज के नीचे सुरंग खुदवाई और उसमें बारूद भर कर आग लगा दी। घोर संकट सम्मुख देख कर भी राव अर्जुन अडिग रहे और बुर्ज की रक्षा में प्राणों की आहुति दे दी। उनके बलिदान का साक्षी यह दूहा–

सोर कियौ बहुजार धर परबत आडी सिला।
तैं काढ़ी तलवार अधिपतिया हाडा अजा।।

अर्थात्–जब बारूद भर कर आग लगा दी गई तब उस सुरंग से लपलपाती अग्नि में एक पत्थर रख और उस पर खड़े होकर दुर्ग की रक्षा करने वाले हे हाडा राज अर्जुन! तेरी अपनी तलवार धन्य है धन्य है तेरा यह स्वर्गारोहण।

158.

मेवाड़ के यशस्वी महाराणा कुंभा की जीवन-लीला की समाप्ति उनके पितृहंता बेटे उदयसिंह के हाथों हुई। इस पितृहन्ता को सब लोग घृणा की दृष्टि से देखते थे। उसका मुँह देखना भी पाप समझते थे। इस जघन्य अपराध के कारण कवियों ने उसे ''ऊदा तूं हत्यारौ'' कह कर तिरस्कृत किया। सामान्तों में से भी किसी ने उसका साथ नहीं दिया। फलतः उसे पदे-पदे कठिनाईयों का सामना करना पड़ रहा था। अन्त में रायमल ने उसे सत्ताच्युत कर मेवाड़ की गद्दी पर अधिकार कर लिया। उदयसिंह ने तत्कालीन दिल्ली सुल्तान बहलोल लोधी से सहायता पाने के लिये दिल्ली का रुख किया किंतु मार्ग में ही बिजली गिरने से उसकी मृत्यु हो गई। इस पर एक कवि ने कहा–

ऊदा बाप न मारजै लिखियौ लाभै राज।
देश बसायो रायमल सर्‌यौ न अेको काज।।

अर्थात्–ऊदा तुम्हें पिता को नहीं मारना चाहिये था। राज्य तो भाग्य में लिखा हो तभी मिलता है। देश का स्वामी तो रायमल हुआ और तेरा एक भी काम सिद्ध नहीं हुआ।

159.

मेवाड़ की स्वातंत्र्य चेतना के प्रतीक चित्तौड़गढ़ को मुगलिया ध्वज के तले लाने के लिये अकबर ने कोई कसर नहीं उठा रखी थी। किले का घेरा डाल दिया गया था। दुर्ग रक्षा का भार मेड़तिया जयमल के कन्धों पर था। उसने जिस रणनीति व कुशल नेतृत्व से यह कार्य अंजाम दिया, उसने मुगलिया इरादों पर पानी फेर दिया। दाल गलती न देखकर कूटनीति प्रवीण अकबर ने चालाकी का सहारा लेते हुए जयमल को फोड़ने के लिये उसे प्रलोभन दिया कि यदि एक बार चित्तौड़ हमें सौंप दें तो हम आपको यहाँ का सूबेदार बना देंगे। जयमल ने जो उत्तर भेजा, उसे कवि ने शब्दों में यूँ ढ़ाला–

जैमल लिखै जवाब जद सुणजै अकबर शाह
आण फिरै गढ़ ऊपरां तूटां सिर पतसाह

है गढ़ म्हारौ म्हूँ धणी असुर फिरै किम आण
कूंची गढ़ चित्तौड़ री दीधी मुज्झ दीवांण

अर्थात्–हे! अकबर शाह सुनो, मेरे सिर के टुकड़े-टुकड़े होने पर ही चित्तौड़गढ़ पर तुम्हारी दुहाई फिर सकती है और यह आपने खूब कही कि मैं तुम्हें चित्तौड़ का सूबेदार बना दूँगा। चित्तौड़ तो मेरा ही है और मैं यहाँ का स्वामी हूँ। भगवान एकलिंगजी के दीवान महाराणा ने इस किले की कुंजी मुझे सौंपी है। मेरे जीते जी यहाँ मुगलों की दुहाई नहीं फिर सकती।

मेड़तिया जयमल के मनोभावों को एक अन्य कवि ने यूँ व्यक्त किया–

धड़क मत चत्रगढ़ जोधहर धीरपै गंज सत्रां दलां करूँ गजगाह
भुजा सूं मुझ जद कमळ कमळां भिळै पछै तो कमळ पग दे पतसाह

अर्थात्–जोधा का वंशज धीरज बंधाता है कि हे चित्तौड़ तू धड़क मत। शत्रुओं के दलों को नष्ट कर मैं उन्हें हाथियों से रौंदवा डालूँगा। भुजाओं से अलग होकर जब मेरा मस्तक महादेव की रुण्डमाला के मस्तकों में जा मिलेगा, तभी बादशाह तेरे सिर पर पैर रख सकेगा।

दूद कुल आभरण धूहड़ हर दाखवै
धीर मन डरै मत करै धोखौ
प्रथी पर म्हारौ शीश पड़ियां पछै
जाणजै थारै शीश जोखौ

अर्थात्–दूदा का कुलभूषण और धूहड़ का वंशज जयमल किले से कहता है कि धैर्य धारण कर। मन में किसी प्रकार का डर और संशय मत रख। तेरे सिर पर आँच तभी आएगी जब मेरा सिर पृथ्वी पर गिर पड़ेगा।

160.

मुगलिया सत्ता के विस्तार की अदम्य लालसा से प्रेरित अकबर ने जब चित्तौड़ पर हमला किया तब अत्यन्त विषम परिस्थिति में महाराणा उदयसिंह को चित्तौड़ छोड़ना पड़ा। उस समय वहाँ तीसरा साका (जौहर) हुआ। उस भीषण संकटकाल में गढ़ की रक्षा का भार वीरवर जयमल और पत्ता को सौंपा गया। गुणग्राहक अकबर इन दोनों वीरों की वीरता और दृढ़ता से इतना अभिभूत हो गया कि आगरा पहुँचते ही उसने संगमरमर के दो विशालकाय हाथी बनवा कर उन पर जयमल-पत्ता की आदमकद मूर्तियाँ आगरा दुर्ग के मुख्य द्वार के दायें-बायें स्थापित करवा दीं। प्रसद्धि फ्रांसीसी यात्री बर्नियर ने इन मूर्तियों को देखा था। जिन्हें बाद में धर्मान्ध औरंगजेब ने तुड़वा दिया था।

जयमल-पत्ता की वीरता, स्वामीभक्ति और दृढ़ता को बखानते हुए मारवाड़ के महाराजा मानसिंह के काव्यगुरु कविराजा बाँकीदास ने लिखा–

मारु पर धर मारका ठहरै समहर ठौड़
ओखाणों उजवाळियौ चढ़ जैमल चित्तौड़
पतो जगा रो विरदपत वीरम रौ जैमाल
केलपुरो कमधज दुहूँ हुआ चत्रगढ़ ढाल
पाग लीधौ जयमल पत्ते मरस्यां बाँधर मोड़
सिर संजै सूंपां नहीं चकता नूं चित्तौड़
ओ पत्तो सीसोदियौ ओ जयमल कमधज्ज
एक सूर घर कज्ज है एक सूर पर कज्ज

अर्थात्–मारवाड़ के लोग परायी धरती की रक्षा के लिये युद्ध करने

वाले हैं। वे युद्ध क्षेत्र में डट कर युद्ध करते हैं। राव जयमल ने चित्तौड़ के साके में प्राणों की बलि देकर इस कहावत को चरितार्थ कर दिखाया।

महान् विरद (यश) को धारण करने वाले, केलवा के अधिपति जगाजी के पुत्र पत्ताजी और राव वीरमजी के पुत्र जयमलजी आज चित्तौड़ की ढ़ाल बने हैं।

जयमल और पत्ता ने प्रतिज्ञा की आज चित्तौड़ के लिये मोड़ बाँधकर, वर (बींद) बन कर सहर्ष प्राण न्यौछावर कर देंगे। जब तक धड़ पर सिर है, मुगलों को चित्तौड़ नहीं सौंपेंगे।

यह पत्ता सिसोदिया और यह जयमल राठौड़, आज चित्तौड़ की रक्षा के लिये लड़ रहे हैं किन्तु जयमल तो पराये होकर भी परायी भूमि की रक्षा के लिये लड़ रहे हैं।

राजस्थान के एक अन्य कवि ने इस वीर योद्धाओं के विषय में ठीक ही कहा है–

रहतौ जे राठौड़ पुहुमी पर ऊभां पगां
चढ़तौ नह चित्तौड़ अकबर दळ लै आसुरां

अर्थात्–जयमल राठौड़ यदि संसार में खड़े पैरों रहता तो अकबर अपने सैन्य दल सहित चित्तौड़ पर नहीं चढ़ पाता।

161.

राजस्थान के इतिहास की एक अत्यन्त उल्लेखनीय घटना है, मुगलिया सत्ता से संघर्ष करते-करते सर्वथा हताश हो चुके महाराणा द्वारा अकबर को लिखा गया तथाकथित आत्म समर्पण का पत्र। जब यह पत्र बीकानेर के पृथ्वीराज को सुनाया गया तो तत्काल उनकी प्रतिक्रिया थी कि यह पत्र जाली है। महाराणा ऐसा पत्र लिख ही नहीं सकते। उन्होंने अकबर से पूछा यदि आपकी आज्ञा हो तो महाराणा को पत्र लिखकर वास्तविकता मालूम करूँ। अकबर की अनुमति मिलने पर पृथ्वीराज ने लिख भेजा–

'पातल' जो 'पतसाह' बोलै मुख हूंतां बयण
मिहिर पिछम दिस मांह ऊगै कासप रावऊत
पटकूं मूंछां पांण कै पटकूं निज तन करद
दीजै लिख दीवांण इण दो मँहली बात इक

अर्थात्–प्रताप यदि अपने मुख से 'पातसाह' शब्द का उच्चारण करे तो सूर्य पश्चिम दिशा में उदित हो। हे दीवान! मैं अपनी मूँछों पर गर्व से ताव दूँ अथवा ग्लानि से अपनी गर्दन पर तलवार का प्रहार करूँ? इन दो बातों में से एक लिख भेजें।

पत्र मिलने पर महाराणा ने पृथ्वीराज को आश्वस्त करते हुए ओज एवं आत्मविश्वास से आलोकित यह उत्तर भेजा–

तुरक कहासी मुख पतै इण तन सूं इकलिंग।
ऊगै ज्यां ही ऊगसी प्राची बीच पतंग।।

खुशी हूंत पीथळ कमध पटकौ मूंछां पांण।
पछटण है जेतै पतो कलमां सिर केवाण।।

सांग मूंड सहसी सको सम जस जहर सवाद।
भड़ पीथळ जीतो भलौ बैण तुरक सूं वाद।।

अर्थात्–प्रताप के मुख से निरन्तर 'तुरक' शब्द ही निकलेगा। पातसाह नहीं। सूर्य सदा की तरह पूर्व में ही उगता रहेगा। हे पीथळ! तब तक खुशी से मूँछों पर ताव दो, जब तक प्रताप कलमा पढ़ने वालों के सिर पर तलवार का प्रहार करने को मौजूद है। यश कामना को विषवत समझने वाला प्रताप अपने सिर पर सांगों (तार से गूँथी हुई मजबूत लाठी) के प्रहार सहेगा। हे वीर! पीथळ तुर्क से विवाद में विजयी बनो।

162.

एक दिन पृथ्वीराज को उदास देखकर अकबर ने पूछा–

मन उतरादो तन दखण कहो न कवण विचार

इस पर पृथ्वीराज ने उत्तर दिया–

मन गुणवंती मोहियौ तन रूंधौ दरबार

और साथ ही यह दूहा भी कहा–

के सेवई पग नाथ रा के सेवई तट गंध
प्रथु सेवई चंपकळी सदळ, सरूप, सगंध

अर्थात्–अकबर ने पूछा, तुम्हारा मन उत्तर की ओर तथा तन दक्षिण की ओर जा रहा है, कहो, क्या विचार कर रहे हो? पृथ्वीराज का उत्तर था, मन

तो गुणवंती भार्या ने मोह लिया है और तन श्रीमान् ने रोक रखा है। कोई तो स्वामी की सेवा करते हैं और कई गंध के उपासक हैं पर पृथ्वीराज तो चंपाकली का सेवन करता है, जो सदल, सुरूप और सुगंध है।

163.

मुगल बादशाह अकबर ने जब चित्तौड़ पर चढ़ाई की तो महाराणा उदयसिंह ने गढ़ की रक्षा का भार जयमल और पत्ता को सौंपा। अकबर ने गढ़ जीतने की पुरजोर कोशिश की और इन दोनों वीरों पर अपनी शक्ति व सामर्थ्य की धाक जमाने के लिये कहलवाया–

पग मांडौ जयमल पत्ता गढ़ म्हां सूं नहीं दूर।
लीधा इसा हजार गढ़ म्हां दादै तैमूर।।

इसका सटीक उत्तर देते हुए दोनों वीरों ने कहलवाया–

असकंदर जे आवही सुलेमान दळ साज।
तो पण नह सूंपां इणनै अकबर काहू आज।।

164.

सोलहवीं शताब्दी में भारत में जैसे-जैसे मुगलिया सत्ता प्रबल होती गई, राजस्थान में एक मेवाड़ के अपवाद को छोड़कर बाकी सभी रजवाड़ों ने मुगलों की अधीनता स्वीकार कर ली। इन रजवाड़ों के राजाओं के साथ कई कवि भी आगरा दरबार में पहुँचे। अपनी काव्य प्रतिभा के बल पर उन्होंने बादशाहों विशेषकर अकबर से कई ईनाम-सम्मान आदि हासिल किये। अकबर के समकालीन कवियों में जाडाजी मेहडू (मूल नाम मेहकरण; स्थूलकाय होने के कारण जाडाजी नाम से जाने जाते थे।) ने अपनी अद्भुत काव्य प्रतिभा से बाकी सभी कवियों को एक मुसीबत से छुटकारा दिलाया।

अकबर के दरबार में यह नियम था कि बादशाह के सामने किसी को बैठने की इजाजत नहीं थी। जाडाजी मेहडू को अपने भारी डील-डौल के कारण खड़े रहने में बहुत तकलीफ होती थी। इसलिये एक दिन दरबार में बादशाह को संबोधित करते हुए बैठे बैठे ही यह दूहा कहा–

पंगा बळ न पतसाह जीभां बळ जाचकतणौ।
सुणजौ अकबर शाह बैठा बैठा ई बोलस्यां।।

अर्थात्–हे बादशाह! इस याचक के पास पैरों का बल नहीं, वाचा का बल है। इसलिये अकबरशाह सुनिये, मैं तो बैठे-बैठे ही बोलूँगा।

कहते हैं उस दिन से बादशाह अकबर ने फरमान जारी कर दिया कि जाडाजी बैठे-बैठे ही काव्य पाठ करेंगे।

165.

महाराणा उदयसिंह के बाद मेवाड़ की राजगद्दी पर ज्येष्ठता की परिपाटी के अनुसार तो जगमाल का दावा था किन्तु उसमें राज-काज के लिये अपेक्षित योग्यता के अभाव के कारण सभी सामन्तों ने उसके छोटे भाई प्रताप का राजतिलक करने का निश्चय किया। इस निर्णय से नाराज जगमाल ने बादशाह अकबर की सेवा में जाने का निश्चय किया किन्तु यह कोई आसान काम नहीं था। चुनांचे वह नामी कवि जाडाजी मेहडू को साथ लेकर आगरा पहुँचा। पर बादशाह से मिलना टेढ़ी खीर थी।

इस कठिनाई से पार पाने के लिये जाडाजी ने उसे यह युक्ति बतायी कि पहिले दरबार के नौ रत्नों में से विद्या व्यसनी अब्दुर्रहीम खान खाना का विश्वास जीता जाय। उनके माध्यम से बादशाह से भेंट हो पाने की संभावना बन सकती है। जाडा मेहडू ने कलम और तलवार के धनी खानखाना के अनुपम व्यक्तित्व को सराहते हुए उन्हें लिखा–

खांनखांना नवाब रै खांडै आग खिवंत।
पाणी वाळा तो प्राजळै तृण वाळा जीवंत।।

खांनखांना नवाब री साढ़ तिहत्थी देह।
मांय समाणौ मेरु मन अमां अंचभौ एह।।

खांनखांना नवाब रौ दीठौ अेहौ देण।
ज्यूं ज्यूं कर ऊँचा करै त्यूं त्यूं नीचा नैण।।

अर्थात्–खानखाना की तलवार से अग्नि की वर्षा होती है। जिससे पानी वाला (पराक्रमी पुरुष) तो जल जाता है और तिनके वाला (दाँतों में तिनका दबाकर दया की याचना करने वाला) बच जाता है।

खानखाना की काया तो साढ़े तीन हाथ की है और उसमें सुमेरु पर्वत समान मन समाया हुआ है। मुझे इस बात का आश्चर्य है।

खानखाना को मैंने ऐसे दान देते देखा कि ज्यों-ज्यों उनके हाथ दान देने के लिये ऊपर उठते हैं त्यों-त्यों नयन नीचे होते चले जाते हैं!

दूहों का आशातीत असर हुआ। जगमाल को अकबर का संरक्षण व जाडा मेहडू को दरबार में सम्मान प्राप्त हुआ।

166.

मुगल बादशाह जहाँगीर ने अब्दुला खाँ के नेतृत्व में मेवाड़ विजय के लिये सेना भेजी। महाराणा अमरसिंह एक छोटे भाई सगरजी ने देशद्रोही का काम किया और शत्रुसेना को रास्ता बता दिया। राणा के पुत्र भीमसिंह ने मुगल आक्रमण के विफल करने के लिये मध्यरात्रि में अचानक हमला बोल दिया। मुगल सैनिक हतप्रभ हो गये। ''चाचा ठहरो! मैं तुम्हारे लिये ही आया हूँ'', यह कहते हुए उसने सगर की ओर कटार फेंक कर मारी, जो उसके पाँव में लगी। भीमसिंह के पराक्रम को इस प्रकार वर्णित किया गया है–

हुवौ पवाड़ां हाथ हिन्दुवां असुर सिंघार हुवै आराण
शाह आलम मूकै साहिजादौ रायजादो थाप लियौ राण
मंडियौ वाद दिल्ली मेवाड़ां समहर तिकौ दिहाड़े सींव
भवसन पैठे किसै भाखरै भाखर किसै न बढ़ियौ भींव

अर्थात्–हिन्दुओं के हाथ से बहुत से मुसलमान मारे गये। बादशाह ने शाहजादे को और राणा ने राजकुमार को नियत किया। दिल्ली और मेवाड़ में युद्ध शुरु हुआ। शत्रुओं ने पर्वतों को घेरा तो कौनसा पर्वत ऐसा था, जहाँ भीम ने उनसे मोर्चा नहीं लिया।

167.

मुगलिया अमल से मेवाड़ की स्वाधीनता की रक्षा के लिये महाराणा प्रताप के समय से चली आ रही जद्दो-जहद उनके वारिस महाराणा अमरसिंह के समय भी बदस्तूर जारी रही। लेकिन साधन सम्पन्न मुगल सत्ता के सम्मुख टिके रहने में मेवाड़ को दाँतों पसीना आ रहा था। अपने अल्प साधनों के बूते पर मेवाड़ भला कब तक टिका रह सकता था? अमरसिंह को कोई मार्ग नहीं सूझ रहा था कि इस संकट काल का कैसे मुकाबला किया जाय? काफी सोच-विचार के बाद उन्होंने अपनी संकटापन्न स्थिति का खुलासा करते हुए

अब्दुर्रहीम खानखाना को चिट्ठी लिखी और उनसे मार्गदर्शन का आग्रह किया। अपनी बदहाली का जिक्र करते हुए उन्होंने लिखा–

गौड़, कच्छावा, राठवड़ गोखां झोख करंत।
कहीजो खानखान ने वनचर हुया फिरंत।।

तँवरा सूं दिल्ली गई राठौड़ां कनवज्ज।
कहीजो खानखाना नै वो दिन दिसै अज्ज।।

अर्थात्–गौड़, कच्छवाहा और राठौड़ तो महलों के गवाक्षों में सुख-सुविधा का जीवन बिता रहे हैं। (यहाँ पर संकेत उन राजवंशों की ओर है जिन्होंने अकबर की अधीनता स्वीकार कर ली थी।) खानखाना से कहना कि हमारी हालत तो जंगलों में भटकते हुए वनचरों की भाँति हो गई है।

जो राजवंश सत्ताच्युत हो चुके थे, उनका जिक्र करते हुए महाराणा ने लिखा–

तँवरों के हाथ से दिल्ली निकल गई और राठौड़ कन्नौज से बेदखल हो गये। खानखाना से कहना कि अब मेवाड़ की भी वही हालत होने वाली है।

खानखाना निहायत गुणग्राहक सज्जन थे। भले ही वे मुगल सिपहसालार थे मगर जिस आदर्श के लिये मेवाड़ संघर्ष कर रहा था, उसके प्रशंसक भी थे। अपनी विद्वता और दानवीरता के लिये विख्यात खानखाना ने हताश महाराणा को दिलासा देते हुए जवाब भेजा–

धरा रहसी रहसी धरम खप जासी खुरसाण।
अमर विशंभर ऊपरां राखौ नहचौ राण।।

अर्थात्–ये धरा बनी रहेगी, धर्म अक्षुण्ण रहेगा और खुरासानी (अर्थात् मुगल) विलुप्त हो जाएँगे। अतः राणा विशम्भर पर भरोसा रखते हुए मन में धीरज धारण कीजिये।

168.

मौर्य वंश के राजा चित्रांगद ने चित्तौड़ का किला बनवाया था। इसी कारण इसका नामकरण चित्रकूट (चित्तौड़) हुआ। बप्पा रावल ने मौर्य वंश के अन्तिम शासक मान मोरी को पराजित कर यह किला अपने अधिकार में कर लिया। इस सम्बन्ध में निम्नलिखित दोहे कहे जाते हैं–

चित्रकोट चित्रांगदे मोरी कुल महीपाल
गढ़ मंड्या अवलोकि गिरी देवन सीदा ढ़ाल
संगहि लिय सीसोदिये दुर्गराह रिपिदान
बापा रावल वीरवर वसुमति जासु बखान
पाट अचल मेवाड़पति रघुवंशी राजान
बापा रावल बड बहत थिरि चीतोड़ सुथान

169.

मेवाड़ के राणा सांगा और मुगल आक्रान्ता बाबर के बीच ऐतिहासिक खानवा का युद्ध हुआ। युद्ध के दौरान मस्तक में चोट लगने के कारण राणा सांगा मूर्च्छित हो गये। ऐसी हालत में सरदार उन्हें युद्ध क्षेत्र से निकाल कर सुरक्षित स्थान पर ले आए। मूर्च्छा दूर होने पर उन्हें सारा हाल मालूम हुआ अपनी पराजय से उन्हें भारी क्लेश हुआ। खिन्नता इस कदर बढ़ गई कि वे सभी से किनारा करके एकान्तवास करने लगे। ऐसी स्थिति में बारहट जमणाजी ने निम्नांकित गीत सुनाकर उनमें पुनः उत्साह संचार किया–

सत बार जरासंध आगळ श्रीरंग विमुहा टीकम दीध वग।
मेलि घात मारे मधुसूदन असुर घात नाखे अळग।।

पारथ हेकरसां हथणापुर हटियौ त्रिया पड़तां हाथ।
देख जका दुरजोधण कीधी पछै तक कीधी कोई पाथ।।

इकरां राम तणी तिय रावण मंद हरै गौ दह कमळ।
टीकम सोहिज पथर तरिया जगनायक ऊपरां जळ।।

एक राड़ भव मांहि ओहथी औरस आणै केम उर।
माल तणा केवा कज मांगा सांगा तूं सालै असुर।।

अर्थात्–सात बार जरासंध से विमुख होकर श्री कृष्ण भागे थे। अपनी घात मेट कर फिर शत्रु का संहार किया था–तब फिर आप ही युद्ध से क्यों विमुख होते हैं।

अर्जुन एक बार हस्तिनापुर में द्रौपदी का दुःख देखकर दूर हटा था। दुर्योधन ने उस समय जो किया वह सब जानते हैं पर यह भी तो देखो अर्जुन ने बाद में क्या किया?

एक बार मूर्ख रावण सीता को हर कर ले गया था किन्तु फिर जगत्पति रामचन्द्र ने समुद्र में पत्थरों का पुल बाँध कर कैसा अद्भुत कार्य किया था?

एक युद्ध में हार जाने से हे राणा! आप क्या हिम्मत हार रहे हैं। आप तो शत्रुओं को बहुत खटकते हैं।

170.

नागौर को अधिकृत कर चुके यवनों ने वहाँ पर अत्याचारों का ताण्डव मचा रखा था। गौ हत्या प्रतिदिन की बात हो गई थी। महाराणा कुंभा ने यवनों को परास्त कर नागौर को अनाचार से मुक्ति दिलायी। इस विजय के उपरान्त कुंभा एकलिंगजी के दर्शनार्थ गये। वहाँ एक गाय को साँड के समान हुँकारते देखा। वहाँ से लौटने के बाद महाराणा ने दरबार में 'कामधेन तांडव करिय' छप्पय का उक्त चरण कहा पर दरबार में कोई चारण उपस्थित न होने के कारण इसका अर्थ नहीं समझ सका।

ज्योतिषियों ने इस संदर्भ में कह दिया कि आपकी मृत्यु एक चारण के हाथों होगी। आशंकित महाराणा ने सब चारणों को मेवाड़ से निष्कासित कर दिया। एक चारण गुप्त वेश में एक राजपूत के यहाँ शरण लिये हुए था। उसने अपने आश्रयदाता राजपूत के साथ महाराणा के दरबार में उपस्थित होकर कहा–

जद धर पर जोवती दीठ नागौर धरंती
गायत्री संघरण देखि मन मांहि डरंती
सूर कोटि तेतीस आग निरंतां चारौ
नहीं चरंत पीवंत मने करती हुंकारौ
कुंभ राणा हणिया कलम आंजस डर डर उत्तरिय
तिण दीह द्वार शंकर तणै कामधेनु तांडव करिय

अर्थात्–जब कामधेनु स्वर्ग से धरती पर नागौर में गौवध होते देखती तो मन में डरती। तैतीस करोड़ देवता आकर उसको चारा डालते किन्तु वह कुछ खाती-पीती नहीं थी। अन्तर्मन से व्यथित थी किंतु आज यह देखकर कि राणा कुंभा ने यवनों को मार डाला है, उसके मन का विषाद दूर हो गया और शत्रुओं का डर जाता रहा। इसलिये उस दिन शंकर के द्वार पर कामधेनु ने ताण्डव किया था।

छप्पय सुनकर महाराणा बड़े प्रसन्न हुए और बोले, यह तो किसी चारण द्वारा रचित छप्पय ही हो सकता है। फिर भी हम तुमसे प्रसन्न हैं और उसे इच्छित वस्तु माँगने का कहा। इस पर चारण ने निवेदन किया, आपने सभी निरपराध चारणों को मेवाड़ से निष्कासित कर दिया है, उन्हें वापिस मेवाड़ में आने की अनुमति दीजिये। चूंकि महाराणा वचन से बँध चुके थे, फलतः चारणों को मेवाड़ आने की अनुमति मिल गई।

171.

मेवाड़ के महाराणा रायमल के पुत्रों में वैसे तो पृथ्वीराज और जयमल तीसरे पुत्र संग्रामसिंह से बड़े होने के कारण गद्दी के स्वाभाविक उत्तराधिकारी थे, पर एक ज्योतिषी की इस भविष्यवाणी ने कि संग्रामसिंह गद्दीनशीन होंगे, भाईयों में वैमनस्य की ज्वाला भड़का दी। मेवाड़ में गृहयुद्ध की स्थिति उत्पन्न हो गई। गद्दी के लिय़े हुए संघर्ष में संग्रामसिंह घायल होकर रणक्षेत्र से भागते हुए सेवंत्री गाँव पहुँचा। संयोग से सरदार बीदा उस समय वहीं पर था। इस बीच संग्रामसिंह का पीछा करते हुए जयमल वहाँ आ पहुँचा। उसने बीदा से संग्रामसिंह सौंपने को कहा पर बीदा ने शरणागत की रक्षा करना अपना कर्त्तव्य मानते हुए ऐसा करने से मना कर दिया।

उसने संग्रामसिंह को तो कुछ रक्षकों के साथ गोडवाड़ की तरफ रवाना कर दिया और स्वयं अपने अनुज, पुत्रों और बहुत से सरदारों के साथ जयमल व उसके सैन्य दल से लड़ता हुआ काम आया। बाद में जब संग्रामसिंह मेवाड़ की गद्दी पर आसीन हुए तो उसने बीदा के परिवार की भरपूर सहायता की। निःस्वार्थ भाव से प्राणोत्सर्ग करने वाले बीदा की भूरि-भूरि प्रशंसा की। इस सम्बन्ध में यह पद्य प्रसिद्ध है—

सांच वचन अवसाण सुध नाहर ना नट्टे
जेतमाळ कुळ जनमिया मुख कहे न पलट्टे
जैमल रा दल जूझिया करवाळां कट्टे
सांगो भोगे चित्रकोट सर बीदा सट्टे

वस्तुतः बीदा के बलिदान के फलस्वरूप ही संग्रामसिंह को चित्तौड़ का राज्य मिला था।

172.

अकबर और उसके सेनानायकों को चित्तौड़ गढ़ फतह करने की तीव्र आकांक्षा थी। इस सम्बन्ध में एक दूहा यूँ प्रचलित है–

अकबर सूं ऊभौ करै आसफखान अरज्ज
हजरत गढ़ कीजै हलो करो जेज किण कज्ज

अर्थात्–आसफ खाँ खड़ा हुआ बादशाह से अर्ज़ कर रहा है कि हजरत! गढ़ पर आक्रमण कर दीजिये। देर किस कारण हो रही है?

आसफखाँ अकबर कहै भीतां भुरजां जोय।
बाँको गढ़ भड़ बाँकड़ा हलो कियां की होय।।

भीतरला फूटा भड़ां के खूटां सामान।
इण गढ़ होसी अमल खम तू आसफखान।।

अर्थात्–किले की दीवारों को देखकर अकबर कहता है कि हे आसफखाँ! एक तो यह गढ़ ही बड़ा बाँका है फिर इसकी रक्षा के लिये सूरमा उद्यत हैं, इसलिये मात्र आक्रमण से क्या हो सकता है? यह किला तो तभी हाथ आ सकता है जब या तो भीतर के योद्धाओं में फूट पड़ जाय और वे हमसे आ मिलें या अन्दर की भोजन सामग्री समाप्त हो जाए। इसलिये हे आसफखाँ तू धैर्य रख।

173.

मुगल बादशाह अकबर का दरबार लगा हुआ था। बड़े-बड़े सामन्त और अमीर-उमरा उपस्थित थे। अचानक एक हरकारा महाराणा प्रताप के स्वर्गवास का समाचार लेकर आया। समाचार सुनते ही अकबर के मुख पर उदासी छा गई। दरबारियों के लिये यह आश्चर्य की बात थी। इसका कारण उनकी समझ से परे था।

उस समय दरबार में उपस्थित राजस्थानी कवि दुरसा आढ़ा ने महाराणा के विषय में एक पिछोला (मरसिया) छप्पय के रूप में कहा जिसमें उनके यशोज्ज्वल जीवन का सार और बादशाह की खिन्नता का कारण निहित था। बादशाह की विशाल सेना भी महाराणा को अपने अधीन करने में असफल रही। यही उसके लिये दुःख का विषय था। दुरसाजी ने एक छप्पय में महाराणा प्रताप के अनुपम शौर्य व अकबर की मनोदशा का चित्रण कर दिया–

अस लेगौ अणदाग पाघ लेगौ अणनामी
गो आडा गवड़ाय जिकौ बहतौ धुर वामी
नव रोजे नह गयौ न गो आतसां नवल्ली
न गो झरोखां हेठ जेठ दुनियाण दहल्ली
गहलोत राण जीत गयौ दसण मूंद रसना डसी
नीसास मूक भरिया नयण तो मृत साह प्रतापसी

अर्थात्–महाराणा ने अपने घोड़ों को दाग नहीं लगने दिया। अपनी पाघ (पगड़ी) को किसी के सामने नहीं झुकाया। (शत्रु के सम्मुख नतमस्तक नहीं हुआ।) वह आडा गवाता हुआ चला गया। जो भारत के भार की गाड़ी को बाँई तरफ से खींचने वाला था। जो नौरोज के जलसे में कभी नहीं गया। शाही डेरों में नहीं गया और ऐसे झरोखे के नीचे नहीं आया जिसका रौब दुनिया पर गालिब था। ऐसा पराक्रमी गहलोत राणा प्रतापसिंह उन्नतभाल चला गया जिस कारण बादशाह ने जीभ को दाँतों में दबाया और निःश्वास लेकर आँखों में पानी भर लिया। हे प्रतापसिंह! तेरे स्वर्गवास पर ऐसा हुआ।

स्पष्टीकरण–'अणदाग'–अकबर के शासनकाल में राजकीय नियमानुसार उन राजाओं के घोड़ों के पुट्ठों पर दाग लगाया जाता था जो शाही सेना में सेवाएँ देते थे। पर महाराणा के अश्व 'अणदागल' रहे।

आडा–वे सोरठे जिनमें अदावत रखने वाले शत्रु पर ताने कसे जाते हैं और अपने आराध्य वीर की प्रशंसा की जाती है। इस तरह के सोरठे महाराणा के सामने ढ़ोली गाया करते थे। जैसे–

अकबर घोर अंधार ऊंघाणा हिंदू अवर
जागे जग दातार पोहरे राण प्रतापसी

धुरवामी–बैलगाड़ी या रथ को खींचने वाली बैलों की जोड़ी में से अपेक्षाकृत मजबूत कद-काठी के बैल को बायीं ओर जोता जाता है।

झरोखे हेठ–अकबर महल के झरोखें में बैठकर अपने अधीनस्थ सभी राजाओं को दर्शन देता था। अपनी स्वामीभक्ति का प्रमाण देने के लिये राजाओं के लिये झरोखा दर्शन अनिवार्य था।

174.

मेड़तिया जयमल के नेतृत्व में चित्तौड़ गढ़ की रक्षा के लिये जो विकट

युद्ध हुआ, उसमें उसके भाई ईसरदास ने भी अद्‌भुत पराक्रम दिखाया था। अकबर किसी भी तरह युद्ध जीतना चाहता था। अतः उसने हाथियों को मदिरा पिला कर उनकी सूंडों में तलवारें बाँधकर मेवाड़ी सेना को नेस्तनाबूद करने के लिये उन्हें आगे बढ़ाया। पर मेवाड़ी योद्धा पीछे नहीं हटे। उन्हों सहर्ष मृत्यु का वरण किया। ईसरदास भी इस युद्ध में वीरतापूर्वक लड़ता हुआ काम आया। एक गीत में उसके शौर्य का इस ढ़ंग से बखान हुआ है–

देवासुर दीठ रमाइण दीठौ वांचै नारद सूर विवेक।
बिहुँ बांहां दाखतौ बलाक्रम ईसर जिसौ न दीठौ एक।।

अर्थात्–नारद और सूर्य विवेक (की बात) बाँचते (कहते हैं)–देवताओं और असुरों का युद्ध देखा, रामायण का भी युद्ध देखा पर दोनों भुजाओं से पराक्रम दिखाता हुआ ईसरदास जैसा योद्धा एक भी नहीं देखा।

ईसरदास के वीरत्व को देखकर अकबर ने भी धन्य, धन्य कहा।

175.

हल्दीघाटी के युद्ध में लड़ते-लड़ते महाराणा प्रताप शत्रु सेना से इस प्रकार घिर गये कि उनके प्राण संकट में पड़ गये। सभी इस परिस्थिति से अत्यधिक चिंतित थे। ऐसे घोर संकट काल में झाला मान ने अतुल्य स्वामीभक्ति का परिचय दिया। उन्होंने महाराणा का शिरोभूषण, छत्र व अन्य राजसी चिन्ह उनके शरीर से हटाकर स्वयं धारण कर लिये और प्रताप को युद्ध भूमि छोड़ने पर विवश कर दिया। मुगल सैनिकों ने झाला मान को ही महाराणा समझ कर उन्हें चारों ओर से घेर कर प्रबल आक्रमण कर दिया। झाला मान ने आखिरी साँस तक शत्रुओं से मुकाबला किया। तब तक प्रताप युद्ध भूमि से सुरक्षित निकल गये। झाला मान की इस अनन्य स्वामी भक्ति के लिये सर्वथा उचित कहा गया है–

आधी गादी बेदलौ आधी गादी रांण।
सादड़ी सुलतांण झालौ दूसरौ दीवांण।।

176.

मेवाड़ के महाराणा राजसिंह ने परिस्थिति से बाध्य होकर मुगल बादशाह औरंगजेब से संधि करने का मानस बना लिया। उनके इस निश्चय का

पता चलने पर गाँव जिलियावास चारणवास के कम्मा नामक नाई ने महाराणा को निम्नलिखित छप्पय सुनाया, जिसके परिणामस्वरूप वे मालपुरा से ही पुनः उदयपुर लौट आए। छप्पय इस प्रकार था–

अजै गंग खळहळै अजै प्राजळै हुतासण
अजै सूर मळहळै अजे साबत इंद्रासण
अजै धरणी ब्रह्मण्ड अजै फळ फूल धरती
अजै नाथ गोरख अजै अह मात सकत्ती
पवन हिलोहळ धू अचळ वेद धरम वाराणसी
पतसाह हूंत चीतोड़ पति राण किम मिळै राजसी

अर्थात्–अभी तक गंगा बह रही है, अभी तक अग्नि में दाहकता है, अभी तक सूर्य ज्योतिर्मय है, इन्द्र का आसन अभी यथावत है, पृथ्वी और ब्रह्माण्ड भी अपने स्थान पर विद्यमान हैं, फल-फूल अभी तक पृथ्वी पर विद्यमान हैं, अभी तक गोरखनाथ विद्यमान हैं और योगमाया ने अभी तक अपनी शक्ति धारण कर रखी है, पवन अभी गतिशील है, ध्रुवतारा अटल है। वेद, धर्म और काशी भी विद्यमान हैं फिर चित्तौड़ का महाराणा बादशाह से क्यों कर मिलने लगा?

177.

धर्मान्ध औरंगजेब ने पाप सने उपायों से सत्ता हथियाने के बाद हिन्दुओं पर 'जजिया' कर लगा दिया। मेवाड़ महाराणा राजसिंह ने इसका विरोध किया। फलतः उसने मेवाड़ पर आक्रमण कर दिया। महाराणा ने उदयपुर छोड़कर पहाड़ों में आश्रय लिया। तत्कालीन परंपरा के अनुसार महाराणा के पोळपात थे, सौदा बारहठ नरूजी। वे भी उदयपुर छोड़कर पहाड़ोंपर जाने को तैयार हुए तो एक उमराव ने हँसी में कहा, आप तो यहाँ के पोळपात हैं। आपका स्वामी के द्वार को छोड़कर जाना कहाँ तक उचित है? यद्यपि बात तो हँसी में कही गई थी पर नरूजी को वह चुभ गई। उन्होंने अपने स्वामी के द्वार की रक्षा करते हुए बलिदान हो जाने का निश्चय किया।

उधर दाणेरायजी के मंदिर पर (जो आजकल जगदीशजी का मंदिर कहलाता है) मुगल सेना ने धावा बोल दिया। वीरतापूर्वक मंदिर की रक्षा करते हुए नरूजी काम आये। उनके इस बलिदान के लिये कवि ने कहा–

अमरावत बात राखण अमर दळ बिच उर दरियाव रौ
पाड़ियौ नरू पड़ियां पछै देवल दाणेराव रौ

अर्थात्–अमरसिंह के पुत्र नरू ने सेना में समुद्र जैसा विस्तृत हृदय दिखा कर अपने यश को पृथ्वी पर अमर कर दिया। नरू ने धराशायी होने पर ही दाणेराव का मंदिर विध्वंस हुआ।

आखा पीळा करै ऊजला सोदो खदां कळह सझ।
कर मंडिया नेग कारणै कलम खंडिया नेग कज्ज।।

अर्थात्–नरूजी सौदा ने मुसलमानों से युद्ध कर पीले अक्षतों को उज्ज्वल कर दिया। जिसने द्वार पर नेग प्राप्त करने के लिये महाराणा के सामने हाथ फैलाये थे, उसी ने नेग की रक्षा के लिये मुसलमानों के टुकड़े कर डाले।

178.

मारवाड़ में राज मान्य कविया करणीदान एक बार उदयपुर गये। उन दिनों संग्रामसिंह द्वितीय मेवाड़ की राजगद्दी पर थे। कविराजा ने संग्रामसिंह की प्रशंसा में पाँच डिंगल गीत सुनाये। कविराजा से गीत सुनकर महाराणा भाव विभोर हो गये और बोले ये गीत नहीं, क्षात्र धर्म का उपदेश देने वाले मंत्र हैं और मंत्रों पर दीप, धूप चढ़ाने का विधान है। इसलिये आप कहें तो आपको लाख पसाव दूँ या आप कहें तो दीप-धूप चढ़ाकर इन गीतों की पूजा करूँ।'' इस पर कविराज ने निवेदन किया कि ''लाख पसाव तो मुझे डूंगरपुर के महारावल शिवसिंहजी ने अभी हाल ही में दिया है। लाख पसाव देने वाले मुझे और भी मिल जाएँगे किन्तु आप 'हिन्दुआ सूरज' कहलाते हैं। आपके हाथों मेरे गीतों पर दीप-धूप चढ़ जाएँ, इससे बढ़कर सम्मान की बात और क्या होगी? इसलिये मेरी इच्छा तो वही है कि आप इन गीतों को दीप-धूप देकर मुझे सम्मानित करें।'' यह उत्तर सुनकर महाराणा और प्रसन्न हुए। गीतों वाले काग़ज़ को दीप दर्शन कराया और उस पर धूप चढ़ाया गया। गीतों को दीप-धूप देकर महाराणा ने कविराज को लाख पसाव भी दिया।

179.

मेवाड़ के महाराणा अरिसिंह द्वितीय का सिंहासन के लिये रतनसिंह से युद्ध हुआ। विक्रम संवत् 1825 में हुए इस युद्ध में सिंधिया और पन्द्रह हजार

दशनामी साधु रतनसिंह की ओर से लड़े। उज्जैन में हुए इस संघर्ष में अरिसिंह को पराजय का मुँह देखना पड़ा। रतनसिंह को मंदसौर में 75 हजार की जागीर दी गई पर वह संतुष्ट नहीं हुआ। उसने नागा साधुओं की सहायता से मेवाड़ पर फिर चढ़ाई की। गंगार के पास हुए भीषण संघर्ष में दस हजार साधु लड़े। इस बार अरिसिंह को विजयश्री प्राप्त हुई। नागा साधुओं की पराजय विषयक यह दूहा प्रचलित है–

अड़सी सूं अड़िया जिकै पड़िया करै पुकार।
महापुरुषां री मुंडकी गळगी गाँव गंगार।।

180.

महाराणा अरिसिंह के देहान्त के बाद उनका बड़ा पुत्र गद्दीनशीन हुआ किन्तु उसके नाबालिग होने के कारण मंत्री अमरचंद सनाढ्य पूरी निष्ठा से राजकाज संभालते रहे। पर सत्ता की बागडोर राजपरिवार की महिलाओं के हाथ में चली जाने के कारण अमरचंद के लिये काम करना दुश्वार हो गया। उस जनाना माहौल में एक दिन रामप्यारी नामक दासी ने मर्यादा भंग करते हुए मंत्री से बदजुबानी कर दी। स्वाभाविक था कि दासी की इस गुस्ताखी पर अमरचंद ने उसकी लानत-मलामत कर दी। दासी ने जाकर अमरचंद के विरुद्ध राजमाता के कान भर दिये। फलतः मामले की तहकीकात किये बिना ही मंत्री की गिरफ्तारी का आदेश जारी हो गया। स्वाभिमानी मंत्री ने अपने घर का तमाम माल-असबाब और जेवर आदि छकड़ों में भरकर जनानी ड्योढ़ी में भिजवा दिया।

मंत्री की ऐसी स्वामीभक्ति देखकर राजमाता को बहुत पछतावा हुआ और उन्होंने अमरचंद की तमाम संपत्ति लौटानी चाही पर खुद्दार मंत्री ने तन के कपड़ों के सिवाय अपने पास कुछ नहीं रखा। विवेकहीन औरतों के राज में राज्य के इस हितैषी मंत्री को जहर दे दिया गया। उसकी दारुण मृत्यु के बाद उसके घर से फूटी कौड़ी भी नहीं निकली। उसके अंतिम संस्कार का प्रबंध भी रियासत को करना पड़ा। दुखान्तिका के परिणाम को दर्शाता यह दूहा–

नहि पति बहुपति निबलपति शिशु पतनी नार
नरपुर की तो क्या चली सुरपुर होत उजाड़

अर्थात्–जहाँ स्त्री पतिविहीना हो या अनेक पति हों अथवा पति निर्बल या अल्पायु का हो, वहाँ इस मर्त्यलोक का तो कहना ही क्या स्वर्ग भी उजड़ जाता है।

181.

मेवाड़ के महाराणा भीमसिंह अपनी दानशीलता के लिये विख्यात थे। एक बार महाराणा ने चारणों को प्रभूत रूप से पुरस्कृत किया। संयोग से एक चारण पुरस्कार से वंचित रह गया। पुरस्कृत चारणों को उसे चिढ़ाने का अवसर मिल गया। काव्य कौशल से सम्पन्न उस चारण ने उपहास करने वालों से कहा कि तुम लोगों ने तो महाराणा का स्तुति गान करके पुरस्कार प्राप्त किया है पर मैं महाराणा को कटु वचन कह कर पुरस्कार प्राप्त करके दिखा दूँगा।

चुनांचे एक दिन जब महाराणा की सवारी निकल रही थी तब उक्त चारण ऊँचे स्वर में बोला–

'भीमा थूँ भाटोह मोटा मगरा मांयलो'

अर्थात्–हे भीमसिंह! तू किसी बड़े पर्वत का पत्थर है। इस पर चोबदार ने उसे डाँटना शुरू कर दिया। पर महाराणा ने यह कह कर चोबदार को चुप करा दिया कि लगता है उसे कोई तकलीफ है, उसे मेरे पास लेकर आओ। पास आने पर महाराणा ने उसकी बात ध्यानपूर्वक सुनी और बड़ा पुरस्कार दिया। तब उस कवि ने भी दूहा इस प्रकार पूरा किया–

भीमा थूँ भाटोह मोटा मगरा मांयलौ।
कर राखूं काठो शंकर ज्यूं सेवा करूं।।

अर्थात्–हे भीमसिंह! तू बड़े पर्वत का ऐसा पत्थर हैं, जिसे यत्न से सुरक्षित रखकर मैं महादेव की भाँति सेवा करूँगा। पूरा सोरठा सुनकर महाराणा अत्यधिक प्रसन्न हुए और पहले जितनी धनराशि दी थी, उतनी और देकर चारण को ससम्मान विदा किया।

182.

महाराणा राजसिंह के समकालीन चांचोजी परमार अपनी दानवीरता के लिये प्रसिद्ध थे। उनकी दानवीरता की परीक्षा के लिये महाराणा ने एक बारहठ को उनके पास भेजा। चांचोजी ने बारहठजी की खूब आवभगत की। उनकी

सुख-सुविधा के लिये अच्छी व्यवस्था की। कुछ दिन की भरपूर खातिरदारी के बाद परमार ने बारहठजी से इच्छित वस्तु माँगने के लिये कहा। तब बारहठजी बोले, "पुत्र जन्म के कुछ समय बाद ही मेरी पत्नी का निधन हो गया। उस बालक के लिये दूध की व्यवस्था कर दीजिये।" चाँचोजी ने हँस कर कहा, "बस इतना ही।" बारहठजी अपनी माँग की गुरुता को प्रकट करते हुए बोले, "मेरा बेटा तो बाघिन का दूध पीता है।"

चाँचोजी ने उत्तर दिया, "कोई बात नहीं। बाघिन को लाकर आपके सामने हाजिर किये देता हूँ।" वे जंगल में बाघिन की तलाश में निकल पड़े। बाघिन मिलने पर अद्भुत साहस से उसके कान पकड़कर चारण के सामने ले आए और बोले, "पिलाईये, इसका दूध अपने बेटे को।" पर बाघिन को देखते ही चारण देवता के हाथ-पाँव फूल गये और कंपित स्वर में बोले, "इसे दूर ही रखिये, जो मैंने माँगा मुझे मिल गया।" और उसी समय मुक्त कंठ से यह छप्पय कहा–

चांचै सिंह समपियौ केसर झाली कान
पूगौ परमारां धणी रमतां मेलो राम
चन्द्र तपै ध्रुव डगमगै डूबे जल गिरनार
पग पाछै मांडै नहीं भूमिपति परमार

183.

मेवाड़ के महाराणा जगतसिंह अपनी दानशीलता के लिये विख्यात थे। ब्राह्मण, भाट, चारण आदि उनके मुक्त हस्त दान से खूब लाभान्वित हुए। उनकी दरियादिली इस दोहे में परिलक्षित हुई है–

सिंधुर दीधा सात सै हय वर पंच हजार
अेकावन सांसण दिया जगपत जगदातार

अर्थात्–जगत के दाता जगतसिंह ने सात सौ हाथी, पाँच हजार अश्व और इक्यावन गाँव दान कर दिये।

उनकी दानशीलता से अभिभूत एक कवि ने ईश्वर से प्रार्थना करते हुए कहा–

सांई करै परेवड़ा जगपत रै दरबार
पीछोले पाणी पियां कण चुग्गां कोठार

184.

नागौर जिले में चारणों के प्रमुख जागीरी गाँव मूंदियाड़ के करणीदान बारहठ अपनी नीतिज्ञता व युद्ध कौशल के कारण तत्कालीन मारवाड़ राज्य के प्रमुख व्यक्तियों की अग्र पंक्ति में थे। महाराणा जगतसिंह के शासनकाल में उदयपुर जाने पर उनका प्रभूत आदर सम्मान हुआ। स्वयं महाराणा ने उनकी पेशवाई की। उस सम्बन्ध में यह दूहा जनकंठों में आज भी विद्यमान है–

करण रौ जगपत कियौ कीरत काज कुरब्ब
मन जिण धोखो ले मुआ शाह दिल्ली सरब्ब

अर्थात्–जगतसिंह ने यश के लिये करणीदानजी का ऐसा सम्मान किया, जिसे पाने के लिये दिल्ली के सब बादशह मन की मन में लेकर ही मर गये।

185.

अपनी दानशीलता के लिये विख्यात महाराण जगतसिंह के बाद औरंगजेब के समकालीन महाराणा राजसिंह मेवाड़ में गद्दीनशीन हुए। उनके दरबार में एक बार कोई शाही अधिकारी दिल्ली से आया। तब महाराणा ने दरबार आयोजित करने का निश्चय किया और आदेश दिया कि कोई ताजीमी सरदार दरबार में बाद में नहीं आये। बारहठ उदयभाण को आने में देर हो गई किन्तु शाही एलची के सामने वह अपना ताजीमी रुतबा प्रदर्शित करने का लोभ संवरण नहीं कर सका। अतः महाराणा की हुक्म उदूली करके वह दरबार में पहुँच गया। उसने सदा की भाँति शुभ राज दिया पर महाराणा ने कोई तवज्जह नहीं दी। इस पर रुष्ट होकर वह बोला–

गया राणा जगतसिंह जग का उजवाळा।
रही चिरमी बप्पड़ी कीधा मुँह काळा।।

अर्थात्–जगत को भासित करने वाले महाराणा जगतसिंह तो संसार से विदा हो गये! अब तो उनके स्थान पर काले मुँह वाली चिरमी रह गई है।

186.

मेवाड़ के रामपुरा ठिकाने के ठाकुर वैरीसाल ने सत्तामद के वशीभूत एक चारण पूरणदास महियारिया को अकारण मौत के घाट उतार दिया पर इस

अपकृत्य का बदला कोई नहीं ले सका। नामी कवि भैरवदास सांदू एक बार उदयपुर गये और वहाँ उन्होंने अपनी कवित्व शक्ति का डंका बजा दिया। तत्कालीन महाराणा जगतसिंह उनसे बहुत प्रभावित हुए। उन्होंने भैरवदास से एक बात पूछी, ''बाजीसा! जैसी शक्ति आपकी वाणी में है, वैसी ही हाथों में हो तो क्या कहना? भैरवदास का कहना था, मालिक ने मेरे हाथ कब परखे? इस पर महाराणा का कहना था कि ''यदि चारणों के हाथों में ताकत होती तो निरपराध पूरणदास नहीं मारा जाता।''

यह सुनते ही भैरवदास बोले, ''मालिक! मैं समझ गया। आपके हाथ मेरे ऊपर हों तो पूरणदासजी की हत्या का बदला कल ही ले लूँगा।'' तब महाराणा मुस्कुराते हुए बोले, ''मेरे हाथ क्या उधार लाने हैं?'' तब भैरवदास अपने गाँव भदौरे आए। अपने तीनों बेटों को साथ लेकर वैरीसाल के ठिकाने पहुँच कर उसे ललकारा और उसका काम तमाम कर दिया। इस घटना को कवियों ने इस तरह वर्णित किया–

मांटीपणै न मोल मोल नहीं मूरखपणै।
सकवि बात सतोल तीनूं बेटा आप तण।।

रामपुरै तो बिन रतन एम थयौ अनरत्थ।
पातर तणै पयोधरां हर कोई घालै हत्थ।।

187.

मेवाड़ के अन्तर्गत शाहपुरा रियासत के राजाधिराज उम्मेदसिंह को एक अजब सनक सवार थी। उन्होंने अपनी रियासत में मुनादी करवा दी थी कि जो उन्हें उम्मेदसिंह नाम से पुकारेगा, वह सजा-ए-मौत का भागी होगा। रियासत के किसी गाँव से गुजरते हुए एक बारहठजी को एक किसान से इस बात का पता चला तो बोले कि ''मैं राजाधिराज को उनके नाम से पुकारूँगा और मेरा कुछ नहीं बिगड़ेगा''। किसान को यह बात अविश्वसनीय लगी। इसलिये वह बोला, ''अगर आपने यह चमत्कार कर दिखाया तो मेरी बैलों की जोड़ी आपको नजर कर दूँगा।''

बारहठजी शाहपुरा दरबार में पहुँचे और राजाधिराज की प्रशस्ति में ये दूहे पढ़े–

गोला गावै गीत राग रिझावै राण नै।
भारत री भयभीत आछौ लड़्यौ उमेदिया।।
घोड़ां पाखर घमघमै भड़ां न पायौ भेद।
आज किसा गढ़ ऊपरै आरण रच्यौ उमेद।।
म्हैं पूछूं तोय सफ्फरां रांती अंबर काय।
भारत तणौ उम्मेदिये खाग झकोळी मांय।।

अर्थात्—दास गण राजाजी की स्तुति में गीत गा रहे हैं। उन्हें अपनी राग से रिझा रहे हैं। हे भारत सिंह सुत उम्मेदसिंह ! तू ने बड़ा विकराल रूप धारण किया और तू ने भली भाँति तलवार के जौहर दिखाये। घोड़ों पर पाखर (लोहे की झूल जो युद्ध के समय हाथी व घोड़ों पर डाली जाती थी) डाले जा रहे हैं किंतु योद्धाओं को यह भेद मालूम नहीं कि उम्मेदसिंह किस दुर्ग पर आक्रमण करने के लिये आज युद्ध की तैयारी कर रहे हैं।

हे क्षिप्रा नदी! मैं तुझसे पूछता हूँ कि आज तेरा जल लाल कैसे हो गया है? मैं समझता हूँ कि भरतसिंह के आत्मज उम्मेदसिंह ने तेरे जल में अपने खड़ग् का प्रक्षालन किया है।

बारहठजी ने अपने प्रशस्तिपरक दूहों में उम्मेदसिंह तो दूर 'उमेदिया' व 'उमेद' शब्दों का प्रयोग किया था। किसान सारे घटनाक्रम को बड़ी उत्सुकता से देख रहा था कि अब राजाधिराज बारहठजी के साथ क्या सलूक करते हैं? इन दूहों से नाराज होने के बजाय जब वे बारहठजी के गले मिले तो वह ठगा सा रह गया और बोला, क्या राजाजी ने मुझसे मेरे बैलों की जोड़ी हड़पवाने के लिये अपने नामोच्चार की मनाही का नाटक रचा था? राजाधिराज को जब सारी हक़ीक़त मालूम हुई तो उन्होंने किसान को राजकीय खजाने से बैलों की जोड़ी के दाम दिलवाये और बारहठजी को प्रचुर द्रव्य से पुरस्कृत कर विदा किया।

188.

रियासत शाहपुरा के उक्त शासक उम्मेदसिंह के स्वभाव में अजीब सनकीपन के फलस्वरूप उसने कई अविवेकपूर्ण काम अंजाम दे दिये। वे काम उसकी निर्दयता की पराकाष्ठा के मुँह बोलते प्रमाण थे। अपने बड़े पुत्र उद्योतसिंह से किसी बात पर नाराज होकर उसे जहर देकर मरवा दिया। इतना

ही नहीं उद्योतसिंह के बेटे रणसिंह को मारने के लिये एक बलिष्ठ सिपाही भेज दिया पर रणसिंह संयोग से बच गया। उसे मारने के लिये सिपाही से उसके बेटे भीमसिंह से दो-दो हाथ हुए। उस पराक्रमी किशोर ने सिपाही का काम तमाम कर दिया।

अपने कुचक्र की विफलता के समाचार से तिलमिलाये उम्मेदसिंह ने अपने परपोते को भी मरवाने का खतरनाक इरादा किया। उसकी इस बदनीयती के समाचार से रियासत के शुभचिंतक बहुत चिन्तित हो गये। अतः वहाँ आए हुए कवि कृपारामजी मेहडू को इस बात से अवगत कराया और अर्ज़ की कि किसी तरह इस शोकान्तिका को रुकवाईये। कविराजा उम्मेदसिंह से मिलने पहुँचे। उनके द्वारा कहे गये एक दूहे ने दुराग्रही राजा की आँखें खोल दीं और वह उस पापकृत्य से विरत हो गया। कविराजा ने कहा–

मिण चुण मोटोड़ाह तैं आगै खाधा घणा।
चेलक छोटोड़ाह अब तो छोड़ उमेदसी।।

अर्थात्–हे उम्मेदसिंह! जो जो बड़े थे, उन्हें तो तुम चुन चुन कर खा गये। अब ये छोटा मासूम पीछे बचा है, इसे तो छोड़ दो।

इस दूहे से पथभ्रान्त राजा को अपने गुनाहों का एहसास हो गया। आत्मग्लानि भी हुई और उसने अपना सर्वथा अमानवीय मंसूबा त्याग दिया।

189.

मेवाड़ के महाराणा भीमसिंह की बड़ी बहिन चाँदकँवर की सगाई जयपुर के महाराजा प्रतापसिंह से हुई थी। संयोग से सगाई के कुछ दिन बाद ही प्रतापसिंह का निधन हो गया। चुनांचे चाँद कँवर ने सारी उम्र विधवा की भाँति बितायी। जयपुर राजघराना भी उनको पूरा मान सम्मान देता था। चाँद कँवर का कायम मुकाम उदयपुर में ही रहता था। वहाँ उन्होंने अपने नाम का सिक्का चलवाया। 'चाँदोड़ी' रुपया नाम का यह सिक्का मेवाड़ रियासत में तो खूब चलता था किन्तु उसके बदले में रुपये के बारह आने ही मिलते थे। उन्हीं दिनों मेवाड़ के आदित्यगिरी नामक कवि ने तीर्थयात्रा का मानस बनाया। अपनी मनोकामना की पूर्ति के लिये महाराणा से मदद माँगने पर उन्होंने कवि को पाँच सौ 'चाँदोड़ी' रुपये दे दिये।

आदित्यगिरी ने देखा कि एक तो वैसे ही इनके बदले रुपये के बारह आने की मिलेंगे और मेवाड़ के बाहर तो वह सिक्का चलता ही नहीं था। इसलिये 'चाँदोड़ी' रुपये दिए जाने पर कविराज ने महाराणा को मुजरा करते हुए अर्ज़ किया–

चाँद बाई चालै नहीं दूर सगां रै देश।
मन लाग्यौ मेवाड़ सूं हरख्या फिरै हमेश।।

आदित्यगिरी के दूहे का आशय समझ कर महाराणा सहित सभी सभासदों ने ठहाका लगाया और उन्हें पाँच सौ कलदार (चाँदी के रुपये) देने का हुक्म दिया।

190.

मारवाड़ के एक चारण कवि घूमते-घामते मेवाड़ पहुँचे। महाराणा के दरबार में हाजिर हुए और मुजरा अर्ज़ करके एक कविता सुनायी। खुश होकर महाराणा ने कहा, कविराजा माँगिये। कवि मन में विचार करने लगा, क्या माँगू? इतने में उसकी नज़र महाराणा के कानों में पहिने हुए कीमती मोतियों पर पड़ी। सोचा ये आबदार मोती ही क्यों न माँग लूँ। अतः वह झट से बोला–

मोटे घर रा छोरू बाजां मोटा ई दत पावां
कानां मायंला म्हांनै दो तो म्हैं ई कान हिलावां

अर्थात्–मैं बड़े घर का बेटा कहलाता हूँ और बड़ा ईनाम-इकरार पाता हूँ। आपके कानों में पहिने हुए दे दें तो मैं भी कान हिलाऊँगा। यानी मोतियों की आभा विकीर्ण करूँगा।

महाराणा को बात कुछ समझ में नहीं आयी। उन्होंने दरबारियों से पूछा, कविराजा की क्या इच्छा है? दरबार में मेवाड़ के राजकवि भी मौजूद थे। आगन्तुक कवि की मंशा ताड़ कर वे बोले–

मोटे घर रा छोरू बाजै मोटा ई दत पावै।
कान हिलावण हूंस हुवै (तो) लाधूवासै जावै।।

अर्थात्–बड़े घर के कुलदीपक कहलाते हैं और बड़ा उपहार पाते हैं। कान हिलाने की तमन्ना है तो लाधूवासे जाएँ।

लाधूवासा कनफटे जोगियों का बड़ा मठ था। इसलिये राजकवि ने सलाह दी कि बारहठजी को कान हिलाने की इच्छा है तो इन्हें लाधूवासे भेज दिया जाय। वहाँ कानों में बड़ी-बड़ी मुद्राएँ पहिन कर जीवन भर कान हिलाते रहेंगे।

191.

मेवाड़ के महाराणा फतहसिंह को यूँ तो कायदे से शिक्षा-दीक्षा का अवसर नहीं मिला था पर चतुराई और व्यवहार बुद्धि में तो बाकमाल शख़्स थे। मौके पर उन्हें ऐसी बात सूझती थी कि सामने वाला हैरत में पड़ जाता था। उनके समय में मेवाड़ में नवनियुक्त रेजीडेण्ट को एक बार मेवाड़ के नक्शे की जरूरत पड़ी तो उसने महाराणा से नक्शा भिजवाने का अनुरोध किया। उस ज़माने में नक्शे आदि बनाने पर कोई खास ध्यान नहीं दिया जाता था। वैसे कायदे से बना हुआ कोई नक्शा था भी नहीं। चंद खास निशानों से जगहों की पहिचान होती थी। रेजीडेण्ट का अनुरोध आने पर महाराणा ने उड़द व चने से बना एक पापड़ सिकवाया। सेकने पर पापड़ जगह-जगह से फूल गया। महाराणा ने वह पापड़ रेजीडेण्ट के आगे रखते हुए कहा, "यही मेवाड़ का नक्शा है। जिस तरह पापड़ जगह-जगह से ऊपर उठा हुआ है, उसी तरह मेवाड़ में जगह-जगह डूंगर ही डूंगर हैं।" रेजीडेंट सस्मित महाराणा की ओर देखने लगा।

192.

1902 ई. में ब्रिटेन की महारानी विक्टोरिया के देहान्त के बाद एडवर्ड सप्तम् गद्दीनशीन हुआ। भारत में नियुक्त तत्कालीन वॉयसरॉय लॉर्ड कर्जन ने इस उपलक्ष में दिल्ली में एक भव्य दरबार आयोजित करने का निश्चय किया जिसमें सभी रियासती राजाओं की उपस्थिति अनिवार्य थी। इस सिलसिले में मेवाड़ के महाराणा फतहसिंह को भी वॉयसरॉय का आदेश मिला। पर मेवाड़ और ईस्ट इंडिया कंपनी के बीच 1818 ई. में हुए अदहनामे के अनुसार मेवाड़ के महाराणा को दिल्ली आने के दायित्व से छूट दी गई थी। इसी का हवाला देते हुए महाराणा ने आयोज्य दरबार में उपस्थित होने से छूट चाही। पर कर्जन जैसा अहंकारी साम्राज्यवादी वॉयसरॉय इसे कैसे मान सकता था? उसका स्पष्ट आदेश था कि या तो महाराणा दिल्ली दरबार में उपस्थित होकर अपनी राजभक्ति का प्रमाण दें, अन्यथा गद्दी छोड़ने के लिये तैयार रहें।

इस स्थिति में महाराणा फतहसिंह को दिल्ली दरबार में शरीक होने हेतु हामी भरनी पड़ी। इस समाचार से पूरे राजस्थान में हलचल मच गई क्यों कि यह व्यक्ति फतहसिंह का नहीं, पूरे मेवाड़ की मर्यादा का प्रश्न था। महाराणा को दिल्ली दरबार में जाने से कैसे रोका जाय, इस मुद्दे पर विचार-विमर्श के लिये जयपुर स्थित मलसीसर ठाकुर भूरसिंहजी की हवेली में उस समय में अग्रणी बुद्धिजीवी एकत्र हुए और उस समय राजस्थान में क्रांतिकारी आंदोलन के पुरोधा केसरीसिंहजी बारहठ को यह दायित्व सौंपा गया कि वे महाराणा का आत्म गौरव जागृत करने के लिये अपनी लेखनी का चमत्कार दिखाएँ। अपनी प्रातिभ लेखनी से उन्होंने वहीं बैठे-बैठे तत्काल तेरह दूहे "चेतावणी रा चूंगट्या" शीर्षक से डिंगल में रचे और महाराणा को भिजवा दिये। यह इन चूंगट्यों का ही असर था कि दिल्ली पहुँच कर भी महाराणा ने दरबार में शरीक होने से इंकार कर दिया और जिस समय पूरी शानो-शौकत से दरबार आयोजित हो रहा था, मेवाड़ की कुर्सी खाली ही रही। महाराणा की स्पेशल ट्रेन पुनः उदयपुर के लिये रवाना हो चुकी थी। अत्यन्त प्रेरक ये चूंगट्ये इस प्रकार थे–

महाराणा प्रताप के संघर्ष व दृढ़ निश्चय का हवाला देते हुए इनमें आत्मगौरव की भावना को जागृत करने का भरपूर प्रयास किया गया था।

केसरीसिंहजी को अपने मिशन में पूर्ण सफलता मिली।

पग पग भम्या पहाड़ धरा छोड़ राख्यौ धरम।
(इशूं) महाराणा'र मेवाड़ हिरदै बसिया हिन्द रै।।

घण घाल्या घमसाण राण सदा रह्या निडर।
(अब) पेखतां फुरमाण हलचल किम फतमल हुवै।।

गिरद गजां घमसाण नहचै धर मायी नहीं।
मावै किम महाराण गज दो सौ रा गिरद में।।

अवरां ने आसान हाकां हरबल हालणौ।
किम हालै कुलराण हरबल शाहां हाकियां।।

नरियंद सह नजराण झुक करसी सरसी जकौ।
(पण) पसरेलौ किम पाण पाण छतां थारौ फता।।

सिर झुकिया शहंशाह सिंहासण जिण सामने।
रळणो पंगत राह फाबै किम थांनै फता।।

सकल चढ़ावै शीश दान धरम जिणरौ दियौ।
सो खिताब बखशीश लेवण किम ललचावसी।।

देखेला हिंदवाण निज सूरज दिस नेह सूं।
पण तारा परमाण निरख निसासा नांखसी।।

देखै संजस दीह, मुळकेलौ मन ई मनां।
दंभी गढ़ दिल्लीह शीश नमंतां शीशवद।।

अंत बेर आखीह पातल जे बातां पहल।
राणा सह राखीह जिणरी साखी सिर जटा।।

कठिन जमानौ कौल बाँधै नर हिम्मत बिना।
वीरां हंदौ बोल पातल सांगै पेखियौ।।

अब लग सारां आस राण रीत कुळ राखसी।
रहो स्याह सुखरास एकलिंग प्रभु आपरै।।

मान मोद सीसोद राजनीति बळ राखणौ।
गवरमेंट री गोद फळ मीठा दीठा फता।।

193.

ब्रिटिश प्रभुत्व के दौरान देशी रियासतों के राजाओं को थोथी उपाधियों के लॉलीपॉप पकड़ा कर उन्हें आत्ममुग्धता की दिशा में ढ़केलने व ब्रिटिश ताज के प्रति उनकी निष्ठा को और सुदृढ़ करने के प्रयास प्रायः होते रहते थे। इसी के चलते मेवाड़ के महाराणा सज्जनसिंह को जब ब्रिटिश सरकार की ओर से जी.सी.एस.आई. का खिताब प्रदान किया गया तो बड़ा उत्सव मनाया गया, जैसे यह कोई बड़ी उपलब्धि हो। उस समारोह में उपस्थित क्रांतिकारी केसरीसिंहजी बारहठ को विदेशी सत्ता के सम्मुख मेवाड़ का इस तरह नतशिर होना नागवार गुजरा। फलतः इस खोखले खिताब की महाराणा मेवाड़ घराने के परम्परागत 'हिन्दुआ सूरज' से तुलना करते हुए उन्होंने कहा–

आगै-आगै बाजता हिन्द हद्द रा सूरज।
अब देखो मेवाड़पत तारा हुआ हजूर।।

अर्थात्–पूर्वकाल में तो मेवाड़ के महाराणा 'हिन्दुआ सूरज' कहलाते थे। अब वे 'हिन्द के सितारे' (Star of India) मात्र रह गये हैं।

194.

संवत् 1765 में जब महाराजा अमरसिंह द्वितीय को फौज खर्च के लिये द्रव्य की आवश्यकता पड़ी तो उन्होंने मेवाड़ के जागीरदारों व सासणीक (जिन्हें गाँव इनायत किये गये थे) लोगों से धन वसूल करना चाहा। बादशाही फौज से लड़ाई का खतरा सिर पर मंडरा रहा था। खालसे की प्रजा, जागीरदारों व अहलकारों ने तो रुपये दे दिये किन्तु ब्राह्मणों, चारणों व भाटों ने मना कर दिया। उन पर रकम अदा करने के लिये दबाव डाला गया। इस पर तीनों जातियों के हजारों लोगों ने धरना दिया। प्रतिक्रियास्वरूप महाराणा काले वस्त्र धारण कर बाड़ी के महल में बैठ गये और घोषणा कर दी कि रुपये अवश्य वसूल किये जाएँगे। तब महाराणा के पुरोहित ने ब्राह्मणों की ओर से छः लाख रुपये और खेमपुर के गोरखदास दधवाड़िया ने चारणों की ओर से तीन लाख रुपये अपने घर से जमा करवाये। दोनों ने स्वजाति बंधुओं से कह दिया कि आप लोगों से रकम की वसूली का विचार महाराणा ने छोड़ दिया है। उन्हें असलियत मालूम हो जाती तो वे धरने से कदापि नहीं उठते।

इस पर भाट और भड़क गये। दूसरी ओर किसी के यह कहने पर कि भाटों के बिस्तरों में रोटियाँ और मिठाई है, महाराणा ने उन पर एक मस्त हाथी छुड़वा दिया। भाट डरकर भागे। बिछौनों में रोटियाँ और मिठाई मिली। इस पर उन्हें शहर बदर कर दिया गया। हजारों की संख्या में उन्होंने एकलिंगपुरी की ओर प्रस्थान किया। महाराणा ने चीरवा के घाटे पर उन्हें रोकने का बंदोबस्त करवा दिया। तब उदयपुर से 5 मील फासले पर आंबेरी की बावड़ी के पास दो हजार भाटों ने खुदकुशी कर ली। उनके सांसण के 84 गाँव महाराणा ने जब्त कर लिये। उस दिन से हजारों भाटों ने बंजारों का पेशा अपना लिया। इस सारी घटना के विषय में किसी ने कहा–

धरपत रै धाड़ेह भटवाड़े सह भंजिया ।
गोरख गढ़वाड़ेह आडौ आसकरणवत्त ।।

अर्थात्–महाराणा के जुल्म ने भाटों को तो नेस्तानाबूद कर दिया। आसकरण का पुत्र गोरखदास उस समय चारणों के गढ़वाड़ों का मददगार रहा।

195.

महाराणा सांगा अपने अप्रतिम पराक्रम और दानवीरता, दोनों के लिये प्रसिद्ध थे। कवि हरिदास महियारिया ने उनकी उदारता की प्रशंसा करते हुए कहा था–

"सिंघासण छत्र समर सहे तो दूजै किणी न दीधौ दान।"

196.

मेवाड़ के महाराणा भीमसिंह गुणीजनों के कद्रदाँ थे। उनकी गुणग्राहकता का बखान कवि किसना आढ़ा ने कुछ इस अंदाज में किया है–

मांण पांण साबूत मन मझ जुधांण मजबूत।
है न बियौ हिंदुवाण मह राण जिसौ रजपूत।।

अर्थात्–जिसने शाहों को सलाम नहीं किया किंतु जो कवियों के आगे हाथ जोड़े खड़ा रहता था, ऐसे राणा के समान हिंदुओं के बीच दूसरा कौन क्षत्रिय है।

197.

महाराणा सांगा ने बाबर के खिलाफ दो युद्ध लड़े। पहला बयाना में और दूसरा खानवा में। बयाना के युद्ध में तो उन्हें विजयश्री प्राप्त हुई पर खानवा में पासा पलट गया। बयाना की लड़ाई में सांगा ने बाबर को शिकस्त देकर उसके अरबी ताशे नामक बाजे छीन लिये थे। इस घटना की स्मृति इस दूहे में सुरक्षित है–

बाजा बाबर खान रा खोस्या सांगै राण।
नवा गढायां बाजसी नरवर कोट नसाण।।

अर्थात्–सांगा ने बाबर से उसकी फौज को जोश दिलाने के लिये बजाये जाने वाले बाजे, जिनमें ताशे, बिगुल ढ़ोल आदि थे, छीन लिये। सब बाबार की फौज में तो नये बाजे बनवा कर ही बजाये जाएँगे।

198.

मुगल बादशाह अकबर ने अपने साम्राज्य विस्तार की अदम्य आकांक्षा की पूर्ति के लिये सैन्य बल के साथ ही कूटनीतिक दाँव पेचों का प्रयोग करते हुए राजस्थान के राजपूत राजाओं को अपना वशवर्ती बना लिया था। उसके

इस महत्वाकांक्षी अभियान में मात्र मेवाड़ की एक अपवाद रहा। महाराणा प्रताप अपने स्वातंत्र्य रक्षण के लिये सतत संघर्ष करते रहे। उन्हें अपने अधीन करने की अकबर का मनोरथ पूरा नहीं हो पाया। प्रणवीर प्रताप को छोड़कर सभी राजपूत राजा मनसबदार बन गये। बादशाह के जयकारे लगाने लगे। प्रताप की दृढ़निष्ठा के लिये कहा गया है–

अकबर पत्थर अनेक के भूपत भेळा किया ।
हाथ न लागो हेक पारस राण प्रतापससी ।।

अर्थात्–अकबर ने राजाओं रूपी अनेक पत्थर अपने दरबार में एकत्र कर लिये किन्तु पारस रूपी एक राणा प्रताप उसके हाथ नहीं लगा।

199.

बात महाराणा राजासिंह प्रथम से सम्बद्ध है। महाराणा ने नेणवारा गाँव से कुंभलमेर जाते समय ओड़ा गाँव के चारण कवि आसकरण दधवाड़िया के यहाँ रात्रि विश्राम किया है। उनके घर पर भोजन भी ग्रहण किया। संयोग ऐसा रहा कि इसके बाद थोड़ी देर में दोनों का देहान्त हो गया। इस अप्रत्याशित घटना पर एक कवि ने प्रतिक्रिया व्यक्त करते हुए कहा–

ओड़ै रतन संधारिया राजड़ आशकरन्न ।
ऊ हिंदवाणी पातसा ऊ पातसा बरन्न ।।

अर्थात्–दो नर रत्न ओड़ा में काल कवलित हो गये। एक तो महाराणा राजसिंह थे और दूसरा आसकरण जिनमें राजसिंह तो हिन्दूपति बादशाह था और आसकरण चारण कुल का सिरमौर था।

200.

देवगढ़ ठिकाने के रावत संग्रामसिंह चूंडावत बड़े पराक्रमी शख्स थे। उन्होंने बाँधनवाड़ा में नवाब रणबाज खाँ मेवाती से हुए युद्ध में अपनी तलवार का जलवा दिखाया था। उनके इस शौर्य का बखान करते हुए कहा गया–

साल दिल्ली द्वार सुतन खगां उबारण खल्ल ।
धींगड़मल राखण सांगौ सींगड़ मल्ल ।।

अर्थात्–संग्रामसिंह दिल्ली के बादशाह के हृदय में खटकता रहा।

उसकी तलवार शत्रुओं पर सदा खिंची रही। मेवाड़ धरा का रक्षक संग्रामसिंह बड़ा बलशाली हुआ।

201.

मेवाड़ की स्वतंत्रता मुगल सम्राट अकबर की आँखों में खटकती रहती थी क्योंकि राजस्थान के बाकी सारे रजवाड़े उसके सम्मुख नतमस्तक हो चुके थे। मेवाड़ को सार करने के लिये अंततः उसने विक्रम संवत् 1624 में चित्तौड़ के गढ़ पर आक्रमण कर दिया। गढ़ की रक्ष ाकरते हुए वीरश्रेष्ठ जयमल मेड़तिया, पत्ता चूंडावत और कल्ला राठौड़ मुगलों से लड़ते हुए रणखेत रहे। उनके दृढ़ निश्चय एवं वीरता को इस प्रकार सराहा गया–

पतौ पावड़ियां लड़ै जयमल महलां बीच ।
रण आंगण कल्लौ लड़ै केसर हंदौ कीच ॥

अर्थात्–पत्ता सीढ़ियों पर, जयमल महलों के बीच और कल्ला रणांगण में शत्रुओं से भिड़ रहे हैं। उनके दुर्धर्ष संघर्ष से बहने वाली रक्त की धाराओं से कीचड़ हो गया है।

जयमल और कल्ला, दोनों हनुमान पोळ व भैरव पोळ के बीच लड़ते हुए काम आये; जहाँ इनके स्मारक बने हुए हैं।

202.

1857 ई. के प्रथम स्वतंत्रता संग्राम में मारवाड़ और मेवाड़ के कई ठिकानों ने गोरी सत्ता के विरुद्ध उठ-खड़े होने का दुर्लभ साहस दिखाया था। इनमें मेवाड़ का कोठारिया ठिकाना भी शामिल था। यहाँ के रावत जोधसिंह संकटग्रस्त आऊवा ठाकुर खुशालसिंह को शरण देकर यश के भागी बने। उनके साहस की वंदना करते हुए कहा गया–

कोठारिये कळजुग नहीं सतजुग लायौ सोध ।
अंगरेजां आडो फिरै जाडौ रावत जोध ॥

अर्थात्–कोठारिया का जोधसिंह कलियुग की नहीं अपितु सतयुग की परंपरा निभा रहा है, अर्थात् अपने पूर्वजों द्वारा निर्दिष्ट पथ का पथिक है। बलिष्ठ जोधसिंह आगे बढ़ते हुए अंग्रेजों को रोक रहा है।

203.

अंग्रेजी सत्ता के विरुद्ध ई. 1857 ई. की हलचल तो सर्वविदित है परन्तु इससे करीब सैंतीस पूर्व (1820-28) के दौरान विदेशी सत्ता को दी गई चुनौती अल्पज्ञात तथ्य है। गोरी सत्ता के सामने उठ खड़े होने वाले जांबाजों का नेतृत्व ठिकाना बाबुलवाड़ा जवास के देशभक्त दौलतसिंह खींची ने किया था। चूंकि दौलतसिंह जवास के रावत के चाचा थे, अतः ठिकाने की भील प्रजा उन्हें दौला काका के नाम से ही संबोधित करती थी। दौलतसिंह की अगुवाई में अंग्रेजों के विरुद्ध हुआ संघर्ष जनमानस में इस प्रकार अंकित है–

गड़ गड़ त्रबंक गाज फौजां बिन झंडा फरै ।
लड़ लड़ दौला लाज भूपा की राखी झली ॥

काका मगरा केक रुधिर झाझा रंगिया ।
अधपत लिया अनेक (थनै) दूणौ रंग है दौलता॥

थैं बांधी हिंदवाण गढ़ परबत दूता घणा ।
मगरा वाको मान दूणौ राख्यौ दौलता ॥

अर्थात्–युद्ध के नक्कारों का घोष हो रहा है। फौज के ध्वज फहरा रहे हैं। हे दौलतसिंह ! तुमने पूर्ण उत्साह से अंग्रेजों से लोहा लेकर राजाओं का सम्मान बनाये रखा।

खींची तुमने फिरंगियों की सेना का दलन कर शत्रु के रक्त से अपने प्रदेश के काले-भूरे पहाड़ों को रक्तिम कर दिया है। कितने ही अंग्रेज हिमायतियों को पराजित कर सर्वत्र अपने जयकारे करवा दिये हैं।

तुमने भारत की प्रतिष्ठा अपने प्रदेश के पर्वतों पर निर्मित दुर्गों में सुरक्षित रखकर दोनों के यश को द्विगुणित किया है।

204.

मुगल बादशाह अकबर के ज़माने से ही मेवाड़ और आमेर (जयपुर) के राजघरानों में वैचारिक मतभेद के कारण ठन गई थी। जहाँ मेवाड़ अपनी स्वतन्त्रता की रक्षा के लिये संघर्षरत रहा, आमेर मुगलों का हुक्म बजाने लगा। अकबर के सेनापति मानसिंह के साथ भोजन करने के मामले में महाराणा प्रताप से हुई तकरार और तदनन्तर हल्दीघाटी के युद्ध के बाद दोनों घरानों में

सदियों तक कोई राहो-रस्म नहीं रहा। वक़्त का दरिया बहता रहता। देश स्वतंत्र हो गया रियासतें भी भूतकालीन बातें हो गईं।

आज़ादी के बाद एक बार जयपुर के सवाई मानसिंह का उदयपुर आना हुआ। वहाँ पिछोला की पाळ पर मेवाड़ के पूर्व शासक भगवतसिंह ने उनकी भेंट हुई। कई लोगों ने इसे ऐतिहासिक घटना करार दिया किंतु सर्वथा बदले हालात में इस भेंट का कोई महत्व नहीं था। इसकी निरर्थकता को उजागर करते हुए कवि नाथूसिंहजी मेहारिया ने कहा–

मान भगवंत दोनूं मिळ्या इण में कोई लाभ न हाण।
मान पतो मिळ जावता मिट जाती तुरकाण।।

अर्थात्–मानसिंह और भगवतसिंह दोनों मिले। इसमें न कोई लाभ है और न हानि। अगर मानसिंह (प्रथम) और प्रताप हाथ मिला लेते तो तुर्कों का नामोनिशान मिट जाता। यानी विदेशी सत्ता लुप्त हो जाती।

205.

आज़ादी के बाद दूसरे आम चुनाव। उदयपुर शहर के एक मतदान केन्द्र पर महाराणा भगवतसिंह भी मतदान के लिये गये। नियम के मुताबिक उनकी अंगुली पर स्याही का निशान लगाया गया। मतदान केन्द्र से बाहर निकलते ही कवि नाथूसिंहजी मेहारिया मिल गये। छूटते ही महाराणा ने उनसे कहा, मतदान का समय समाप्त होने को है और आपने अभी तक वोट नहीं दिया। इस पर महाराणा की अंगुली पर लगे स्याही के निशान की ओर इशारा करते हुए मेहरियाजी बोले–

अणदागल चेटक रह्यौ अणदागल महाराण।
वोटां हित दागल हुयौ ओ दागल महाराण।।

अर्थात्–(मेवाड़ के गौरवपूर्ण इतिहास का हवाला देते हुए कवि ने कहा)–चेटक (महाराणा प्रताप का अश्व) अणदागल रहा। महाराणा प्रताप भी अणदागल रहे अर्थात् दोनों मुगल बादशाह की अधीनता के चिन्हों से नहीं दागे गये और यह महाराणा केवल वोटों की खातिर दागल हो गया है।

206.

महाराणा भूपालसिंह ने एक बार कवि नाथूसिंह मेहारिया के सम्मुख

जिज्ञासा रखी कि बाजी सा क्या कारण है कि आपके पूर्वज तो ऐसी ओजपूर्ण एवं प्रेरक कविताएँ रचते थे कि श्रोता मरण त्यौहार मनाने को उतावले हो जाते थे। कायरों में भी शूरत्व का संचार हो जाता था। अब आप लोगों की काव्य प्रतिभा श्रीहीन कैसे हो गई? इस पर नाथूसिंह जी का उत्तर था–

म्हां कह्यौ थां नह मुआ दोनूं पूत कपूत।
म्हां जिसड़ा चारण रह्या रांण जिसा रजपूत।।

अर्थात्–हमने क्षात्र धर्म का पालन करने के लिये आपको प्रेरित किया किंतु आपने सुना अनसुना कर दिया। हक़ीक़त यह है कि दोनों में पानी मर रहा है। हमारे जैसे तो बोदे चारण रह गये हैं और आप जैसे सत्वहीन राजपूत।

207.

हल्दीघाटी के युद्ध में विजयी होने के बाद अकबर के मनसबदार आमेर के मानसिंह ने विजय के गर्व में चूर होकर बादशाही सेना के घोड़ों को 'पिछोला' झील पर पानी पिलाया। फिर गर्वोक्ति की–पिछोला पर या तो मारवाड़ के राव जोधा ने घोड़ों को पानी पिलाया थ या फिर आज मैंने यह काम कर दिखाया है। वह सुनकर पास में ही खड़ा एक चारण बोला–

माना अंजस कर मती अकबर बळ आयौह ।
जोधै जंगम आपरौ पाणा बळ पायोह ।।

अर्थात्–हे मानसिंह ! तुम मिथ्याभिमान मत करो। तुम तो यहाँ अकबर की ताकत के बूते पर आए हो किंतु जोधा ने अपनी भुजाओं के बल पर घोड़ों को पिछोला पर पानी पिलाया था।

208.

राव जोधा अपने पिता राव रणमल के साथ चित्तौड़ में महाराणा की सेवा में था। राजकाज में रणमल के अत्यधिक हस्तक्षेप से वहाँ के सरदार उससे बहुत रुष्ट थे। रणमल से मुक्ति पाने के लिये चूंडा व अन्य सोलह सरदारों ने एक षड्यंत्र रचा। राव रणमल जिस पलंग पर सोया हुआ था, उसी से उसे बाँधकर उस पर हमला कर दिया गया। बलिष्ठ रणमल पलंग समेत उठा खड़ा हुआ। वह निःशस्त्र था पर पास में पड़े लोटे से ही सत्रह से सोलह हमलावरों का काम तमाम कर दिया। अंत में वह भी मारा गया।

उस समय जोधा अपने भाईयों सहित गढ़ की तलहटी में था। रणमल के षड्यंत्र का शिकार होते ही एक डोम ने किले के प्राचीर पर चढ़कर जोधा को चेताते हुए उच्च स्वर में यह दूहा गाया–

चूंडा अजमल आदिया मांडू हूं घरु आग ।
जोधा रणमल मारिया भाग सकै तो भाग ।।

***

बीकानेर

209.

बीकोनर के शासक राव लूणकरण के समकालीन लालजी मेहड़ू अपने समय के नामी कवि थे। एक बार वे जैसलमेर के महारावल जैतसिंह द्वितीय के दरबार में पहुँचे। महारावल ने उनके सामने बीकानेर के शासकों का उपहास किया और लालजी मेहूडू को भी राठौड़ मानकर उन्हें भी मज़ाक के लपेटे में ले लिया। स्वाभिमानी कवि ने मर्यादा का उल्लंघन होते देख जैतसिंह से निवेदन किया कि अपने सगे-प्रसंगियों की आप चाहे जो मज़ाक करें किन्तु चारण कवि की मर्यादा का तो निर्वाह कीजिये। पर महारावल ने बात अनसुनी कर दी और उल्टे लालजी को कहा, आपकी बात नहीं मानूँ तो आप क्या कर लेंगे?

इस अपमान से क्षुब्ध कवि ने जैसलमेर के किले के सामने ही महारावल के अशिष्ट व्यवहार के विरोध में धरना दे दिया। महारावल ने ताना देते हुए कहा कि अब बीकानेर वालों से ही अपना धरना सुधरवा लेना। बीकानेर वालों की छाया जैसलमेर की जितनी भूमि पर पड़ेगी, उतनी भूमि ब्राह्मणों को दान में दे दूँगा। लालजी मेहडू के धरने और महारावल की कटूक्ति की बात राव लूणकरण के पास पहुँची तो कवि की मर्यादा की रक्षा के लिये राव लूणकरण ने जैसलमेर पर चढ़ाई कर दी महारावल को बंदी बनाकर लालजी को सामने लाया गया। महारावल ने उनके पैरों में पड़ कर क्षमा माँगी। उन्होंने क्षमा करते हुए महारावल से कहा–

गुंजारव गैमरां धुवै हव सांभळ ढ़ोलां
जादव थूं कर जंग फबै थिर भारी बोलां
राजो वाई राव आय नेड़ौ ऊतरियौ
करां झाल के वांण बींद बांकम बळ भरियौ
खुद रबद खैंग रमण घड़सीसर घोड़ां घणां
धर देह परी नवगढ़ धणी बांवळियाळी बांभणां

अर्थात्–हाथियों की चिंघाड़ के साथ बज रहे ढ़ोलों की ध्वनि सुन। हे यादवराज युद्ध कर, तभी तेरे चुभते बोल सही साबित होंगे। बीकानेर का राव लूणकरण तेरी धरती को चीरता हुआ निकट ही आकर डेरा डाल चुका है। अपनी टापों एवं उनसे उड़ती खेह से रात का सा आभास कराने वाले घोड़े घड़सीसर तालाब को खुरों से रौंद रहे हैं। हे नवगढ़ के मालिक! महारावल अपने वचन के मुताबिक अपनी धरती ब्राह्मणों को दान कर दे।

लज्जित महारावल ने अपनी करनी के लिये कवि से क्षमायाचना की। कवि ने उसे फटकारते हुए कहा–

देव कुबध चौ भेद दाखियौ झूठो कियौ कवि सूं झोड़।
मेहड़ू तणै वचन रै माथै रातै गढ़ आयौ राठौड़।।

अर्थात्–हे! महारावळ, दुर्भाग्यवश अविचारपूर्ण बातें कह कर कवि से तुमने झूठा विवाद किया। अब देख ले। कवि मेहड़ू के वचन की रक्षा हेतु जैसलमेर के किले पर राव लूणकरण चढ़ आया। अब तुम्हें समझ में आ गया होगा कि कवि की मर्यादा की रक्षा करने वाला बड़ा होता है, उपहास करने वाला नहीं।

बाद में कवि ने अपने बड़प्पन का प्रमाण देते हुए महारावल को मुक्त करवा दिया।

210.

मुगल आक्रान्ता बाबर की मृत्यु के बाद उसके बेटे कामरान ने लाहौर पर कब्जा जमा लिया। अपना राज्य विस्तार करने की आकांक्षा से वह बीकानेर के राव जैतसी को अपने अधीन करने के लिये ससैन्य आगे बढ़ा। मुगल सेना ने भटनेर (आधुनिक हनुमानगढ़) किले को घेर लिया और राव जैतसी को संदेश भिजवाया कि वह दस करोड़ का द्रव्य और अपनी राजकुमारी विवाह में दे तो युद्ध रुक सकता है। ऐसी परिस्थिति में युद्ध अनिवार्य हो गया। विक्रम संवत् 1591 (सन् 1534 ई.) के मार्गशीर्ष कृष्ण चतुर्थी को दोनों सेनाओं में भिड़न्त हुई। इस युद्ध में राव जैतसी की विजय हुई। मुगलों को प्राण बचाकर लाहौर की तरफ भागना पड़ा। इस सम्बन्ध में एक समकालीन कवि ने लिखा–

सङ्गारि मीर मुगलां साख
लाहउरि गयऊ खेरावी लाख
मुरधरा वधिय उच्छव मंडाण
सिवहरिय गयऊ घरि खुरासाण

अर्थात्–हे मरुधरा! आज उत्सव मनाओ क्योंकि खुरासान के आक्रमणकारी कामरान के मुगल आज परास्त होकर या मरणासन्न होकर अपने प्राण बचाकर लाहौर की ओर भाग रहे हैं।

211.

मुगल सम्राट अकबर के दरबार में राजस्थान के अनेक कवियों को यथोचित सम्मान प्राप्त था। इनमें बीकानेर के पीथळ (पृथ्वीराज) विशेष रूप से उल्लेखनीय हैं। उनकी काव्य प्रतिभा से अकबर बहुत प्रभावित था। उनका रचना संसार बहुत व्यापक और समृद्ध है। विभिन्न कलाओं में भी उनकी गहरी पैठ थी। निजी जीवन के हर्ष-विषाद की घटनाओं को भी उन्होंने प्रभावी काव्यात्मक अभिव्यक्ति प्रदान की। उनके जीवन के कई प्रसङ्ग इसके साक्षी हैं।

पृथ्वीराज का विवाह जैसलमेर के साहित्यप्रेमी शासक रावळ हरराज की पुत्री लालाँदे से हुआ था। मधुर स्वभाव की सुंदरी लालाँदे को पृथ्वीराज का शाही सेवा की विवशता के चलते दीर्घ अवधि तक विरह व्यथा झेलनी पड़ी। वचनबद्ध होकर भी वे निर्धारित तिथि पर नहीं लौट पाये। दूर-दराज के प्रदेशों में नियुक्ति के चलते वियोग का संताप झेलना दोनों की नियति बन चुकी थी। विरहाग्नि से दग्ध लालाँदे की व्यथा इस प्रकार प्रकट हुई–

पति परतिग्या सांभळौ अवध उल्लंघन थाय।
प्राण तजूँ तो विरह में कदै न राखूँ काय।।

अर्थात्–हे पतिदेव! अपनी प्रतिज्ञा स्मरण करो, अवधि बीती जा रही है। अब मैं आपके विरह में प्राण त्याग रही हूँ। यह काया और अधिक नहीं रखूँगी।

पृथ्वीराज जब लौटे तो प्रिया के देहान्त की दुःखद घटना से शोकमग्न हो गये। श्मशान में दाहस्थल पर उनकी मनोव्यथा यूँ फूट पड़ी–

कंथा ऊभां कामणी साँई थूँ मत मार।
रावण सीता ले गयौ वे दिन आज संभार।।

अर्थात्–हे प्रभु! पति के रहते पत्नी को मत मार। रावण ने जब सीता का हरण किया था तब राम पर क्या बीती थी, उस दुःख का स्मरण कर।

लालां लालां हूँ कहूँ लालां साद न देय
मो आंधा री लाकड़ी राम खींच मत लेय।।

अर्थात्–मैं लालां का नाम ले लेकर पुकार रहा हूँ पर लालां कोई उत्तर नहीं दे रही है। हे परमात्मा! मुझ अन्धे की लकड़ी मत छीन।

तो रांध्यौ नह खावस्यां रै अगन निसड्ड।
म्हाँ देखत तैं बाळिया लालां हंदा हड्ड।।

अर्थात्–हे निर्लज्ज अग्नि तेरी पकायी हुई कोई वस्तु मैं अब नहीं खाऊँगा। मेरे देखते-देखते तूने लालां की हड्डियाँ जला दीं।

इस घोर शोकग्रस्त अवस्था से पृथ्वीराज को उबारने के लिये रावळ हरराज ने अपनी एक छोटी कन्या चंपादे का विवाह उनसे कर दिया। रूप लावण्य सम्पन्न चंपादे भी कवि हृदया थीं। चंपादे से परिणय के पश्चात् का एक प्रसंग है। पृथ्वीराज दर्पण के सामने खड़े सफेद बाल उखाड़ रहे थे। पीछे खड़ी चंपादे ने यह देखकर मुँह फेर लिया। इस पर पृथ्वीराज बोले–

पीथळ धोळा आविया बहुली लग्गी खोड़।
कामण मत्त गयंद ज्यूं ऊभी मुक्ख मरोड़।।

अर्थात्–हे पीथल! सफेदी झलकने लगी है। यौवन को बहुत दोष लग गया है। मत्त हाथी की तरह खड़ी कामिनी मुँह मरोड़ रही है।

इस पर चंपादे ने पृथ्वीराज को बालों की सफेदी से विचलित नहीं होने देने के लिये इस अवस्था को इस प्रकार महिमा मंडित किया–

हळ तो धूना धोरियां पंथज गग्घां पाव।
नरां तुरां अर वनफलां पक्कां पक्कां साव।।

अर्थात्–हल चलाने में समर्थ तो सधे हुए बैल ही होते हैं और मार्ग भी वयस्क ऊँट ही तय करते हैं। इसी प्रकार नरों, अश्वों और वनफलों में भी पकने पर ही रस प्रकट होता है।

प्यारी कहै पीथळ सुणौ धोळां दिस मत जोय।
नरां नाहरां डिगमरां पाक्यां ही रस होय।।

अर्थात्–प्रिया कहती है, हे पीथळ! सुनो। श्वेत केशों की ओर मत देखो (श्वेत केशों से खिन्न होने की आवश्यकता नहीं है। पुरुष, नाहर और दिगम्बर साधु परिपक्व अवस्था प्राप्त होने पर ही कार्यसिद्धि में सक्षम होते हैं।

चम्पादे से सम्बन्धित एक और प्रसङ्ग महाराणा प्रताप और पृथ्वीराज विषयक है। जब चंपादे को पता चला कि पृथ्वीराज ने प्रताप का पक्ष लेकर अकबर को अप्रसन्न कर दिया है तो उसने यह दूहा लिख भेजा–

पति जिद की पतसाह सूं यह सुणी म्हैं आज।
कहँ पातल अकबर कँह करियौ बड़ौ अकाज।।

अर्थात्–हे पतिदेव! मैंने सुना है कि आपने बादशाह से जिद ठान ली है। कहाँ प्रताप और कहाँ अकबर। दोनों की कोई तुलना ही नहीं। आपने यह बड़ा अकार्य किया है।

इसके उत्तर में पृथ्वीराज ने ब्रजभाषा में निम्न छंद रचकर भेजा–

जब तैं सुनै हैं बैन तब तैं न मोको चैन।
पाती पढ़ नेक सो न विलंब लगा वेगो।।

लेकै जमदूत से समत्थ राजपूत आज।
आगरे में आठों याम ऊधम मचावेगो।।

कहै प्रिथीराज प्रिया नेकु उर धीर धरौ।
चिरजीवी राना सो मलेच्छन भगावेगो।।

मन को मरद्द मानी प्रबल प्रतापसिंह।
बब्बर ज्यों तड़प अकब्बर पै आवेगौ।।

212.

पृथ्वीराज के एक भाई अमरसिंह विद्रोही बन कर बादशाही खजाना लूटा करते थे। वे परम पराक्रमी थे किंतु विपुल मात्रा में अफीम सेवन के आदी। इन्हें सोते से जगाने वाले को ये कटारी के वार से मार डालते थे। इसलिये उन्हें जगाने का साहस कोई नहीं करता था। एक बार अरब खाँ नामक मुगल सेनानायक ने इन पर आक्रमण कर दिया। तब वे सोये हुए थे। उस संकटकालीन

अवस्था में 'पद्‌मा' नामक चारणी ने एक गीत बोलकर इन्हें जगाया। गीत का मुखड़ा इस प्रकार था–

शहर लूटतौ सदा तूं देश करतौ सरद
कहर नर पड़ी थारी कमाई
उज्यागर झाल खग जैतहर आभरण अमर
अकबर तणी फौज आई

अर्थात्–तू सदा शहरों को लूटता और देश विजय करता रहा है। आज तुम्हारे उस यश पर वज्रपात हो रहा है। हे जैतसी के पौत्र, वंश के भूषण, उज्ज्वल यश वाले अमरसिंह, तलवार संभाल। अकबर की फौज आ गई है।

213.

रियासत बीकानेर के राजा रायसिंह को बादशाह अकबर के आदेश पर दक्खिन की मुहिम पर जाना पड़ा। लम्बे अर्से तक घर से दूर रहने की पीड़ा झेलनी पड़ी। इस अभियान के दौरान सुदूर दक्षिण में भी एक दिन संयोग से बीकानेर की मरुभूमि में बहुतायत से उगने वाला ''फोग'' का पेड़ उन्हें दिख गया। गरीबुलवतन रायसिंह 'फोग' को देखकर खुशी से झूम उठे। उसे बाहों में भरते हुए बोले–

तूँ तो देशी रूँखड़ौ म्हैं परदेशी लोग।
म्हांनै अकबर भेजिया तूं क्यूं आयौ फोग।।

अर्थात्–तुम तो देशी पेड़ हो और हम वतन से दूर परदेश में भटक रहे हैं। हमें तो इतनी दूर अकबर ने भेजा है मगर 'फोग' तुम यहाँ कैसे आ गये?

214.

बीकानेर के शासक रायसिंह के निधन के पश्चात् उनका ज्येष्ठ पुत्र दलपतसिंह गद्दीनशीन हुआ और पर उसके ईर्ष्यादग्ध छोटे सौतेले भाई सूरसिंह ने मुगल बादशाह जहाँगीर की मदद और बीकानेर के कुछ सामंतों के विश्वासघात के सहारे दलपतसिंह को धोखे से अजमेर में पकड़वा दिया और बीकानेर की राजगद्दी पर कब्जा कर लिया। यह पापकृत्य कवि लालजी सामोर को बहुत अखरा। विश्वासघातियों को फटकारते हुए उन्होंने कहा–

फिट बीदां फिट काँधलां जंगळधर लेडांह।
दलपत हुड पकड़ायनैं भाज गयी भेड़ांह।।

अर्थात्–दलपतसिंह रूपी मेंढ़े को छलपूर्वक पकड़वा कर भेड़ों की तरह कायर बनकर भागने वाले बीदावतों, काँधलों और लेडों (राजपूतों के लिये हीनतासूचक संबोधन) तुम्हें धिक्कार है, धिक्कार है।

लालजी सामौर की बात का समर्थन करने वालों में बीकानेर के पोळपात चौथ बारहठ, सूजा बीठू का पुत्र गोविन्द सूजावत और पुरोहित मान महेश शामिल थे।

215.

दिल्ली की मुगल सत्ता से चलते संघर्ष के दौरान संवत् 1670 में बीकानेर की राजगद्दी के कानूनी वारिस दलपतसिंह को धोखे से बंदी बनाकर अजमेर में कैद कर दिया गया। उसके विश्वासघाती साथी भी शत्रु से मिल गये थे। संयोग से उस समय चाँपावत बलूगोपालदासोत के भाई हाथीसिंह ससुराल जाते समय अपने तीन सौ सिपाहियों सहित विश्राम के लिये अजमेर में ठहरे। बीकानेर की एक डावड़ी (दासी) को जब यह जानकारी मिली तो वह हाथीसिंह के डेरे पहुँची। उन्हें 'ओळमा' (उपालम्भ) देते हुए पूछा कि क्या धरती पर अभी राठौड़ जीवित हैं? शब्दों के चाबुक ने हाथीसिंह के शौर्य को ललकार दिया। दलपतसिंह को छुड़ाने के लिये वे अपने साथियों सहित बादशाही फौज से भिड़ गये और सभी रणखेत रहे।

216.

अपनी विलक्षण काव्य प्रतिभा के बल पर अकबर के दरबार में समादृत पृथ्वीराज की कृति 'वेलि क्रिसन रुकमणि' को सुनकर कुछ चारणों के मन में विचार आया कि ऐसा उत्तम कोटि का ग्रंथ तो चारणेतर व्यक्ति लिख ही नहीं सकता। यह पृथ्वीराज का सृजन नहीं हो सकता। ऐसी बेतुकी चर्चाओं पर विराम लगाने के लिये पृथ्वीराज ने अपने समकालीन प्रसिद्ध चारण कवियों माधोदास दधवाड़िया, केशवदास गाडण, माला साँदू एवं दुरसा आढ़ा को बुला कर उनके सम्मुख ग्रंथ का पाठ किया। ग्रंथ का श्रवण कर माधोदास और केशवदास का तो अभिमत था कि चूंकि ग्रन्थकार परम भगवद्भक्त है, अतः

ऐसे सुन्दर ग्रंथ की रचना करना उनके लिये सहज है किन्तु माला सांदू व दुरसा आढ़ा के संदेह का निवारण नहीं हुआ। जब पृथ्वीराज तक यह बात पहुँची तो उन्होंने उपुर्यक्त चारों कवियों के लिये ये दूहे कहे–

चूंडे चत्रभुज सेवियौ ततफल लागो तास।
चारण जीवौ चार जुग मरो न माधोदास।।

केशौ गोरखनाथ कवि चेलो कियौ चकार।
सिध रूपी रहत सबद गाडण गुण भंडार।।

बाई बारै खालियाँ काई कही न जाय।
ऊदै मालो अपनों मेहे दुरसा थाय।।

दुरसा आढ़ा ने 'वेलि' के सम्बन्ध में कहा है–

रुकमणि गुण लखण रूप गुण रचवण।
'वेलि' तासु कुण करै वखाण।।

पांचमौ वेद भाखियौ पीथळ।
पुणियौ उगणसीवां पुराण।।

217.

संवत् 1583 (1527 ई.) में जैसलमेर के रावल और सिन्ध के नवाब की सेनाओं ने बीकानेर के शासक राव लूणकरण के विरुद्ध सैन्य प्रयाण किया। दुर्भाग्यवश ऐन लड़ाई के समय बीदावत सरदार अपने सैन्य दल समेत मोरचा छोड़ गये। अन्य अनेक सामन्त भी या तो युद्धक्षेत्र छोड़ गये या तमाशबीन बन गये। ऐसी विपरीत परिस्थिति में भी लूणकरण ने हिम्मत नहीं हारी और रणक्षेत्र में जूझते रहे। उनके इस दृढ़ निश्चय की कवि गोरोजी ने इस प्रकार प्रस्तुति की–

जाई सकई सोहि जाहु रहई सोई मेरा साथी
जब लगु घट मांहि साँसु देऊँ ता लगई न हाथी

अर्थात्–कलंक की कालिमा लेकर जो कोई जाना चाहता है, वह चला जाय। जो दृढ़तापूर्वक रणभूमि में बना रहेगा, वही मेरा साथी है। जब तक मेरे दम में दम है, मैं अपना हाथी किसी को नहीं दूँगा।

राव लूणकरण के भाई राजधर ने इस युद्ध में वीरगति प्राप्त की। कवि गोरोजी ने उनके बलिदान को रेखांकित करते हुए कहा–

अमर न को संसारि साथि तऊ कछु न जाई।
दान खग्गु सत शील अंति अेहि होहि सहाई।।

अर्थात्–इस संसार में कोई अर्मत्य नहीं है और न ही परलोक में कुछ साथ जाता है। अन्त समय में दान, शौर्य, सत्य जैसे गुण ही सहायक होते हैं।

218.

बीकानेर के शासक रायसिंह के अनुज पृथ्वीराज (पीथळ) अपने काव्य कौशल के कारण अकबर के कृपा पात्रों में थे। श्रेष्ठ कवि होने के साथ ही उनकी भगवद् भक्ति भी विलक्षण थी। उन्हें ज्योतिष का भी अच्छा ज्ञान था। एक बार बादशाह द्वारा यह पूछे जाने पर कि आपका देहान्त कहाँ होगा? उनका उत्तर था, मथुरा के विश्राम घाट पर। और उस समय एक सफेद कौआ प्रकट होगा। इस बात की परीक्षा के लिये बादशाह ने उन्हें अटक से भी दूर शाही सेवा के लिये भेज दिया।

इसी बीच आगरा में एक घटना घटी। एक दिन एक भील ने यमुना तट पर बैठे पर चकवा-चकवी को उन पर कपड़ा डाल कर पकड़ लिया और रात में उन्हें पिंजरे में रख दिया। पता चलने पर बादशाह ने भी भील से पिंजरा मँगवा कर चकवा-चकवी का मिलन देखा। उस समय रहीम दरबार में उपस्थित थे। यह दृश्य देखकर उन्होंने दोहे का एक चरण कहा–

सज्जन वारूँ कोड़धां या दुर्जन की भेंट

पिंजरे में डाले जाने के कारण रात को भी चकवा-चकवी का मिलन संभव हो पाया था, इसीलिये रहीम ने उस भील के लिये कहा कि ऐसे दुर्जन पर तो करोड़ों सज्जनों को न्यौछावर कर देना चाहिये। दोहे के दूसरे चरण की पूर्ति जब दरबार में कोई नहीं कर सका तो पृथ्वीराज के पास समाचार भेजा गया। पन्द्रहवें दिन वे मथुरा पहुँचे। दोहा पूरा कर बादशाह के पास भिजवा दिया। पूर्ति इस प्रकार की गई थी–

''रजनी का मेळा किया विधना के अच्छर मेट''

अर्थात्–भील ने विधाता के भी अक्षरों को मिटा कर चकवा-चकवी का रात्रि मिलन संभव कर दिया। (कवि परंपरा में प्रसिद्ध है कि चकवा-चकवी रात्रि को नहीं मिल पाते।)

मथुरा के विश्राम घाट पर ही दान-पुण्य करते पीथळ का देहान्त हो गया।

219.

सन् 1378 ई. में जन्मे गोगादेव अपने समय के नामी शूरवीर थे। उन्होंने आसायच राजपूतों को पराजित कर उनके अधिकार क्षेत्र के सत्ताईस गाँवों पर कब्जा जमा लिया था। एक बार वे लच्छूसर गाँव के पास ठहरे हुए थे। काफी दूर से आने के कारण उनके अश्व थके-माँदे व भूखे थे। अतः उन्होंने घोड़ों को चरने के लिए जंगल में छोड़ दिया। चरते हुए घोड़े कुछ दूर जा निकले। अवसर की ताक में बैठे हुए गोगादेव के विरोधी जोहियों ने पहले तो घोड़ों को दूर भगा दिया और फिर आगे बढ़कर गोगादेव पर टूट पड़े। इस घटना को उजागर करता यह दूहा–

भूखा तिसिया थाकड़ा राखीजै नेड़ाह।
ढ़ळिया हाथ न आवसी गोगादे घोड़ाह।।

अर्थात्–भूखे-प्यासे और थके हुए घोड़ों को निकट ही रखना चाहिये। हे गोगादेव! दूर निकल जाने पर वे हाथ नहीं आएँगे।

220.

जोधपुर नगर के संस्थापक राव जोधा के अनुज काँधल का अपने भतीजे बीका के लिये प्रगाढ़ स्नेह भाव था। एक दिन काँधळ बीका का हाथ पकड़े जोधा के पास आ रहे थे। उनकी वात्सल्य दृष्टि को देखकर जोधा ने विनोद में काँधळ से कहा कि आज तो भतीजे का हाथ ऐसे पकड़ा है, मानों कहीं का राज्य दिला देंगे। काँधळ को यह बात चुभ गई और संवत् 1527 में वे बीका को लेकर जोधपुर से प्रस्थान कर गये।

जांगळ प्रदेश में जाटों के चौदह भूमिचारों को जीत कर एक नया राज्य स्थापित किया। संवत् 1545 में अक्षय तृतीया के दिन अपने भतीजे बीका के नाम से बीकानेर नगर बसाया और उनका राज्याभिषक कर राज्य उन्हें सौंप दिया। घटना का साक्षी यह दूहा–

कमधज राज भतीज को सज बाँधे बळ सार।
जिण काँधळ भांजे जबर चौदह भूमीचार।।

221.

बीकानेर के शासक रायसिंह के अनुज पृथ्वीराज को अपनी सारस्वत साधना के कारण अकबर के दरबार में विशेष सम्मान प्राप्त था। मुस्लिम शासन में होने वाले गौ वध से व्यथित होकर उन्होंने एक छंद लिखकर गाय के गले में बाँध दिया। संयोग से गाय घूमती घूमती बादशाह के महल के नीचे जा पहुँची और पशु सुलभ प्रवृत्ति के चलते वहाँ फरियाद की जो साँकल लटक रही थी, उससे अपना सींग सहलाने लगी। साँकल के हिलाने से महल के अन्दर जब घंटी बजी तो बादशाह समझ गये कि कोई फरियादी आया है। वे बाहर आए। गाय के गले से खोलकर छप्पय पढ़ा तो उसमें निहित भाव से इतने अभिभूत हो गये कि अपने राज्य में गौ वध निषिद्ध कर दिया। छप्पय इस प्रकार था–

अधर धरत तृण मुक्ख ताहि कोऊ नहीं मारत
सो मैं निश-दिन चरत बैन दुर्बल उच्चारत
सदा खीर घृत झरत मोर सुत पृथ्वी बसावत
कहा तुरकन को कटु कहा हिन्दुन मधु पावत
हम तगार पन्ही हम ही गलो कटावन हम दिये
पुकार अकब्बर शाह से कहा खून हमने किये

222.

केन्द्रीय मुगल सत्ता के निर्बल होने के बाद राजस्थान की विभिन्न रियासतों के शासक राजनीतिक अदूरदर्शिता के चलते उस स्थिति का लाभ उठाने के बजाय आत्मघाती आपसी लड़ाईयों में अपनी ताकत जाया करने लगे। यदि उनमें राजनीतिक समझ व कूटनीतिक चतुराई होती तो संगठित होकर दिल्ली के तख्त पर काबिज हो सकते थे। पर हतभाग्य देश का, ऐसा नहीं हो सका। थोथे अहंकार के वशीभूत वे एक-दूसरे का गला काटने में ही धन्यता अनुभव करने लगे। ऐसी ही आत्मघाती मानसिकता के चलते जयपुर, जोधपुर व बीकानेर के शासक एक-दूसरे को नीचा दिखाने के अविवेकपूर्ण कार्यों में लगे रहे।

इसी मनोवृत्ति के परिणामस्वरूप जोधपुर के महाराजा अभयसिंह ने

बीकानेर पर आक्रमण कर दिया। उस संकट की घड़ी में बीकानेर के शासक महाराजा जोरावरसिंह ने ठाकुर कुशलसिंह को सहायता के लिये बुलाया। यद्यपि उनकी महाराजा से अनबन थी तथापि स्वामी और मातृभूमि को संकट में पड़ा देख वे दल-बल सहित यथा शीघ्र बीकानेर पहुँचे। ठाकुर कुशलसिंह से मिली सहायता ने पास पलट दिया और अभयसिंह को निराश होकर जोधपुर लौटना पड़ा। कुशलसिंह द्वारा गाढ़े समय में की गई मदद की सराहना इस प्रकार हुई–

कुशलौ पूछै कोट नै बिळखौ क्यूं बीकाण।
म्हां ऊभां तो पालटै भलै न उगै भांण।।

अर्थात्–कुशलसिंह किले से पूछता है कि बीकानेर तू क्यों उदास है? मेरे होते हुए तेरे कोई मान मर्दन कर दे तो फिर सूर्य उदित नहीं हो सकता।

223.

जिस समय जोधपुर के महाराजा अभयसिंह ने बीकानेर को घेर लिया था, उस समय जूनागढ़ के सुजान महल पर एक दिन सफेद चील बैठी दिखलायी पड़ी। बीकानेर के महाराजा जोरावरसिंह ने चील को देवी करणी का स्वरूप समझ कर यह दूहा कहा–

डाढ़ाळी डोकर थई का तूं गई विदेस।
खून बिना क्यूं खौसीजै निज बीकां रा नेस।।

अर्थात्–हे देवी! क्या तू वृद्ध हो गई है या विदेश चली गई है। बिना किसी अपराध के ही बीकानेर का घर क्यों छीना जा रहा है।

इसके उत्तर में किसी ने कहा–

निज नेसां जोखो नहीं जोखो है जोधाण ।
अभौ अपूठौ जावसी मेले मोटो माण ।।

अर्थात्–अपने घरों पर कोई खतरा नहीं है। खतरा है तो जोधपुर राज्य के लिये है। अपनी प्रतिष्ठा गँवा कर अभयसिंह को वापस जाना पड़ेगा।

इस संकट से उबरने के लिये जोरावरसिंह को जयपुर के महाराजा सवाई जयसिंह से सहायता माँगनी पड़ी। उन्होंने जयपुर महाराजा को यह संदेश भेजा–

अभो ग्राह बीकाण गज सारू समद अथाह ।
गरुड़ छांड़ि गोविंद ज्यूं सहाय करौ जयसाह ।।

अर्थात्–अभयसिंह तो ग्राह है, बीकानेर राज्य गज है। मरुस्थल का अथाह समुद्र है। गरुड़ को छोड़कर गोविन्द ने नंगे पैर ही जिस प्रकार गज की रक्षा की थी, उसी प्रकार हे जयसिंहजी! आप इस विपदा में मेरी सहायता कीजिये।

इस पर सवाई जयसिंह ने जोधपुर पर चढ़ाई कर दी। यह समाचार मिलने पर अभयसिंह को बीकानेर अभियान छोड़ कर तुरंत मारवाड़ लौटना पड़ा।

224.

क्रान्तिचेता कवि शंकरदान सामोर (गाँव-बोबासर, जिला चुरु) अपने युग के महान् शक्ति पुत्र थे। उनकी शक्ति पूजा एवं क्रांति चेतना एक ही सिक्के दो पहलू थे। अन्याय व अत्याचार से लस्त-पस्त पीड़ितों के पक्ष में खड़े होने व संघर्ष करने में उन्होंने कभी आगा-पीछा नहीं किया। फिरंगी सत्ता के विरुद्ध लोगों में चेतना संचारित करने का उन्होंने भरपूर प्रयास किया। जनजागरण की उनकी मुहिम के बारे में कहा गया है–

मीत जो साचौ देश रौ अरियाँ उलटी रीत ।
शंकरियै सामोर रा गोळी हंदा गीत ।।

शासकों के अन्याय व मनमानी के विरोध में हुए सभी धरनों में उन्होंने भाग लिया। नेतृत्व प्रदान किया। वे कहा करते थे–

मरस्यां तो मोटै मतै सो जग कहसी सपूत ।
जीस्यां तो देस्यां जरू जुल्म्यां रै सिर जूत ।।

अर्थात्–मरेंगे तो बड़े ध्येय के लिये जिससे सारा संसार सपूत कहेगा। जीवित रहेंगे तो अत्याचारियों के सिर पर जूतों का प्रहार इसी प्रकार करते रहेंगे।

क्रांतिचेता कवि शंकरदान सामोर के संघर्ष का प्रारंभ धरनों से हुआ था। बारहठ डूंगरदान रचित दूहे इसकी साख भरते हैं–

मनवा दी आखै मुलक धरणां हंदी धाक ।
शंकरिया थारा सबद नांमी मुरधर नाक ।।

तागा धागा तेलिया करिया कर घण कोड ।
मरण सुधारया मोकळा शंकरियै सिर मोड़ ।।

अर्थात्—सम्पूर्ण देश में धरनों की धाक जमा दी। हे शंकरदान उत्साहित करने वाले तुम्हारे शब्द मरुभूमि की प्रतिष्ठा के प्रतीक हैं। धरनों में तागे, धागे, तेलिये आदि तुमने अत्यन्त चाव से किये हैं। हे मरुभूमि के सिरमौर शंकरदान! तुमने सत्य के आग्रह की रक्षा हेतु मृत्यु का वरण करने वालों की मृत्यु की गरिमा बढ़ा दी।

जहाँ कहीं सत्ताधारियों ने सत्तामद में अनाचार किया, शंकरदान उसका पुरजोर विरोध करने में अग्रणी रहे। अपने साथ हुए दुर्व्यवहार से आहत हो खुंडिया (सरदारशहर) के मंगल बारहठ चाहड़ौत द्वारा मेड़ता में कटारी खाकर प्राणोत्सर्ग करने पर सामोर द्वारा दिया गया मेड़ता का धरना विख्यात है। इस धरने की सफलता का साक्षी यह दूहा लोक प्रचलित है—

मंगळ मरणौ मेड़ते जाय सुधारयौ जोध ।
शंकर जसधारी सिरै मावै नंह मन मोद ।।

निर्बल पर अत्याचार की दूसरी घटना 1877 ई. की है। गूलर (जिला-नागौर) के ठाकुर बिशनसिंह ने कुशलपुरा के एक किसान के बैलों की नामी जोड़ी चुरवा ली। कुशल पुरा खिड़िया चारणों के शासन का गाँव था। पीड़ित किसान ने बिशनदान खिड़िया को सारी बात बताई। बिशनदान ने गूलर ठाकुर से किसान के बैल लौटाने का आग्रह किया किंतु दुर्मति ठाकुर ने उन्हें अपमानित करके निकाल दिया। स्वाभिमानी बिशनदान ने अपमान के विरोध में गूलर रावळे में ही कटारी खाकर प्राणोत्सर्ग कर दिया। इस अत्याचार के विरोध में गूलर के गुवाड़ में शंकरदान के नेतृत्व में धरना दिया गया।

इस धरने में सामोर द्वारा तेलिया किये जाने की घोषणा सुनकर ठाकुर के हाथ-पाँव फूल गये। उसने कच्चे सूत की आटियों से अपने हाथों को बाँधकर और पाँवों में दाँवणा देकर सामोर के चरणों में गिरकर क्षमा माँगी और किसान के बैल लौटा दिये।

1857 ई. के प्रथम स्वाधीनता संग्राम के अंतिम चरण में विपदाग्रस्त स्वाधीनता सेनानी तात्या टोपे के मददगार क्रांतिचेता शंकरदान को फिरंगियों

का कोपभाजन बनना पड़ा। तत्कालीन राजस्थानी रजवाड़ों के राजाओं की अंग्रेज परस्ती के लिये सामोर ने उनकी अच्छी खबर ली। उनकी अपनी रियासत बीकानेर के उस समय के शासक सरदारसिंह की फिरंगियों के प्रति वफ़ादारी से वे बहुत क्षुब्ध थे। इस राष्ट्र विरोधी हरकत के लिये उन्होंने राजा सहित पूरे अमले पर लानत भेजते हुए कहा–

डफ राजा डफ मुसद्दी डफ ई देश दीवांण ।
डफ ई डफ भेळा हुया जद बाज्यौ डफ बीकाण ।।

अर्थात्–राजा मूर्ख है, मुसद्दी (दरबारी) भी मूर्ख हैं और देश दीवान (प्रधानमंत्री) भी मूर्ख है। सारे मूर्ख ही मूर्ख एकत्र हो जाने से बीकानेर मूर्ख कहलाया।

225.

राजस्थान के स्वार्थान्ध रजवाड़ों ने 1857 ई. के विपल्व में विदेशी सत्ता का भरपूर साथ दिया। बीकानेर के सरदारसिंह को मातृद्रोह के इस कुकृत्य के लिये उसे धिक्कारते हुए सामोर ने कहा–

देख मरै हित देश रै पेख सचौ रजपूत ।
सरदारा तांनै सदा कहसी जगत कपूत ।।

खास बाँधवा खीझ सैण गोरिया गिण सचा ।
थूं बावै अेहड़ा बीज फोग फोग फळ भोगसी ।।

226.

उस समय बीकानेर दरबार में चार व्यक्तियों की खास चलती थी। एक तो दूल्हेसिंह (जो लंगड़ा था); दूसरे कविराजा भभूतदान; तीसरे बख्शीराम दरोगा और हीरालाल महेश्वरी। राजा को गलत सलाह देने के लिये इन चारों की खबर लेते हुए सामोर का कहना था–

लूलौ, कूलौ, गोलण्यौ चौथो हुयौ हरियाण ।
अे च्यारूँ डफ भेळा हुया जद बाज्यौ डफ बीकाण ।।

अर्थात्–लूला दुल्हेराय, कूला भभूतदान (चारणों के लिये अपमानसूचक संज्ञा) गोलण्या बख्शीराम और हीरालाल महेश्वरी ये चारों मूर्ख जब बीकानेर दरबार में इकट्ठे हो गये तो बीकानेर मूर्ख कहलाया।

227.

बीकानेर के शासक सरदारसिंह के दरबार में राजा के नजदीकी लोगों में अग्रणी कविराजा भभूतदान बीठू राजा के मर्जीदान होने से साधन सम्पन्न मगर बला के के व्ययभीरु (कंजूस) थे। किसी मुसीबतजदा की मदद या दान-पुण्य से उनका कोई वास्ता नहीं रहा। हद दर्जे की इस कंजूसी के कारण उनके मरणोपरांत एक कवि ने उनकी पूरी ज़िन्दगी की निचोड़ यूँ प्रस्तुत किया–

खायौ न कोई खरचियौ सूखा ई बाज्या सपूत ।
आया ज्यूं ई उठ चलिया बीठू राण भभूत ॥

228.

1857 ई. के प्रथम स्वतंत्रता संग्राम में राजस्थान के अनेक जागीरदार अंग्रेजों के खिलाफ लड़े। शेखावाटी क्षेत्र के बहल, मंडावा, चुरु आदि ठिकाने इस काम में अग्रणी थे। चुरु मंडल में ही बीदावतों का पाटवी ठिकाना गोपालपुरा था। उसके तत्कालीन जागीरदार हमीरसिंह जो काफी लहीम शहीम थे, स्वाधीनता संग्राम से दूर ही रहे। इसका असर अन्य ठिकानों पर भी पड़ा। क्रांतिचेता शंकरदान ने इस उदासीनता पर हमीरसिंह को एक दूहा लिख भेजा जिसका असर यह हुआ कि उन्होंने उदासीनता छोड़कर बढ़-चढ़ कर स्वाधीनता संग्राम में हिस्सा लिया। हमीरसिंह को मातृभूमि की मुक्ति के लिये बलिपंथ पर अग्रसर करने वाला वह चमत्कारिक दूहा इस प्रकार था–

तन मोटो, मोटो तखत, मोटो वंश हमीर ।
हुयौ देश हित क्यूं अबै मन छोटो हमीर ॥

229.

प्रथम भारतीय स्वतंत्रता संग्राम में बीकानेर रियासत के चुरु ठिकाने ने सक्रिय रूप से भाग लिया। बीकानेर की सेना वहाँ अंग्रेजी सेना की सहायता के लिये मौजूद थी। चुरु ठाकुर शिवनाथसिंह अंग्रेजों के विरुद्ध प्राणापण से लड़े। चुरु की समस्त जनता भी जी-जान से स्वतंत्रता सेनानियों के साथ थी। उसने हर प्रकार से मदद की। जब अंग्रेजों ने चुरु पर आक्रमण किया तो वहाँ के लोगों ने डटकर उसका मुकाबला किया। अंग्रेज कई दिनों तक घेरा डाले बैठे रहे और शहर पर गोलाबारी करते रहे। चुरु की ओर से भी जवाबी गोलाबारी

होती रही। कई दिनों तक यह क्रम चलता रहा। जब स्वतंत्रता सेनानियों के पास तोप के गोलों के लिये सीसे की कमी आ गई तो चुरु के कई धनाढ्य सेठ आगे आए और कोई उपाय न देखकर उन्होंने गोलों के लिये सीसे की स्थान पर चाँदी लाकर प्रस्तुत की। इस कार्य में चुरु के एक मठ के महंत ने भी सहयोग दिया।

तोपों से निखालिस चाँदी के गोले दागे जाने का दृश्य देखकर शत्रु सेना दंग रह गई। उसके हौसले पस्त हो गये। उसने सोचा कि जिस नगर की जनता का मनोबल इतना ऊँचा है, इतना प्रबल संगठन व त्याग की भावना है, उसे पराजित करना असंभव है। समकालीन काव्य में चाँदी के इन गोलों का जिक्र बड़े गौरवभाव से हुआ है। ''चुरु रौ जस'' नामक काव्य रचना में सामोर कहते हैं–

जग जाहर चुरु जठै काची रही न जेट ।
साबत राखी सुतंत्रता संतां सेठां पेठ ।।

बीदावत बणिरोत संग सेखा रा पोताह ।
लड़्या देसहित लाडला (दे) रण गंगा गोताह ।।

बीदा अर बणीर भड़ टणका घण टणकेल ।
गोरां हित बीकौ लड़्यौ चुरु रै रणखेत ।।

बीको फीको पड़ग्यौ बण गोरां हमगीर ।
चाँदी गोळा चालिया आ चुरु री तासीर ।।

चाँदी चेपी तोपगळ जंग कियौ जोधार ।
झुक्यौ न झगड़ा में जबर स्योजी सो सिरदार ।।

उण स्योजी नै आज भी चुरु रही चितार ।
फेर्‌यौ राव बीकाण नै चाँदी गोळा मार ।।

230.

क्रांतिचेता कवि शंकरदान सामोर ने अनेक ठिकानेदारों से स्वतंत्रता संग्राम में योगदान के लिये आग्रह किया था किंतु भीरु व स्वार्थन्ध ठिकानेदारों ने उन्हें टका सा उत्तर देकर टाल दिया। ऐसे स्वाभिमान शून्य ठाकुरों में लैड़ी ठाकुर पेमसिंह, चौकड़ी ठाकुर मंगळसिंह और हेमासर के

डूंगरसिंह शामिल थे। सामोर ने इन सभी नाकारा ठिकानेदारों पर लानत भेजी और उनकी तुलना मातृद्रोही कणवारी के सगतसिंह से करते हुए कहा–

तो सिरखौ सगतिया पेम लैड़ी सोपतियौ
तो सिरखौ सगतिया मंगळ चौकड़ी मनमतियौ
तो सिरखौ सगतिया डूंग हेमासर दीठौ
तो सिरखौ सगतिया कोई निलज्ज न फीटौ

231.

रियातस बीकानेर की गद्दी पर डूंगरसिंह के आसीन होने के बाद उनकी रीत-भाँत और हरकतों से रियासत की प्रतिष्ठा पर आई आँच के कारण कविवर सामोर ने उनके पूर्वजों द्वारा अर्जित यश के सन्दर्भ में उन्हें उपालंभ देते हुए कहा था–

हो छोगौ हिंदवाण रौ अडिग फिरंती आण ।
पत्थर पाट बिराजतां बट्टौ लाग्यौ बीकाण ।।

232.

क्रांतिचेता कवि शंकरदान सामोर स्वातंत्र्य योद्धाओं के लिये सहायता जुटाने कणवारी ठाकुर सगतसिंह से मिलने गये। अंग्रेजपरस्त ठाकुर ने न केवल सहायता देने से इंकार किया अपितु अत्यन्त अभद्र व अश्लील इशारा करके वहाँ से निकल जाने को कहा। सगतसिंह की अशिष्टता और बेहूदगी पर लानत भेजते हुए सामोर ने कहा–

डरपै भोळी डावड़ी स्याणी समझै सोह ।
देखो सगतै ओ दियौ मदद बदळै मोह ।।

233.

चुरु पर बीदावतों का अधिकार था किन्तु ठाकुर के व्यवहार से अधिकांश सरदार रुष्ट थे। अवसर का लाभ उठाते हुए बीकानेर महाराजा ने चुरु पर आधिपत्य जमा लिया। चुरु ठाकुर की अदूरदर्शिता के परिणामस्वरूप घटित इस घटना पर किसी ने कहा–

काँदा खाया कमधजां घी खायौ गोलांह ।
चुरु चाली ठाकरां बाजंतै ढ़ोलांह ।।

अर्थात–सरदारों को खाने को प्याज मिले और गोलों ने घी के माल उड़ाये। हे ठाकुर! इसी के फलस्वरूप चुरु ढ़ोल बजते आपके हाथों से निकल रही है।

234.

महाराजा गंगासिंह के शासनकाल में बीकानेर रियासत में सरकारी नौकरी में रियासत के मूल वाशिन्दों को तरजीह दी जाती थी। इसके लिये उम्मीदवारों को मूल निवासी प्रमाण पत्र पेश करना होता था। अनेक गैर रियासती लोग जाली प्रमाण पत्र पेश कर देते थे। ऐसे फ़रेब से निपटने के लिये इंटरव्यू बोर्ड में महाराजा के नुमाइंदे ठिकाना महाजन के जागीरदार राजा हरिसिंह ने एक नायाब तरीका निकाला।

रियासत का मूल निवासी होने का दावा करने वाले हर एक उम्मीदवार से पूछा जाता–"तुम्हें राजस्थानी भाषा का ज्ञान है?" हाँ कहने पर कहा जाता, यह दूहाबोलकर सुनाओ–

पळळ पळळ पावस पड़ै खळळ खळळ नद खाळ।
भळळ भळळ वीजळ भळकै वाह रे वाह वरसाळ।।

इस दूहे को बोलते ही बाहरी उम्मीदवार का झूठ पकड़ में आ जाता। उसके लिये राजस्थानी भाषा की 'ळ' ध्वनि का उच्चारण करना नामुमकिन होता था। राजस्थानी के पळळ, खळळ, भळळ की जगह पलल, खलल, भलल बोलते ही दूध का दूध का पानी का पानी होते ही फर्जी उम्मीदवारों का चेहरा देखने लायक होता था।

235.

बीकानेर के शासक करणसिंह का तीसरा पुत्र पदमसिंह अपने अतुल पराक्रम के लिये विख्यात था। उसके शौर्य की अनेक गाथाएँ लोक स्मृति में सुरक्षित हैं। कहा जाता है कि औरंगजेब की फौज ने जब दाराशिकोह को हराया तो उस विजय को संभव बनाने वाले सूरमाओं में अग्रणी पदमसिंह का सम्मान करते हुए औरंगजेब ने अपने रूमाल से उसके बख्तर की धूल झाड़ी।

विक्रम संवत् 1728 में उसके छोटे भाई मोहनसिंह का शाहजादे मुअज्जम के साले मुहम्मदशाह तोजक से औरंगाबाद में झगड़ा हो गया।

जिसमें मोहनसिंह मारा गया। समाचार मिलने पर पदमसिंह तुरंत वहाँ पहुँचा। मोहनसिंह को जमीन पर पड़ा देखकर कहा, तुम वीर होकर इस तरह कायरों की भाँति जमीन पर क्यों पड़े हो ? तब मोहनसिंह ने कहा, मेरी पीठ पर लगे घावों को देखो। मुझे लहुलूहान करने वाला कोतवाल अभी जिन्दा है। इस पर पदमसिंह ने मुहम्मदशाह को ललकारा और पलक झपकते उसका काम तमाम कर दिया। उसकी त्वरा पर कवि ने कहा–

अेक घड़ी आलोच मोहन रै करतौ मरण ।
सोह जमारौ सोच करतां जातो करणवत ।।

अर्थात्–मोहनसिंह के मरने पर यदि एक घड़ी भर भी विचार करता रह जाता तो हे करणसिंह पुत्र तेरा सारा जीवन सोच करते ही बीत जाता।

236.

पदमसिंह अपने अनुपम शौर्य के लिये विख्यात थे। उन्होंने एक बार युद्ध में औरंगजेब की प्राण रक्षा की थी। वे इतने बलिष्ठ थे कि एक बार किसी नवाब के हाथी के हौदे सहित अपने पिताश्री के हाथी बराबर जिस पर वे खुद भी आरूढ़ थे, खींच कर भिड़ा दिया।

उनका भारी खांडा अभी भी राजघराने के आयुधागार में रखा है जिसे एक आदमी दोनों हाथों से भी नहीं उठा सकता। आठ पौंड वजनी, 3 फीट 11 इंच लंबी-व ढ़ाई इंच चौड़ी पदमसिंह की तलवार एवं पच्चीस पौंड वजनी, साढ़े चार फीट लंबा व ढ़ाई इंच चौड़ा उसका खांडा, बीकानेर में आज दिन भी सुरक्षित है।

एक बार जब बादशाह का मुकाम औरंगाबाद में था, उनके छोटे भाई मोहनसिंह के पालतू हरिण को कोतवाल ने पकड़ लिया। मोहनसिंह हरिण लौटाने के लिये कोतवाल के पास गये पर उद्धत कोतवाल साफ मुकर गया। दोनों में झगड़ा हो गया। सत्तामद में चूर कोतवाल ने मोहनसिंह की हत्या कर दी। इस दुःखान्तिका की जानकारी मिलने पर पदमसिंह घटनास्थल पर पहुँचे। कोतवाल जान बचाने के लिये वहाँ से भागकर दरबार में जा बैठा। पदमसिंह उसका पीछा करते हुए वहाँ जा पहुँचे और भरे दरबार में उसका सिर कलम कर दिया।

***

शेखावाटी

237.

औरंगजेब के हुक्म से दराब खाँ खंडले का मंदिर ध्वस्त करने के लिये सैन्यदल लेकर पहुँच गया। खंडेले के राजा बहादुरसिंह मुगल सेना का सामना करने में स्वयं को असमर्थ पाकर पहाड़ों में चले गये। मंदिर सर्वथा अरक्षित हो गया। इसी समय भोजराज (शेखावाटी के नामी सरदार) के वंशज सुजानसिंह विवाह करने मारवाड़ गये हुए थे। वापसी में उन्हें मंदिर के बारे में समाचार मिले। उन्होंने तुरंत निश्चय किया कि मेरे जीते जी मंदिर नहीं टूट सकता। नववधू को तो घर छोड़ा और अपने चंद साथियों सहित मंदिर की रक्षा के लिये आ डटे। मस्तक कट जाने पर भी उनका कबंध लड़ता रहा। सुजानसिंह के इस बलिदान विषयक यह दूहा प्रसिद्ध है–

ढ़ातां मंदिर सिर दियौ आतां दळ अवरंग।
इण बातां सूजौ अमर रायसलोतां रंग।।

238.

महाराणा जगतसिंह के समकालीन शेखावाटी क्षेत्र के 'उदयपुर' के टोडरमल अपनी दानवीरता के लिये बहुचर्चित व्यक्ति थे। स्वयं जगतसिंह की दानशीलता का परचम भी फहरा रहा था। उन्होंने टोडरमल की परीक्षा के लिये बारहठ हरिदास को उदयपुर (शेखावाटी) भेजा। वहाँ टोडरमल गुप्त वेश में बाहठजी का पालकी उठाने वाले कहारों में शामिल हो गये। वापिस उदयपुर (मेवाड़) पहुँचने पर बारहठजी ने अपने अभियान का वर्णन सुनाते हुए इस बात पर आश्चर्य प्रकट किया कि टोडरमल उनकी अगवानी में नहीं आए। बाद में वस्तुस्थिति ज्ञात होने पर उन्होंने कहा–

दोय उदयपुर ऊजळा दुई दातार अटल्ल।
इक तो राणौ जगतसी दूजौ टोडरमल्ल।।

अर्थात्–इस संसार में दो ही उदयपुर प्रसिद्ध हैं–एक उदयपुर (शेखावाटी) और एक उदयपुर (मेवाड़) और दो ही दातार हैं–एक महाराणा जगतसिंह और दूसरे टोडरमल।

239.

भाऊजी की ढ़ाणी (सीकर) के पन्नेदान खिड़िया अपने युग के जाने-माने शख्स थे। एक अकाल वर्ष के समय भाऊजी की ढ़ाणी के आस-पास के अकाल पीड़ित पशुपालक उनके पास अपनी विपदा के निराकरण के लिये पहुँचे। विपदा यह थी कि अकाल के चलते अपने पशुओं के लिये बड़ी मुश्किल से जुटाया गया चारा स्थानीय जागीरदार जबरन लूट रहे थे। पन्नेदान ने उन्हें अभयदान देते हुए कहा, आप अपना चारा हमारी ढ़ाणी में मेरे संरक्षण में रख दो। सभी पशुपालकों ने ऐसा ही किया। नतीजतन चारे की लूट-पाट बंद हो गई।

कुछ अरसे बाद मंगलूणा गाँव के ठाकुर ने पन्नेदान की शासन की जमीन से एक ऊँट भर घास-चारा उठवा लिया। चूंकि ठाकुर ने जान-बूझ कर चारणों के शासन की मर्यादा तोड़ी थी अतः पन्नेदान ठाकुर की लानत-मलामत करने मंगलूणा गये और चारा लौटाने की हिदायत दी। ठाकुर ने उनसे अशिष्ट व्यवहार करते हुए चारा लौटाने से इंकार कर दिया। चुनांचे पन्नेदान वहीं गढ़ी के सामने धरने पर बैठ गये और बगल में कटारी खाकर तागा किया। जब उनकी पत्नी को इसका पता चला तो उसने भी गढ़ी के आगे झंवर (अग्नि स्नान) कर ठाकुर को वंशनाश का श्राप दिया। कहते हैं गढ़ी उसी समय ध्वस्त हो गई। चमगादड़ों की आवास बनी खंडहरनुमा उस गढ़ी के पास से गुजरते हुए लोगों के जहन में उक्त घटना आज भी ताज़ा हो जाती है।

240.

फतहपुर शेखावाटी के नवाब का दिल एक तेलिन पर आ गया। चुनांचे तेलिन को उसने अपनी पासवान बना लिया। फिर क्या था, राज-काज में तेलियों का रंग जम गया और खानजादों की कद्र बिल्कुल घट गई।

हालात की विडम्बना को लोकमानस ने यूँ अभिव्यक्ति दी–

देखो खेल खुदाय का के कै पलटे रंग ।
खानजादा खेती करै तेली चढ़े तुरंग।।

241.

सीकर के राव देवीसिंह के दरबार में कविवर कृपारामजी खिड़िया का बड़ा मान-सम्मान था। ने केवल काव्य प्रतिभा अपितु अपने बुद्धि कौशल के फलस्वरूप भी जागीर के पेचीदा राजनीतिक मसलों का हल ढूँढ़ने में भी वे राव के विश्वस्त सलाहकार थे। राव देवीसिंह ने अपने स्वर्गवास से पूर्व अपने अल्पवयस्क पुत्र लक्ष्मणसिंह के लिये जो संरक्षक नियुक्त किये थे, उनमें कृपारामजी भी एक थे। सीकर के राज्य कार्य का संचालन उस समय लक्ष्मणसिंह की माता अपने सलाहकारों की मदद से करती थी।

किसी विवाद को लेकर जयपुर के शासक ने सीकर पर चढ़ाई का आदेश दे दिया। इस पर राजमाता ने राजनीति कुशल कृपारामजी को अन्य सलाहकारों के साथ जयपुर के दीवान नंदराम हल्दिया के पास भेजा। कृपारामजी ने दीवान के सामने हाजिर होकर राव राजा देवीसिंह के जयपुर दरबार से गहरे प्रेम सम्बन्ध याद दिलाये और जयपुर की नाराजगी से लक्ष्मणसिंह को बचाने की अर्ज़ की। खिड़ियाजी ने इस अवसर पर निम्नांकित सोरठे बड़े मार्मिक ढ़ंग से हल्दिया को सुनाए जिनका वांछित प्रभाव दीवान पर पड़ा और सीकर कच्छवाहा राजा की क्रोधाग्नि से बच गया। कृपारामजी ने सीकर के जयपुर के पिछले प्रगाढ़ सम्बन्धों के बारे में कहा—

समझणहार सुजाण नर औसर चूके नहीं ।
औसर रौ अहसाण रहै घणा दिन राजिया ।।

सांचौ मित्र सचेत कहो काम न करै किसौ ।
हरि अरजण रै हेत रथ कर हांक्यौ राजिया ।।

सुख में प्रीत सवाय दुख में मुख टाळौ दियौ ।
वे की कहसी जाय राम कचेड़ी राजिया ।।

242.

उन्नीसवीं सदी में राजस्थान में ब्रिटिश सत्ता के विस्तार की प्रक्रिया के साथ ही उसका यथाशक्ति प्रतिरोध प्रारंभ हो चुका था। 1805 ई. के भरतपुर के घेरे से 1857 ई. में प्रथम स्वतन्त्रता संग्राम तक प्रदेश के विभिन्न क्षेत्रों में ये प्रयास चलते रहे। विदेशी सत्ता के प्रतिरोधकों में बाठोद-पाटोदा के डूंगजी-

जवाहरजी विशेष रूप से उल्लेखनीय हैं। चाचा-भतीजा की इस जोड़ी ने ब्रिटिश सत्ता को खुली चुनौती दी। यद्यपि अंग्रेजों ने उन्हें डकैतों के रूप में चित्रित किया है पर वस्तुतः वे स्वाधीनता सेनानी थे। उन्हें आगरे के किले में कैद कर दिया गया था पर वहाँ से उनके जाँबाज साथी उन्हें छुड़ा कर ले आए। इसके बाद वे निरन्तर यायावरी की स्थिति में रहे। उन्हें पुनः बंदी बनाने के अंग्रेजी सत्ता के प्रयत्न निष्फल रहे। उस विकट परिस्थिति में अनेक ठिकानेदारों ने उनकी काफी मदद की। लोडसर ठाकुर खूमसिंह उनके मददगारों में अग्रणी थे। अंग्रेजों की नाराजगी की परवाह किये बिना उन्होंने डूंगजी-जवाहरजी को अपने ठिकाने में सुरक्षित आश्रय प्रदान किया। उनके इस वीरोचित कार्य की शंकरदान सामोर ने यूँ सराहना की–

शरण देय लीधौ सुजस आतां कूरम अधीर ।
खुमा अखियातां खरी बातां रहसी वीर ॥

अर्थात्–हैरान-परेशान कच्छवाहा वंशी (डूंगजी-जवाहरजी) को शरण देकर खूमजी आपने सुयश अर्जित किया। हे वीर ! यह बात इतिहास के पृष्ठों पर सदैव अंकित रहेगी।

243.

(जुंझारसिंह खेतड़ी)

डूंगर बांको है गुढ़ौ रण बांको जूंझार ।
अेक ज आगे असुर गण भाग्या पाँच हजार ॥

244.

वणिया घाव वणाव जोरां मोहरां ऊपरे ।
जड़िया नगां जड़ाव सोनै में सादूलवत ॥

245.

अभयसिंह खेतड़ी

खगांज बाँकी खेतड़ी भट बांकौ अभमाल ।
गढ़पत राख्यौ गोद में नव कूंटी रौ लाल ॥

246.

(सुल्तानसिंह)–

मन चायौ मरण हुयी फतैपुर हल्ल ।
रहसी रै सुलतानिया गौड़ घणा दिन मल्ल ।।

अर्थात्–हे गौड़ सुल्तानसिंह ! फतहपुर पर आक्रमण हुआ और तू ने मनचाही मृत्यु पायी। संसार में तेरी कथा बहुत दिनों तक रहेगी।

247.

नवलगढ़ ठिकाने में आगन्तुक मेहमानों के आतिथ्य का जिम्मा पानसिंह बीदावत नामक कर्मचारी के सुपुर्द था। एक बार ठिकाने में मंगलजी नामक शख्स का आना हुआ। पानसिंह द्वारा खाने-पीने में उसकी पसंद पूछे जाने पर छैले किस्म के इस व्यक्ति ने संकेत में कहा, ''एक हाथ में वह और दूसरे में वह। संकेत सुरा-सुन्दरी से था। तीक्ष्ण बुद्धि पानसिंह तुरन्त उसका मतलब समझ गया और ऐसी अनुचित माँग पर लानत भेजते हुए बोला, ''एक हाथ में वह अर्थात् तुम्हारी चोटी और दूसरे हाथ में वह अर्थात् तुम्हारा जूता रहे तो कैसे रहेगा?'' इस पर मंगळजी क्रोध से उबलने ही वाला था कि वहाँ उपस्थित चारण साँवलदान ने हालत काबू में रखने के लिये मंगळजी को समझाया–

मंगळजी मत गरब कर धर धरती को ध्यान
बीदावत नर बाँकड़ा सट ले ले स्यान

पर अहंकारी मंगळजी कवि की बात पर ध्यान क्यों देता? फलतः पानसिंह ने उसकी गर्दन पकड़ कर उसे पछाड़ कर बालू रेत में फेंक दिया। इस पर कवि ने कहा–

मान्यौ कोनी मंगळजी जां कै धरती को धनजी
पटक्यौ बालू रेत में पकड़ कंठ पनजी

248.

खेतड़ी किशनसिंह

थारै जोड़ै किशनजी जग्गौ कुँवर आमेर
अेकण हुवौ करण रै पदमौ बीकानेर

रसना मो बहुला रट्या दिश दिश ना दातार
मो तृष्णा तो सूं मिटी किसना राजकुमार

249.

उदयपुर (शेखावाटी) को टोडरमल अपनी दानवीरता व शौर्य दोनों के लिये जनमानस में बसे हुए हैं। एक बार मेवाड़ के महाराणा जगतसिंह को यह खब्त सवार हो गई कि वे आमेर को विजय करके ही भोजन करेंगे किंतु एक दिन में ऐसा कर पाना संभव नहीं था। अतः सामंतों व मुसाहिबों ने इस आत्मसृजित मुसीबत से बाहर निकलने का रास्ता सुझाते हुए कहा कि अभी तो काग़ज़ के बनाये हुये नकली आमेर को जीत कर भोजन कर लें। बाद में आमेर जीत लेंगे। टोडरमल को जब इस युक्ति का पता चला तो उनका मातृभूमि के प्रति गौरवभाव जागृत हो उठा। काग़ज़ी आमेर पहुँचकर उन्होंने महाराणा के आदमियों को ललकारा कि किसकी जुर्रत है जो टोडरमल के जीते जी काग़ज़ी आमेर को भी फतह कर सके। ऐसे हालात देखकर महाराणा ने अपना निश्चय बदल दिया। इसकी साक्षी भरती ये पंक्तियाँ–

उदयपुर आमेर राव टोडरमल राखी
तोड़ण दी नहिं ताही साहित है साखी

शेखावाटी में विवाह के अवसर पर गाये जाने वाले गीतों में उनका पुण्य स्मरण आज भी किया जाता है।

''जीत्या जीत्या म्हारा टोडरमल वीर''।

250.

(खेतड़ी)

खेतड़ी नरेश किशनसिंह के बारे में कहा हुआ यह दूहा शेखावाटी में कहावत की भाँति प्रचलित है–

कवियां भाग पधारियौ मारुज मरुधर देश।
फूलांणी लाखै जिसौ सादाणी किशनेश॥

251.

अभयसिंह शेखावत (खेतड़ी) (विक्रम संवत् 1857-1886)

खगाज बाँकी खेतड़ी भट बांको अभमाल ।
गढ़पत राख्यौ गोद में नवकूंटी रौ लाल ।।

(फितूर धोकळसिंह को शरण देने बाबत)

252.

खेतड़ी के पराक्रमी शासक सादूलसिंह ने कायमखानी नवाब रूहेलाखाँ को परास्त का झुंझनूं पर अधिकार कर लिया। उसकी इस विजय से जनमानस में हर्ष का संचार हुआ। इस उपलब्धि का यशोगान करते हुए कहा गया–

सादूळौ जगराम रौ सिंहल बुरी बलाय ।
राम दुहाई फिर गयी लुकती फिरै खुदाय ।।

अर्थात्–जयराम तनय सादूल शत्रुओं के लिये बुरी बला है। उसके शौर्य से राम की दुहाई फिर गयी और खुदायी मुँह छिपाती फिर रही है अर्थात् मुसलमानों का शासन समाप्त होकर हिन्दुओं का राज्य स्थापित हो गया। झुझनूं विजय के वर्ष का एक दूहे में इस प्रकार उल्लेख हुआ है–

सत्रह सौ सत्तासियै अगहन मास उदार ।
सादै लीनी झुंझनू सुद आठम शनिवार ।।

253.

बादशाह औरंगजेब की सेना जब खंडेले का मंदिर तोड़ने आयी तो छापोली के सुजानसिंह शेखावत ने अपने थोड़े से साथियों के साथ शाही सेना का मुकाबला किया और जीते जी मंदिर नहीं तोड़ने दिया। सुजानसिंह की कीर्ति इस प्रकार प्रसिद्ध है–

झिरमिर झिरमिर मेहा बरसै मोहां छतरी छाई ।
कुळ में है तो आवा सुजाळा फौज देवरै आई ।।

अर्थात्–रिमझिम रिमझिम बरसात हो रही है। मयूर नृत्य कर रहे हैं। हे कुल के भूषण सुजान मंदिर पर फौज चढ़ आयी है।

***

जयपुर

254.

आमेर के मिर्जा राजा जयसिंह मुगल दरबार के अत्यन्त प्रभावी सामन्त थे। उनके जीवनकाल में औरंगजेब हिन्दू मंदिरों को ढ़हाने की अपनी धर्मान्धता को कार्यरूप देने की हिम्मत नहीं जुटा सका। जयसिंह ने जजिया लगाने का भी विरोध किया। जयसिंह का स्वर्गवास होते ही औरंगजेब ने मंदिरों को नष्ट करवाना प्रारंभ कर दिया। इस पर जोधपुर के महाराजा जसवंतसिंह ने जयसिंह के देहान्त की पक्की खबर मिले बिना ही अनुमान लगा लिया कि मिर्जा राजा नहीं रहे। उनकी व्यथा इस प्रकार प्रकट हुई–

घंटा न बजै देहरां शंक न मानै शाह
हेकर सां फिर आवज्यौ माहूरा जयशाह

अर्थात्–देवालयों में आज घंटे नहीं बज रहे हैं, औरंगजेब किसी की परवाह किये बिना मनमानी कर रहा है। हे माहू! (माहूसिंहजी के पुत्र) मिर्जा राजा जयसिंह एक बार तो फिर आओ।

255.

हरमाड़ा निवासी रामदयाल गाडण को जयपुर के महाराजा रामसिंह के मुख्य सभासदों में स्थान प्राप्त था। महाराजा उनका बहुत सम्मान करते थे। दरबार में वे प्रायः महाराजा के समीप ही बैठते थे। एक दिन वे सभा में कुछ विलम्ब से पहुँचे और कुछ सजातीय दरबारी जो पहले पहुँच गये थे, महाराजा के समीप बैठ गये। फलतः रामदयाल को दूर बैठना पड़ा। पहिले आए दरबारी इस पर व्यंग्यपूर्वक मुस्कुराने लगे। गाडण को उनका उनका यह आचरण अपमानजनक लगा अपनी नाराजगी उन्होंने इस प्रकार व्यक्त की–

श्वान बड़े नँह हो सकैं हरदम रहैं हजूर।
कहा बड़प्पन घट गयौ जो गज बँधे दूर।।

256.

गृह कलह और सरकश सामन्तों की हरकतों से आजिज आ चुके आमेर के शासक भारमल ने राजस्थान में सबसे पहिले मुगल बादशाह से वैवाहिक सम्बन्ध स्थापित कर अपनी सत्ता सुरक्षित रखने का उपाय खोजा। आमेर के शासकों ने इसके बाद सदैव मुगलों के फरमाबरदार रह कर अपनी गद्दी को बनाये रखा। ब्रिटिश शासन की समाप्ति के बाद भारत व राजस्थान के एकीकरण की प्रक्रिया में आमेर (जयपुर) भी इतिहास की वस्तु बन कर रह गया। अपनी बहिन-बेटियों को विधर्मियों को ब्याह कर गद्दीनशीन रहने वाले आमेर (जयपुर) राजघराने पर करारा व्यंग्य करते हुए एक समकालीन कवि ने कहा–

बेटी दे दे थे रह्या कदै न लीधौ बैर।
नेहरू बेटी लेवै नहीं रहै नीं आमेर।।

257.

ब्रजभाषा के महाकवि पद्माकर जयपुर महाराजा प्रतापसिंह व उनके पुत्र जगतसिंह के दरबार में काफी अर्से तक रहे। जगतसिंह के नाम पर ही उन्होंने अपने ग्रंथ 'जगद्विनोद' की रचना की। उत्कृष्ट कवि होने के कारण उन्हें अन्य कई रियासतों की राजधानियों में भी सम्मान प्राप्त हुआ। एक बार चरखारी के राजा रतनसिंह ने उनसे मिलने से मना कर दिया। राजा के ऐसे अशिष्ट व्यवहार पर पद्माकर ने अपनी प्रतिक्रिया यूँ व्यक्त की–

तुम गढ़ किल्ला सदा जोर करि जीतत हो
पिंगल अमरकोश जीतत जहान है।

तुम साम-दाम-दंड-भेद न्याव करौ
चारों वेद हम हूँ सुनावत समाज है।

हाथी घोड़े रथ ऊँट पैदल तिहारे साथ
राखत सदा ही हम छप्पै छंद साज है।

तुम सौं औ हम सौ बराबरी को दावा गिनौ
तुम महाराजा हो तो हम कविराज हैं।।

***

अजमेर

258.

अजमेर के शासक वीसलदेव चौहान की व्ययभीरुता (कंजूसी) का कोई ओर-छोर नहीं था। अपने अतुल्य द्रव्य का उसने कोई सदुपयोग नहीं किया। अपने कोष को उसके एक शिला के नीचे गाड़ रखा था। इसके विपरीत अजमेर के ही गौड़ वंशीय शासक बच्छराज ने गुणीजनों को अरब पसाव तक दिया। इस सम्बन्ध में कविराजा बाँकीदास ने कहा है—

काळौ बीसलदे कियौ दरब शिलातळ देर ।
विमल कियौ बछराज अरब समपि अजमेर ।।

अर्थात्—बीसलदेव ने तो द्रव्य को शिला के नीचे दबा कर कलंकित किया है किन्तु बच्छराज प्रभु ने अजमेर में अरब पसाव देकर उसे विमल कर दिया।

अरब पसाव के सम्बन्ध में यह दूहा कहा जाता है—

देतौ अड़ब पसाव दत्त वीर गौड़ बछराज
गढ़ अजमेर सुमेर सूं ऊँचौ दीसे आज ।।

अर्थात्—गौड़ वंशीय वीर बछराज 'अडब पसाव' तक का दान दे दिया करता था। इसलिये अजमेर का किला आज सुमेरु पर्वत से भी ऊँचा दिखाई देता है।

259.

रणक्षेत्र में पृथ्वीराज चौहान जब मूर्च्छित होकर धराशायी हो गये तो गिद्ध उन पर मंडराने लगे। वे उनके नेत्र नोचने को उतावले हो रहे थे। यह देखकर पृथ्वीराज के वीर साथी संयमराय ने जो स्वयं घायल युद्ध क्षेत्र में पड़े थे, अपना माँस काट-काट कर गिद्धों की ओर फेंका ताकि गिद्ध उस माँस की ओर लपक पड़ें और पृथ्वीराज के नेत्रों को नहीं नोचें। अपने प्राणों की आहुति देकर संयमराय ने पृथ्वीराज के नेत्रों की रक्षा की। यह अप्रतिम बलिदान जनस्मृति में इस प्रकार अंकित है—

गीधन को पल भख दियौ नृप के नैन बचाय।
सदेही वैकुंठ में गयै जु संयम राय ॥

260.

पृथ्वीराज चौहान के सामन्तों में पजूनराय अद्‌भुत पराक्रमी व्यक्ति थे। पृथ्वीराज जब संयोगिता को लेकर तेजगति से दिल्ली की ओर प्रयाण कर रहे थे, तब जयचंद के अश्वारोही उनका पीछा करते हुए तेजी से आगे बढ़ रहे थे। ऐसी विकट स्थिति में पजूनराय ने ही पीछा करनें वालों का डट कर मुकाबला किया और उन्हें आगे बढ़ने नहीं दिया। पृथ्वीराज तो सुरक्षित दिल्ली पहुँच गये पर पूजनराय अपने साथियों सहित लड़ते हुए काम आए। उनके मरणोपरान्त चंदवरदाई ने पृथ्वीराज की ओर से शोकोद्‌गाार प्रकट किये, उनसे इस योद्धा का शौर्य उजागर होता है।

आज राँड दिल्लड़ी आज ढूँढ़ाड़ अनाथाई
आज अदिन पृथिराज आज साँवत बिन माथई
आज पर दल जोर आज निज दल भ्रम भग्गे
आज मही बिन खसम आज मुरजाद उलंघे
हिन्दवाण आज टूटी ढिली अब तुरकाणी उच्छटिय
कूरम पजूम मरतां थकां मनहु चाप गुण टुट्टिय

अर्थात्–आज दिल्ली विधवा हो गई, आज ढूँढ़ाड़ अनाथ हो गया। आज पृथ्वीराज के लिये दुर्दिन उपस्थित हो गया। आज मेरे सामंतों का मस्तक जाता रहा। आज शत्रु सेना प्रबल हो गई, मेरी सेना का बल जाता रहा। आज पृथ्वी पतिविहीना हो गई। आज समस्त मर्यादाओं का उल्लंघन हो गया। हिन्दुओं का प्रभुत्व आज जाता रहा, मुसलमानों की सत्ता आज जोर जमाने लगी। सच तो यह है कछवाहा पजून की मृत्यु नहीं हुई, आज मेरे धनुष की प्रत्यञ्चा ही टूट गई।

261.

प्रथम विश्वयुद्ध के दौरान राजस्थान में क्रांतिकारी हलचल को दिशा व संबल प्रदान करने में ठाकुर गोपालसिंह खरवा अग्रणी थे । वे प्रजाहितैषी सामन्त थे । विक्रम संवत् 1956 में राजस्थान में पड़े भीषण दुर्भिक्ष में उन्होंने

लाखों रुपये का ऋण लेकर भी अपने प्रजाजनों की बड़ी मदद की थी। इस सम्बन्ध में यह दूहा प्रसिद्ध है–

भय खायौ भूपति किता दुर्भख छपनौ देख ।
पाळी प्रजा गोपाळसी परम धरम चहुं पेख ।।

अर्थात्–छपने का भीषण दुर्भिक्ष (अकाल) देखकर कितने ही भूपति घबरा गये। गोपालसिंह ने घोर विपदा में भी प्रजा का पालन किया। उनका यह परम धरम चारों ओर दृष्टिगोचर हो रहा है।

262.

राव गोपाळसिंह खरवा

प्रथम विश्वयुद्ध के दौरान रासबिहारी बोस ने जो भारत व्यापी क्रांति की योजना बनायी थी, राजस्थान क्षेत्र में उसकी क्रियान्विति में शाहपुरा के बारहठ परिवार के साथ कंधे से कंधा मिलाकर काम करने वालों में खरवा ठाकुर गोपालसिंह अग्रणी थे। उदारता व बलिदान तत्परता के लिए विख्यात गोपालसिंह को श्रद्धाञ्जलि अर्पित करते हुए कविवर क्रांतिकारी केसरीसिंहजी बारहठ ने लिखा–

महाराष्ट्र में बाल जिमि जिमी पंचाल में लाल ।
राजत राजस्थान में गौरवमय गोपाल ।।
खरवा वाळी खोह रौ बीत गयौ वो बाघ ।
वीरां अर कवियां तणौ अब कुण करसी आघ ।।
खळां परै खारौ घणौ पुखत धरम री पाळ ।
रतनाकार ओ राठवड़ गुण सागर गोपाळ ।।

अर्थात्–जैसे महाराष्ट्र में बाल गंगाधर टिळक एवं पंजाब में लाला लाजपतराय विख्यात हैं, वैसे ही राव गोपालसिंह राजस्थान के गौरव के स्वरूप हैं।

गोपालसिंह का निधन क्या हुआ मानो खरवा रूपी गुफा का दुर्दम्य शार्दूल ही उसे खाली करके सदा के लिये चला गया हो। हे गोपालसिंह ! अब तुम्हारे न रहने से वीरों व कवियों का सम्मान कौन करेगा?

राव गोपालसिंह राठौड़ सनातन धर्म का संरक्षक व हितैषी, अन्यायी अंग्रेजों का शत्रु तथा गुणों का अगाध समुद्र है। ***

सिरोही

263.

शौर्य, शरणागत वत्सलता, दानवीरता, स्वातंत्र्य प्रेम जैसे दुर्लभ गुणों से विभूषित सिरोही के राव सुरताण की तलवार के प्रहार ने मुगल सेना को हतप्रभ कर दिया था। शाही सैनिक उनसे युद्ध करने की हिम्मत नही जुटा पाते थे। एक बार मदोन्मत्त हाथियों के झुंड को आगे करके शाही सैनिक उसकी आड़ में आगे बढ़ने लगे। यह नजारा देखकर राव सुरताण ने अपने सैनिकों से पूछा, क्या कोई ऐसा वीर पुंगव है, जो इस मतवाले गज समूह की पीठ फेर दे? इस पर रणक्षेत्र में उपस्थित कवि दूदा आशिया की प्रतिक्रिया –

कर जोड़े कव यूं कह्यौ दीजै हुकुम हमार
तो पाछल वाळतां वळै लागै केती वार
करै अरज कल्याण कूं कर नांख्यौ कबाण
फूटा सिंच गजंद का ज्यूं आया त्यूं जाण

अर्थात्–आपके आदेश की देर है। मैं अभी इस गज समूह का मुँह मोड़ देता हूँ। यह कहते हुए कवि आगे बढ़ा और सिवाना के कल्ला रायमलोत को स्मरण कर धनुष संभाला और तीर चलाना प्रारंभ कर दिया। जिनसे हाथियों के मस्तक छिदने लगे। दूदा आशिया ने मतवाले हाथियों को खदेड़ कर यश प्राप्त किया।

264.

अठारवहीं सदी में राजस्थान की मराठों द्वारा की गई विचारहीन लूटमार की ज्वाला में सिरोही को भी झुलसना पड़ा। सिरोही को लूटने के बाद उन्होंने रियासत पर अर्थदंड भी थोप दिया। तत्कालीन शासक जयसिंह देव ने इसमें असमर्थता जाहिर की तो उन्हें 'ओळ' में ले लिया गया। लूट-पाट करती मरहठों की फौज जब उदयपुर पहुँची तब जयसिंहदेव भी साथ थे। उस दिन

दशहरा था। उस समय देवी को भैंसे की बलि चढ़ाने का रिवाज था। तलवार के एक प्रहार से जब भैंसे की बलि नहीं दी जा सकी तो उस नजारे को देख जयसिंहदेव हँस पड़े। इस पर महाराणा ने उनके हाथ में तलवार थमाते हुए कहा कि तुम यदि एक ही प्रहार में भैंसे की गर्दन उड़ा दो तो तुम्हें मरहठों से रिहा करवा दिया जाएगा। जयसिंहदेव ने यह अत्यन्त दुष्कर कार्य अंजाम दे दिया। अतः अपने वादे को पूरा करते हुए महाराणा ने उन्हें मरहठों के बंधन से मुक्त करवा के ससम्मान सिरोही भेज दिया।

* * *

हाड़ौती

265.

बूँदी के बुधसिंह हाडा को विपदाग्रस्त होने पर अपनी रानी के पीहर बेगूं की ओर रुख करना पड़ा। संकटग्रस्त बुधसिंह को रावत देवीसिंह ने बड़े सम्मान एवं अपनत्व से अपने पास रखा। किसी बात की कमी नहीं रहने दी। संकट की घड़ी में मिली मदद से उपकृत बुधसिह ने अपनी कृतज्ञता व्यक्त करते हुए विपदा निवारक देवीसिंह से कहा–

धर पलटी पलट्यौ धरम पलट्यौ गोत निशंक
देवौ हरीचंद राखियौ अधपतियाँ सिर अंक

अर्थात्–जमीन गई, ईमान गया, गौत्र भाईयों ने भी मुँह फेर लिया। ऐसे विपदा काल में हरिसिंह के पुत्र देवीसिंह ने बुधसिंह पर बड़ा एहसान किया।

इस पर रावत देवीसिंह का कहना था–

देवा दरियावाँ तणौ होड न नाडो होय
जो नाडो पाजां छलै तो दरियाव न हो

अर्थात्–दरियाव (समुद्र) जैसे राजा बुधसिंह की बराबरी देवा जैसा नाडा नहीं कर सकता। नाडा अपनी सीमा तोड़ कर भी बहने लग जाए तो वह दरियाव नहीं बन सकता।

266.

प्रतिभावान कवियों को राजस्थान के राजदरबारों में प्रभूत सम्मान दिया जाता था। इसकी पराकाष्ठा बूँदी के महाराव शत्रुसाल द्वारा प्रज्ञाचक्षु कवि देवाजी महियारिया को अपने हाथों से जूतियाँ पहिनाये जाने की घटना से उजागर होती है। इस सम्बन्ध में यह दोहा प्रसिद्ध है–

पाँणा गह पेजार सकव आगे धरतां सता ।
हिक हिक बार हजार पोहो समां माथै पड़ी।।

अर्थात्–हे शत्रुसाल! तूने जो जूतियाँ उठाकर कवि के आगे रखीं, वे एक हजार बार कंजूसों के सिर पर पड़ी हैं।

267.

मुगल बादशाह ने किसी बागी को पाठ पढ़ाने का दायित्व बूँदी के राव भोजराज को सौंपा। उनके साथ आमेर के शासक मानसिंह को भेजा गया। भोजराज ने अपने रणकौशल के बूते अकेले ही बागी को परास्त कर दिया। भोजराज को प्रसन्न करने के लिये उसने उन्हें एक अत्यन्त मूल्यवान हीरा भेंट किया। इस हीरे की भनक मानसिंह को लग गई। ईर्ष्यावश उसने भोजराज के विरुद्ध बादशाह के कान भर दिये। मानसिंह की बातों में आकर बादशाह ने भोजराज से वही हीरा माँग लिया। इस पर उनका कहना था, जो हीरा मुझे मिला, वह तो मेरी इस कटारी में जड़ा हुआ है, जिसमें हिम्मत हो वह ले ले।' किसी को साहस नहीं हुआ कि कटार को छुए। मानसिंह के दरबार में रहने वाले कवि गंगादास ने इस वाकये को यूँ प्रस्तुत किया–

हीरौ नह दिय राव हाडै
हाडै दियौ कटारी हाथ
नग न दियौ पातसाह नरखवा
दिय सूतर ऊपर जमदाढ़
इण मांह छै सो लयण कोई आवै
भोग लियाळ दिखावै भोज

अर्थात्–हाडा राव ने हीरा नहीं दिया। कटारी पर अपना हाथ दिये रहे। बादशाह को देखने के लिये भी नहीं दिया। अपनी नजर कटार पर डालकर बादशाह को कटारी निरखने का संकेत दिया और कहा कि हीरा तो कटारी में जड़ा हुआ है, जिसकी हिम्मत हो ले ले।

गीत सुनकर मानसिंह ने कवि से कहा कि जागीर तो आपने हमसे प्राप्त की है और गीत किसी और के गाते हो। गंगादासजी का उत्तर था, "सच्चा कवि किसी की खुशामद नहीं करता और सच्ची बात कहने में किसी से भय नहीं खाता। कटारी यदि भोजराजजी के पास रह जाय तो इसमें आपका क्या बिगड़ता है।" घटना का पता चलने पर भोजराज ने उन्हें अपने पास बुला लिया और उन्हें बारह हजार की जागीर इनायत कर दी। ***

जैसलमेर

268.

जैसलमेर राज्य में स्थित डूंगरी गाँव के भगवान सिंह भाटी अपनी सदाशयता और दरिया दिली के लिये आज तक श्रद्धापूर्वक याद किये जाते हैं। उनको लोक प्रचलित नाम था भग्गूजी। रतनू शाखा के उनके एक परिचित चारण युवक की सगाई उमरकोट क्षेत्र के एक देथा चारण परिवार में हुई थी। संयोग से विवाहपूर्व वह चारण युवक अफीमची हो गया था, फलतः कन्या पक्ष ने विवाह से मना कर दिया। युवक ने अपनी व्यथा कथा भग्गूजी से कही। उन्होंने उसके ससुराल वालों से कुछ समय के लिये प्रतीक्षा करने का आग्रह किया। उस युवक को अपने पास बुला लिया और उसकी अफीम की लत छुड़वाने के लिये प्रयास पूरी शिद्दत से प्रारंभ कर दिये। यह काफी व्ययसाध्य कार्य था। पर भग्गूजी लगे रहे। उनकी कोशिशें रंग लायीं। वह युवक पूर्णतः अफीम के चंगुल से मुक्त हो गया। फिर भग्गूजी ने उसके ससुराल संदेश भेजकर विवाह सम्पन्न करने का आग्रह किया। चूंकि युवक अब नशे की गिरफ्त से आज़ाद हो चुका था, अतः कन्यापक्ष को भी कोईआपत्ति नहीं थी। आनंदपूर्वक विवाह कर दिया गया। उपकृत चारण युवक ने भग्गूजी के प्रति अपनी कृतज्ञता व्यक्त करते हुए कहा–

उदियापुर आमेर सेवा माळागर सुणी ।
जादम जैसलमेर भाटीपे दाता भग्गू ॥
भग्गू पारस भेट कहू लोहा कंचन किया ।
वहे रा अच्छर मेट कूंकू रा भाटी किया ॥

अर्थात्–क्या उदयपुर, क्या आमेर क्या मालवा में जैसलमेर के भग्गूजी भाटी जैसे नामी दानी हुए हैं ? भग्गू रूपी पारस ने अपने स्पर्श से ही कितने लोहों को कंचन बना दिया। निर्धनों को धनवान बना दिया। विधाता के विधान को मिटाकर भग्गूजी ने भाटियों को कुमकुम का बना दिया है।

269.

भाटी राजवंश राजस्थान का अत्यन्त प्राचीन राजवंश रहा है। भाटी मूलतः यदुवंशी हैं। इनके आधिपत्य का फैलाव काफी विशाल क्षेत्र में था। इस राजवंश की राजधानियों के उल्लेख विशाल क्षेत्र में मिलता है। इस राजवंश की राजधानियों के उल्लेख से सम्बद्ध इस दूहे से यह स्पष्ट है–

मथुरा काशी प्रागवड़ गजनी अरु भटनेर ।
दिगम दिरावल लोद्रवो नम्मौ जैसलमेर ।।

उसकी राजधानियाँ बदलती रहीं। मथुरा, काशी, प्रयाग, गजनी, भटनेर, दिरावल, लोद्रवा और अंततः जैसलमेर इस राजवंश की राजधानी बना।

270.

लोद्रवा के भाटी शासक दुसाज के देहान्त के बाद उसका छोटा पुत्र विजयराज उसका उत्तराधिकारी बना। वह अत्यन्त बहादुर व्यक्ति था। उसके अतुल्य शौर्य से प्रभावित उमरावों और सरदारों ने उसे "उत्तर भड़ किवाड़ भाटी" का विरुद प्रदान किया। एक दूहे में इसकी अभिव्यक्ति इस प्रकार हुई है–

भड़ किवाड़ उतराद रा भाटी झेलण भार ।
वचन राख विजराज रौ समहर बाँधा सार ।।

अर्थात्–भाटी उत्तर की ओर से होने वाले हमलों को रोकने वाले हैं।

271.

वैसे तो राजस्थान में गढ़-किले बहुतायत से हैं, किन्तु कुछ गढ़ विशेष रूप से विख्यात हैं। ऐसे विशिष्ट गढ़ों में चित्तौड़ व कुंभलगढ़ के साथ जैसलमेर के स्वर्ण दुर्ग का भी शुमार होता है। एक दूहे में इस तथ्य को इस प्रकार दर्शाया गया है–

गढ़ दिल्ली, गढ़ आगरौ, अधगढ़ बीकानेर ।
भली चुणाई भाटियां सिरै ज जैसलमेर ।।

272.

जैसलमेर के शासक रावल दुर्जनशाल के शासनकाल में दिल्ली के

सुल्तान फिरोज तुगलक ने जैसलमेर पर चढ़ाई कर दुर्ग को घेर लिया। घेरा काफी लम्बी अवधि तक चला। उससे निजात पाने के लिये रावल ने एक युक्ति से काम लिया। उसने बड़ी मात्रा में खीर बनवाकर पत्तलों में डालकर गढ़ की तलहटी में फिंकवा दिया। इससे शत्रु को लगा कि गढ़ में अभी भी खाद्य सामग्री पर्याप्त है। फलतः सुल्तान ने घेरा उठाने का आदेश दे दिया किन्तु दुर्जनशाल के भाई आसकरण के बेटे भीमदेव ने भेद की बात सुल्तान को बता दी। फलतः गढ़ का फिर से घेराव किया गया। अनुस्यूत युद्ध के बाद जैसलमेर का साका हुआ। रावल लड़ते हुए वीरगति को प्राप्त हुआ। घटना का साक्षी यह दूहा—

गेमी नाम धरावियौ आसावत आगजाण ।
भाटी दीनों भीमदे तेवढ़ भेद प्रमाण ।।

273.

रियासत जैसलमेर के शासक शालिवाहन के उत्तराधिकारी के रूप में कोई औरस पुत्र न होने के कारण दूर के एक रिश्तेदार दानसिंह को दत्तक के रूप में गद्दीनशीन होने का अवसर मिला पर दरबार के अधिकांश सामंत उसके पक्ष में नहीं थे। फलतः जब वह किसी कार्यवश जैसलमेर से बाहर था तब पीछे से सामंतों ने उसे हटाकर एक अन्य रिश्तेदार जवाहरसिंह को गद्दी सौंप दी। दानसिंह ने वॉयसरॉय से इसकी शिकायत की। फैसला उसके पक्ष में हुआ किन्तु इसके पहले कि वह खोया हुआ राज-पाट पुनः हासिल कर पाता, उसका देहान्त हो गया। परिणामतः जवाहरसिंह ही गद्दी पर बना रहा।

निपट गंवई माहौल में परवरिश होने के कारण जवाहरसिंह शासकोचित गुणों से सर्वथा वंचित था। शासक के रूप में उसकी अयोग्यता को उजागर करते हुए एक समकालीन कवि सुमलियाई गाँव के जसकरण रतनू ने जनभावना को अभिव्यक्ति देते हुए कहा—

जोत नहीं कीरत जगी भजी न रंकां भीड़ ।
जबरौ लियौ जवाहरसी गादी तणौ गबीड़ ।।

अर्थात्—न तो तूने कोई कीर्तिदायक काम किया और न ही मुसीबतजदों को सहारा दिया। जवाहरसिंह तूने राजसिंहासन का फंदा अपने गले में अच्छा लिया। ***

विविध

274.

गुजरात के सुल्तान महमूद बेघड़ा का ज़माना। गढ़ गिरनार में सुल्तान का बड़ा थाना स्थापित था। उपद्रवियों को काबू में रखने के लिये उसने और भी कई जगह थाने स्थापित कर रखे थे। सुल्तान के काबिज होने से पहिले सरवहिया यादव गिरनार के स्वामी थे। इस वंश में राव मंडलीक नामी सरदार था। उसका अनुज जैसा भी अद्‌भुत पराक्रमी था। अपने साथियों के साथ मिलकर वह गिरनार क्षेत्र में बेघड़ा की सत्ता को खुली चुनौती दे रहा था। उसे पकड़ने के सुल्तान के सभी उपाय निष्फल रहे।

जैसा कवियों का कद्रदाँ था। उससे उपकृत एक चारण कवि सुल्तान महमूद की चाकरी में था। वह चारण एक बार जैसा से मिलने आया। जैसा ने उसका खूब आदर-सत्कार किया। विदाई के समय बहुत सा द्रव्य दिया, सिरोपाव दिया किन्तु सिरोपाव में पाग (पगड़ी) नहीं दी। कवि ने इसकी वजह पूछी तो जैसा का उत्तर था कि मैं अपना सिर दे सकता हूँ पर पाग देना संभव नहीं क्योंकि मेरे द्वारा दी गई पाग को आपके स्वामी सुल्तान के पैरों में झुकते देखना मुझे गवारा नहीं।

इस पर कवि ने वचन दिया कि मैं आपके द्वारा दी गई पाग को सुल्तान के सामने झुकने नहीं दूँगा। तब जैसा ने पाग दी और कवि ने विदा ली। सुल्तान के दरबार में पहुँच कर सलाम करने से पहिले उसने पाग उतार कर हाथ में ले ली। कवि के इस अजीब व्यवहार से सुल्तान ने लाल-पीला होते हुए इसका कारण पूछा। कवि ने बाअदब उत्तर दिया, ''जहाँपनाह! यह पाग जैसा सरवहिया की है, यह सुल्तान के पैरों में नहीं झुक सकती।'' यह सुनते ही बेघड़ा आग बबूला हो गया और उसे बड़े सैन्य दल के साथ जैसा पर हमला करने का आदेश दे दिया। कवि तुरन्त जैसा को इस संकट का समाचार देने पहुँचा। वहाँ पहुँचने पर उसने जैसा को सुख की नींद में मग्न देखा। उसे सचेत करते हुए कवि ने कहा–

सूतौ नींद निसांण सुणै नहीं सुरताण रा ।
जैसा थयौ अजाण कै फूटा कनवाट उत ।।

अर्थात्–हे जैसा! अजान बन कर नींद में निश्चिंत सोये हुए हो। सुनते नहीं, सुल्तान के नगाड़े बज रहे हैं।

जैसा उठा खड़ा हुआ और सुल्तान के सैन्य दल का सामना करने के लिये तुरंत अश्वारूढ़ हुआ। सुल्तान की सेना का सामना करते करते सरवहिया के दोनों पैर कट कर अलग हो गये फिर भी वह शत्रु पक्ष के अनेक सैनिकों को मौत के घाट उतारता रहा। किसी ने जाकर सुल्तान से कहा, "जहाँपनाह ! अद्‌भुत दृश्य है। शीघ्र ही देखने चलिये। जैसा की काया से प्राण पखेरू उड़ने वाले हैं।" उधर उसके प्रहारों को देखकर सभी विस्मित थे। उसकी तलवार लगातार शत्रुदलन कर रही थी।

सुल्तान जब वहाँ पहुँचा तो उस दृश्य को देखकर उसे अपनी आँखों पर विश्वास नहीं हुआ। सरवहिया की काया लड़ रही है या वह कोई माया है। इसके पैरों का क्या हुआ? इस पर कवि बोला–

विण पग लड़ियौ वीर देख बड़ौ अचरज थयौ।
सरवहियौ रणधीर याद घणा दिन आवसी।।

अर्थात्–इस शूरवीर को बिना पैरों लड़ते देखकर बड़ा आश्चर्य हुआ। यह रणधीर सरवहिया, बहुत दिनों तक याद आता रहेगा।

275.

साम्राज्य विस्तार के साथ अकबर ने अपनी पारखी नज़र से विभिन्न क्षेत्रों के गुणनिधान लोगों को चुनकर अपने दरबार में विशेष सम्मान का स्थान दिया था। कतिपय विशिष्ट गुणों व क्षमताओं से युक्त इन नौ विज्ञ जनों की मंडली को "नौ रत्न" कहा जाता था। इन नौ रत्नों में बुद्धि कौशल के सुमेरु बीरबल (महेशदास) का विशिष्ट स्थान था। अकबर के जीवनकाल में ही अबुल फज़ल, तानसेन और बीरबल का देहांत हो गया था। काबुल के मोर्चे पर बीरबल का काम आना सम्राट के लिये दुःख का असीम पारावार था क्योंकि बीरबल दरबारी कम सखा अधिक थे। अपने प्रिय सखा के निधन पर अकबर की वेदना इस प्रकार व्यक्त हुई–

दीन जानि सब दीन एक न दीनो दुसह दुख ।
सौ बिछुरत हम दीन कछु नहि राख्यौ वीरबर ।।

अर्थात्–बीरबल ने दीनों को सब कुछ दे दिया था। केवल दुःसह दुःख किसी को नहीं दिया। अब उसने मृत्यु के समय वह दुःख भी मुझे दे दिया। इस अद्‌भुत दानी ने सब कुछ दान कर दिया।

276.

विक्रम संवत् 1228 के लगभग महारावल भोजदेव लोद्रवा (आधुनिक जैसलमेर) में गद्दीनशीन हुए। उस समय उनके चाचा जैसलदेव का तनोट की ओर क्षेत्राधिकार था। उसने भोजदेव से राज्याधिकार छीनना चाहा पर बात नहीं बनी। तब उसने अफगान मोहम्मद गौरी से सहायता लेनेका निश्चय किया। गौरी से यह समझौता किया कि वह पाटण पर चढ़ाई करने में गौरी की मदद करेगा और बदले में अफगान ने लोद्रवा दिलाने का वादा किया।

गौरी का सैन्यदल संवत् 1232 में पाटण की ओर रवाना हुआ। भोजदेव को आशंका थी कि मुस्लिम सेना पाटण से लौटते समय लोद्रवा पर अवश्य हमला करेगी। अतः उसे पहिले ही रोकने का उपाय करना होगा ताकि भाटियों की उपमा 'उत्तर भड़ किंवाड़ भाटी' पर आँच नहीं आए। इसी सन्दर्भ में उन्होंने अपने चाचा जैसलदेव को संदेश भेजा–

भड़ किंवाड़ उतराद रा भाटी झेलण भार
वचन राखौ बिजराज रौ समहार बाँधौ सार
तोड़ां धड़ तुरकाण री मोडां खान मजेज
दाखै अनमी भोज दे जादम करै न जेज

277.

सोरठ (काठियावाड़) प्रदेश के सांगड़ा नामक एक राजा की माँ का देहान्त होने पर उसके सरदारों ने शोक स्वरूप अपनी मूँछें मुँड़वा दीं किन्तु मुंजालदे नामक सरदार ने मूँछें मुँड़वाना स्वीकार नहीं किया। इसे गुस्ताखी माना गया और किसी ने मुंजलादे से पूछा क्या तुम्हें अपने प्राणों से बैर है, जो मूँछें नहीं मुड़वाते। मुंजालदे का कहना था कि मुझे किसी भी हालत में यह स्वीकार्य नहीं है क्योंकि साँगड़ा की माँ जब कुमारी थी तब उसके साथ मेरी मँगनी की बात हुई थी।

राजा को जब यह मालूम हुआ तो उसने आदेश दिया कि मुंजालदे को मूँछें मुड़वानी ही होंगी किन्तु मुंजालदे अपनी टेक पर कायम रहा। इस पर साँगड़ा ने एक बड़ा सैन्य दल लेकर उस पर आक्रमण कर दिया। एक छोटे गाँव का स्वामी मुंजालदेव इस युद्ध में लड़ते हुए वीरगति को प्राप्त हुआ पर उसकी मूँछें तो भौहों तक तनी हुई थीं। उसके शव पर खड़े होकर हठी साँगड़ा ने अपनी तलवार खींची और मुंजालदे की मूँछें काटना शुरू किया। पास खड़े एक चारण से यह निंदनीय कृत्य देखा नहीं गया। उसने कहा–

जीतो कोई जुड़ियौ नहीं बाबर बीज बार
सांग समारणहार मूँछ थारी मुंजालदे

अर्थात्–हे मुंजालदे ! तू नापित (हज्जाम) की तलाश में था किंतु तुम्हें कोई मिला नहीं पर आज ये साँगड़ा तुम्हारी मूँछें संवार रहा है।

यह सुनते ही सांगड़ा के हाथ रुक गये। एक तरफ की मूँछ तो वह काट चुका था वर दूसरी तरफ की मूँछ यथावत बनी रही।

278.

धारा नगरी के परमार शासक उदयादित्य की दो रानियाँ थी–बड़ी वाघेली और दूसरी सोळंकी। दोनों के पुत्र थे–क्रमशः ऋणधवल और जगदेव। सौतेली माँ वाघेली के विद्वेष के कारण जगदेव को धारा नगरी छोड़नी पड़ी। उसने गुजरात में सिद्धराज जयसिंह के राज्य में नौकरी शुरू कर दी। गुण निधान जगदेव को सिद्धराज के वहाँ बड़ा सम्मान मिला और साथ ही दो हजार रुपये प्रतिदिन वेतन भी मिलने लगा। जगदेव शूरवीर होने के साथ ही बड़ा दानवीर भी था।

एक बार एक भैरवी जयसिंह के दरबार में आयी और जगदेव की दानशीलता का खूब बखान किया। जयसिंह के लिये यह असह्य था। उसने भैरवी से कहा, "तुम जगदेव से दान ले आओ। मैं उससे चौगुना दे दूँगा।" इस पर भैरवी का कहना था–

प्रिथमी बड़ा परमार प्रिथमी परमारां तणी
अेक उज्जैणी धार दूजौ आबू बैसणौ

अर्थात्–इस पृथ्वी पर परमार सबसे बड़े हैं और पृथ्वी परमारों की ही

है। एक ओर तो उज्जैन और धार में उनकी राजधानी है तथा दूसरी ओर आबू में है।

जगदेव की दानवीरता का यह आलम था कि उसने भैरवी को अपना मस्तक ही काट कर दे दिया। सिद्धराज जयसिंह के लिये दान की इस पराकाष्ठा को छूना भी संभव नहीं था। फलतः उसे जगदेव के सामने अपनी पराजय स्वीकार करनी पड़ी। जगदेव के शीशदान के बारे में कहा गया है–

ग्यारह सौ इक्काणवै चैत तीज रविवार ।
शीश कंकाळी भट्ट ने जगदै दियो उतार ।।

279.

शाहजादा खुर्रम ने अपने पिता जहाँगीर के खिलाफ बगावत कर दी थी। उस समय बाईस राजाओं ने खुर्रम का पक्ष लिया किन्तु बूँदी के राव रतन ने इस विषय में जहाँगीर की सहायता कर उसकी रक्षा की। इस सम्बन्ध में यह दूहा प्रसिद्ध है–

सरवर फूटा जळ बहा अब क्या करौ जतन्न ।
जाता घर जहाँगीर का राखा राव रतन्न ।।

280.

जयपुर के शासक जगतसिंह के दरबार में सम्मानीय कवि पद्माकर का काव्य कौशल अद्भुत था। एक बार जोधपुर के महाराजा मानसिंह के काव्य गुरु कविराजा बाँकीदास और पद्माकर को उपर्युक्त दोनों राजाओं की उपस्थिति में अपने काव्य कौशल का परिचय देने को कहा गया। बाँकीदास ने जोधपुर नरेश की प्रशस्ति में कहा–

ब्रज देसां चंदण बड़ां मेरु पहाड़ां गौड़
गरुड़ खगां लंका गढ़ां राजकुलां राठौड़

अर्थात्–देशों में ब्रज, वृक्षों में चंदन, पहाड़ों में सुमेरु, पक्षियों में गरुड़, गढ़ों में लंका और राजकुलों में राठौड़ शिरोमणि हैं।

इसके उत्तर में पद्माकर ने यह दोहा सुनाया–

ब्रज बसावन गिरि नख धारण चन्दन बास सुभास
लंका लेवन गरुड़ चढ़न रजधारी रघुनाथ

अर्थात्–रघुनाथ ने ब्रज को बसाया। एक पर्वत को अपनी अंगुली पर धारण किया। चंदन का लेप किया, लंका पर विजय प्राप्त की और गरुड़ पर सवारी की। विष्णु के अवतार होने के कारण राम, कृष्ण और विष्णु में किसी प्रकार का अंतर नहीं समझा जाता।

दोनों दोहों में पद्माकर के दोहे को श्रेष्ठतर माना गया। बाँकीदास ने तो संसार की उत्तम वस्तुओं का उल्लेख करते हुए राठौड़ राजवंश को सर्वश्रेष्ठ ठहराया किन्तु पद्माकर का तर्क तो यह था कि कच्छवाहों के पूर्वज रघुनाथ ने ही इन वस्तुओं को रचा है, स्थापित किया है। इस दोहे के लिये पद्माकर को प्रचुर द्रव्य प्रदान दिया गया।

281.

जैसलमेर के रावल वैरीशाल जी की काव्य सृजन में बहुत रुचि व गति थी। अपने पोळपात चारण सेवा की महिमा में उन्होंने अपना मनोभाव यूँ प्रकट किया–

रेणु कुल चा रूप ! तू कवि राजावां तिलक ।
बखाणै सह भूप रतनू ब्रन सेवो रतन ।।

अर्थात्–हे रेणु कुल के रूप ! तू कविराजाओं में तिलक स्वरूप है। सभी राजाओं का कहना है कि चारणों में सेवा रतनू रत्न है।

282.

लल्ला नामक पठान ने सोलंकियों से 'टोडा' छीन लिया था। महाराणा रायमल के ज्येष्ठ पुत्र पृथ्वीराज इस घटना का समाचार सुनकर बहुत क्षुब्ध हुए। सोलंकियों की मदद के लिये वे तुरन्त पहुँचे और 'टोडा' जीत कर पुनः उन्हें सौंप दिया। इस काम की शीघ्रता और आकस्मिकता से लोग आश्चर्यचकित हो गये। उसी दिन से वे 'उडणा पृथ्वीराज' के नाम से लोक विश्रुत हो गये हैं। उनके पराक्रम के बारे में यह दूहा प्रचलित हो गया–

भाग लल्ला प्रथीराज आयौ
सिंह के सांथरै स्याळ ब्यायौ

अर्थात्–लल्ला ! पृथ्वीराज आ गया। अब यदि अपनी खैर चाहता है तो भाग चल। सिंह की गुफा में गीदड़ ने बच्चा दिया है, कैसे निर्वाह होगा?

283.

अकाल तो मरुभूमि राजस्थान की जैसे नियति रही है। इस विभीषिका से त्रस्त लोग ईश्वर से प्रार्थना करते हैं–

छळ बळ है छती तो हाथां करतार
मारण मारग मोकळा मेह बिना मत मार

अर्थात्–अकाल के साथ जुड़े कष्टों का कोई ओर-छोर नहीं था। हर दो-तीन साल में अकाल पीड़ित जनसाधारण प्रायः मालवा की ओर कूच करने को विवश हो जाते थे। मारवाड़ की रैयत के लिये उस विपदा में वही एक आसरा था। पर उस ज़माने में पैदल मालवा पहुँचना बहुत ही कठिन था। अनेक विघ्न बाधाओं का सामना करते हुए लोग मालवा पहुँच पाते थे। वापिस घर आ पाएँगे या नहीं, इसका कोई भरोसा नहीं रहता था। मालवा की राह में पड़ने वाले स्थानों का जिक्र करते हुए इस पीड़ा को इस तरह अभिव्यक्ति मिली–

लांघ्या टोड़ा, टोरड़ी, आडावळौ बनास ।
जद ही छोड़ी जीवड़ा घर पूगण री आस ।।

284.

पंजाब केसरी महाराजा रणजीतसिंह के ज़माने की बात है। कवियों और कलाकारों के कद्रदाँ के रूप में उनकी बड़ी ख्याति थी। इसलिये दूर-दूर के गुणीजन लाहौर उनके दरबार में पहुँचते थे। भरतपुर के ब्रजभाषा के नामी कवि भान भी अपनी काव्य कला का जौहर दिखाने लाहौर पहुँचे। महाराजा से सीधे मिलना तो मुमकिन नहीं था। इस काम के लिये नियुक्त अधिकारी के मार्फत मिलना होता था। वही आगन्तुकों की काबिलियत परख कर मिलने की अनुमति देता था।

कवि भान जब लाहौर पहुँचे तब इस पद पर जो शख्स आसीन था, वह बड़ा ही धूर्त और काईयाँ किस्म का व्यक्ति था। कवि भान ने जब कहा कि मैं राजस्थान से आया हूँ और महाराजा के समक्ष कविता पाठ करना चाहता हूँ तो उसने टालने की नीयत से कहा, दो शर्तों पर तुम्हें महाराजा के सामने पेश होने की इजाजत दे सकता हूँ। पहली शर्त तो यह है कि महाराजा एक आँख से काने हैं, (रणजीतसिंह की एक आँख चेचक से चली गई थी।) तो तुम्हें ऐसी कविता

सुनानी होगी जिसमें उनके कानेपन का जिक्र हो और दूसरी शर्त यह है कि तुम्हें जो ईनाम मिले, उसमें से आधा मुझे देना होगा।

कवि भान ने दोनों शर्तें कबूल कर लीं। नियत दिन महाराजा के सम्मुख उपस्थित होकर अपनी काव्य प्रतिभा का लोहा मनवा दिया। महाराजा के एकाक्षीपन को महिमा मंडित करते हुए भान कवि बोले–

औरन के द्वै द्वै भयी वे अखियाँ केहि काज ।
तेरी एक आँख में कोटि अखियन की लाज ।।

अर्थात्–दूसरे लोगों की दो-दो आँखें हैं किन्तु वे किस काम की? तेरी एक आँख में करोड़ों की लज्जा व मर्यादा सुरक्षित व समाहित है।

कवि की बात सुनकर महाराजा गद्‌गद् हो गये और ईनाम माँगने का कहा। इस पर कवि ने अर्ज़ किया मुझे पचास कोड़े लगाए जाएँ। ऐसी विचित्र माँग से चकित रणजीतसिंह ने कुछ और माँगने को कहा किन्तु कवि के जोर देने पर कोड़े मारने का आदेश दिया। पच्चीस कोड़े खा चुकने के बाद कविराज बोले, "ठहरिये, बाकी के पच्चीस कोड़ों का ईनाम मेरे भागीदार को दिया जाए।" इस पर महाराजा की उलझन भाँप कर, उन्होंने विस्तार से सारी हक़ीक़त बयान की। नतीजतन उस धूर्त अफसर को नौकरी से हाथ धोना पड़ा और कवि भान को खूब अच्छा ईनाम देकर विदा किया गया।

285.

रियासती युग में राजस्थान के आमजन प्रजापीड़क सामंती व्यवस्था के जुल्मो-सितम के शिकार होकर नारकीय जीवन बिताने को विवश थे। जागीरदार लोग जिस ग़ैर-जिम्मेदाराना ढ़ंग से अपनी जागीरों का संचालन करते थे, उसके फलस्वरूप वे अंदर से खोखले हो चुके थे। स्वतंत्रता प्राप्ति के बाद जब जागीरें समाप्त कर दी गईं, तब यह डींग मारने वाले सामन्त कि "हमने जागीरें रक्त बहाकर प्राप्त की हैं तो रक्त बहाकर ही अपना अधिकार छोड़ेंगे," सर्वथा सत्वहीन हो चुके वे जागीरदार कुछ नहीं कर सके। उनके अपने कदाचरण के फलस्वरूप जागीरों से वंचित होने की स्थिति को जनमानस ने इस रूप में देखा–

रही घणा दिन राज रै रावळै बिन आदर बरतीह ।
जाती करै जुहारड़ा धणियां सूं धरतीह ।।

अर्थात्–ठाकुरों के अधिकार में लम्बे समय तक धरती बनी रही और वे उसका प्रबंध ठीक ढ़ंग से कर नहीं सके। इसलिये वह धरती उनसे विदाई का नमस्कार कर रही है।

286.

भूधरदास बारहठ को विक्रम संवत् 1600 में हणूतिया गाँव मनोहरपुर के राव मनोहरदास से प्राप्त हुआ था। बारहठजी के पुत्र अमरदास का विवाह गोरखदासजी की पुत्री नर्मदा बाई के साथ हुआ था। एक बार जब नर्बदा बाई अपने पीहर गई हुई थी, संयोग से अमरदास गंभीर रूप से अस्वस्थ हो गये उधर पीहर में नर्मदा बाई को अन्तः प्रेरणा हुई कि मुझे तुरन्त अपने ससुराल पहुँचना चाहिये। उसने पिता से इसकी व्यवस्था करने का आग्रह किया। पिताश्री का कहना था कि तुम्हें आए हुए अभी कुछ ही दिन तो हुए हैं और न कोई ससुराल से लिवाने आया है, तब जाने का इतना आग्रह क्यों? पर नर्मदा बाई अपनी बात पर कायम रही। अन्ततः उसे रथ पर बिठाकर कुछ आदमियों के साथ रवाना कर दिया गया।

उधर अमरदास का निधन हो चुका था। अन्तिम संस्कार के लिये लोग श्मशान पहुँच चुके थे। तभी उन्होंने एक रथ उसी ओर आते देखा। रथ श्मशान में पहुँचते ही नर्मदा बाई नीचे उतरी और पति का सिर गोद में लेकर सती हो गई। इस अद्भुत घटना सम्बन्धी ये दूहे प्रसिद्ध हैं–

निरमळ कीधा नरमदा पति पूरबला पाप
भलो उधार्‌यौ भूधरौ बीजो गोरख बाप
आयां जायां आंगणै धीवड़ल्यां ज्यां धन्न
काया होमै कंथ सिर माया धरै न मन्न

287.

विक्रम संवत् 1956 का दुर्भिक्ष अत्यन्त भयंकर था। उसने मारवाड़ में त्राहि-त्राहि मचा दी थी। कविवर उमरदान लाळस ने इसकी भीषणता को चित्रित करते हुए लिखा–

माणस मुरधरिया माणक सम मूंघा
कोड़ी कोड़ी रा करिया श्रम सूंघा

आफत मोटी नै खोटी पुळ आई
रोटी-रोटी ने रैय्यत रोवाई

अर्थात्–मरुधरा के जो मनुष्य माणिक्य के समान महँगे थे, अब कौड़ी-कौड़ी का सस्ता श्रम करने लगे। यह बड़ी विपदा बुरी घड़ी के साथ आयी। रोटी-रोजी के लिये प्रजा को रुला दिया।

288.

हिन्दुस्तान मेंबरतानवी हुकूमत का सूरज डूब चुका था। उसके संरक्षण में पल रही और मातहत देशी रियातसों के राजे-महाराजे अपने भविष्य को लेकर ऊहा-पोह में थे। बरतानवी हुक्मरानों ने न केवल मज़हब के आधार पर हमारे देश के टुकड़े करके दम लिया बल्कि हालात की गुत्थी को और उलझाने के लिये रियासतों को यह छूट दे दी कि वे चाहें तो भारत में सम्मिलित हों या पाकिस्तान में या फिर अपना अलग वज़ूद कायम रखें।

यह बात अलग है कि इस खतरनाक सिसायी चाल का गणित सरदार पटेल की दूरन्देशी, सूझ-बूझ और फौलादी हिम्मत के चलते कामयाब नहीं हुआ। उस वक़्त राजपूताना (आज का राजस्थान) छोटी-मोटी बाईस रियासतों में बँटा हुआ था। उनके राजे यह ख़्वाब देखने लगे कि अब वे फिर से खुद मुख्तार हुक्मरानों के रूप में अपने-अपने रजवाड़ों पर बेखटके राज कर सकेंगे। मगर वक़्त की माँग, प्रजा की भावनाओं व बदले हालात के मद्देनज़र उन्हें अपनी रियासतों को भारत संघ में शामिल करने को राजी होना पड़ा। वक़्त का करिश्मा था कि सभी रियासतें इतिहास का हिस्सा बन गईं। इस असाधारण घटना को कवि नाथूसिंह मेहारिया ने इस अन्दाज़ में पेश किया–

धरती करै जुहारड़ा ठाकुर हुया ठकरैल ।
हँसतां हँसतां खोस ली अेकण हाथ पटेल ।।

289.

बात उन दिनों की है, जब राजस्थान में मोहनलाल सुखाड़िया के मुख्यमंत्रीत्व में कांग्रेस सत्ता में थी। सुखाड़िया मंत्रीमंडल में रियासती प्रजामंडल आन्दोलन से जुड़े कई खरे और निष्ठावान लोग भी थे। उनमें बीकानेर रियासत के कुंभारामजी आर्य प्रमुख थे। धरतीपुत्र कुंभाराम किसानों के पूरे

हमदर्द थे। कई मसलों पर सुखाड़िया से उनके गंभीर मतभेद थे। इस कारण उनकी आपस में तकरार और खटपट चलती रहती थी। इस कटुतापूर्णता वातावरण में उन्हें मंत्रीमंडल में बने रहना रास नहीं आया और उन्होंने इस्तीफा दे दिया। इस्तीफे की चिट्ठी के अन्त में उन्होंने मुख्यमंत्री को लिखा–

तूं पाड़ोसण बावळी नित उठ करती राड़
आधौ बगड़ बुहारती (अब) सारौ ई बुहार

अर्थात्–बुद्धिहीन पड़ोसिन तू रोज उठते ही झगड़ा-टंटा करती थी। पहिले आधा गवाड़ बुहारती थी। अब सारा तेरे हवाले है, उसे बुहारती रह।

290.

एक बार एक ठाकुर साब अपने मर्जीदान नाई से केशकर्तन करवा रहे थे। चुनांचे आधी गादी पर ठाकुर विराजमान थे औरआधी पर उनके सामने नाईजी बैठे हुए ठाकुर के सिर पर उस्तरा चला रहे थे। इतने में एक बारहठ जी का वहाँ आना हुआ। ठाकुर ने उन्हें पास में रखी गादी पर बैठने का इशारा किया। बारहठजी ने आसन ग्रहण किया।

संयोग से नाई को भी कविता का शौक था और बारहठजी ने तो माँ के दूध के साथ ही कविता के संस्कार पा लिये थे। बारहठजी को छेड़ते हुए नाई ने दूहे के माध्यम से अपनी श्रेष्ठता का बखान करते हुए कहा–

चारण मत कर चतुरभुज नाई करजै नाथ।
आधी गादी बैठणौ माथा माथै हाथ॥

नहले पर दहला जड़ते हुए बारहठजी बोले–

चारण करजै चतुरभुज नाई मत कर नाथ।
अैंठवाड़ में बैठणौ वांनी मांय हाथ॥

झेंपता हुआ नाई खीसें निपोर कर रह गया।

291.

राठौड़ ऊगौ प्रसंग–सम्बद्ध दूंहा–

(क) छाती ऊपर सेलड़ा माथै ऊपर वाट।
कहज्यौ उग भाणोज नै कड पींजर कहवाट॥

राजा अनन्तराय के यहाँ काठ के पिंजरे में बंदी राजा कहवाट अपने भाट से कहता है कि तुम जाकर मेरे भानजे उगे को कहना कि तुम्हारा मामा कहवाट काठ के पिंजरे में पड़ा है, उसकी छाती पर भाले हैं और माथे पर राह बनी है, जिस पर लोग चलते हैं।

(ख) तूं कहतो न तिकाय ताळी ताळाहर तणी ।
वाळा हियै वजाय अेकण हाथै ऊगला॥

हे वाळा जाति के वीर ऊगा ! जिसके विषय में तू कहता था, वही अपनी ताली अब तू एक हाथ से बजा।

(ग) मामा मैंगल ! सांभळै दूजौ ना जाणांह ।
चोड़ै धूपट बाँधने अनंत राय आणांह॥

ऊगा उत्तर देता है कि हे मैंगल भाट ! मामा से कहना कि हम दूसरी बात नहीं जानते किन्तु सबके सामने अनंतराय को पगड़ी से बाँधकर ले आएँगे।

(घ) रुथां वागी रीठ भोठ माथा भड़ां।
तोड़ण मामा चीरु रीठ आयौ दीसै ऊगलौ॥

युद्ध के दौरान कहवाट स्वयं से कहता है–घोर युद्ध की तलवारें बज रही हैं। योद्धाओं के माथाओं पर अग्नि बरस रही है। मालूम होता है कि मामा के कष्ट दूर करने को ऊगा आ पहुँचा है।

292.

अठाहरवीं सदी में केन्द्रीय मुगल सत्ता के निर्बल हो जाने से पूरा भारत घोर अराजकता का शिकार हो गया। राजस्थान भी उसकी तपशि में झुलसने लगा। अदूरदर्शी मराठा सरदारों सिंधिया व होल्कर ने उस राजनीतिक शून्य को भरने का विवेकपूर्ण आचरण करने के बजाय लूट-मार का आत्मघाती रवैया अख्तियार कर लिया। लगभग नब्बे वर्षों तक राजस्थान को मराठे रौंदते रहे। अशक्त राजस्थानी शासक उनके सम्मुख सर्वथा असहाय हो चुके थे। संगठित होकर दक्षिणी लुटेरों का मुकाबला करने के बजाय वे आपसी वैर विरोध में अपनी शक्ति का अपव्यय करते रहे। मल्हारराव होलकर ने विक्रम संवत् 1808 में राजस्थान के राजाओं को दबाकर एक ऐसा संधिपत्र स्वीकार करने पर विवश कर दिया जिसकी परिणति उनकी मान मर्यादा की विलुप्ति में होनी थी। इस स्थिति का चित्रण एक कवि ने इस प्रकार किया–

सिंघां सिर नीचा किया गाडर करै गलार।
अधपतियां सिर ओढ़णी तो सिर पाघ मल्हार।।

अर्थात्–सिंहों ने सिर नीचा कर लिया है। भेड़ प्रसन्न हो रही है। राजाओं के सिर पर तो ओढ़नी है। मल्हार राव तेरे सिर पर पाघ शोभायमान है।

293.

मध्यकाल में राजस्थान में राजाओं द्वारा गुणीजनों के सम्मान की बड़ी समृद्ध परम्परा थी। कवियों को 'लाख पसाव' देना तो सामान्य बात थी। अनेक बार करोड़ पसाव तक भी दिये गये। इतना ही नहीं प्रतिभा सम्पन्न कवियों को गजारूढ़ करके स्वयं राजाओं द्वारा उनके आगे अश्वारूढ़ होकर उनकी 'जळेब' में चलने व उनकी पालकी को कंधा देने के भी अनेक उदाहरण मिलते हैं। प्रचुर द्रव्य मिलने से कई कविगण बड़े ठाट-बाट से रहते थे। ऐसा ही कवि पद्माकर के साथ हुआ। एक बार उनके साथ चल रहे लाव-लश्कर को देखकर बूँदी वालों को यह भ्रम हो गया कि कोई उनके राज्य पर चढ़ाई करने आ रहा है। कविराज ने उनकी आशंका का निवारण करते हुए अपने राजसी वैभव को अपने आश्रयदाता जयपुर महाराजा प्रतापसिंह का प्रसाद बताते हुए कहा–

नाम पदमाकर डराऊ मती कोऊ भैया।
हम कविराजा हैं प्रताप महाराज के।।

294.

झाँसी की रानी वीरांगना लक्ष्मीबाई का अप्रतिम शौर्य हमारे प्रथम स्वतंत्रता संग्राम का स्वर्णिम अध्याय है। विद्युद्लता की भाँति तेजस्वी उनके अनुपम साहस व रणकौशल से कंपनी का सेनापति ह्यूरोज भी दंग रह गया था। क्रांतिकारी केसरीसिंहजी बारहठ ने रानी की विशिष्टता को उजागर करते हुए कहा–

बेटा पगहेटा हुआ ढ़ाब भिखारी ढब्ब
धीय उठी धुर धूंकळां गंजणा खळां गरब्ब

अर्थात्–बेटे (पुरुष) तो भिखारियों के ढंग पर चलकर पैरोंतले रौंदे

जाने लगे अर्थात् सब तरह उनका पतन हो गया किन्तु महारानी लक्ष्मीबाई जैसी वीर बालाएँ दुष्टों का दर्प दलन करने के लिये वीरों के अग्रभाग में आकर खड़ी हो गईं।

295.

(बांसवाड़ा)

बगड़िया चौहान गोपीनाथ के पुत्र सूरतसिंह के विक्षिप्त हो जाने के कारण उसके पैर में बेड़ी डाल दी गई थी। एक बार बाँसवाड़े पर जब उदयपुर राणा की फौज ने आक्रमण कर दिया तब युद्ध के वाद्य वजने लगे तब सूरतसिंह ने अपने भाईयों से हलचल का कारण पूछा। भाईयों नेउस पर कटाक्ष करते हुए उत्तर दिया, आज शत्रु ने हम पर चढ़ाई कर दी है और वह तुम्हारा तमाशा देखेगा। यह सुनते वह मारे जोश के उठ खड़ा हुआ। बेड़ी तोड़ डाली और युद्ध के लिये तत्पर हो गया। वह शत्रुसेना से जा भिड़ा और ऐसा पराक्रम दिखाया कि दुश्मनों को छठी का दूध आ गया। उसके शौर्य की सराहना करते हुए कविराज दयालदास आढ़ा ने कहा–

राव चहुआण भलो रोहड़ियो
राण कटक खागां रम राह

समरह मोहर वाजियौ सूजौ
सरगे तकौ उचाले चांव

296.

राजस्थान की रियासतों में यूँ तो सर्वत्र सामन्तों का दबदबा था पर उनकी विभिन्न शाखाओं का विभिन्न क्षेत्रों में विशेष प्रभाव था। सम्बद्ध रियासत में सामंतों की शाखा विशेष की तूती बोलती थी। उनकी राय ही निर्णायक होती थी। शासक को उसी के अनुसार काम करना पड़ता था। इस तथ्य को दर्शाता यह कहावती दूहा प्रसिद्ध है–

चूंडावत चित्तौड़ रा, शेखावत आमेर।
चांपावत मरुधर तणा, बीका बीकानेर ॥

***